〈 21C 성령시대 〉
성령님과의 실제적인 교제법

김 열 방 지음

보이스사

머리말

다가오는 21세기는 오직 성령님의 시대입니다.
"성령님은 여호와의 신, 곧 지혜와 총명의 신이요, 모략과 재능의 신이요, 지식과 여호와를 경외하는 신이십니다. 창조의 영, 영광의 왕이시며 만왕의 왕이신 이분은 인격자이십니다." 이와 같이 수많은 사람들이 성령님이 누구신지에 대해서는 공부하지만 어떻게 이분을 존중히 모시고 살아가야 하는지에 대해서 무지하므로 최고의 자존심을 가지고 계신 성령님께서 인격적으로 무시를 당하고 계십니다.

아무리 다이나믹한 능력으로 오셨다고 할지라도 그것을 누리려면 이분을 개인적으로 알 뿐만 아니라 이분과 함께 살아가는 기술을 배워야 하는 것입니다. 성령님은 권능을 가지고 우리에게 오셨지만 우리가 이분을 모시는 비결을 몰라서 본의 아니게 고아와 같이 홀로 연약한 삶을 살아가고 있습니다. 불확실하고 급변하는 시대 속에 살면서 우리의 중심에 영원히 흔들리지 않는 반석과 같은 그 무엇을 필요로 하고 있습니다.

저는 이것을 "내가 항상 내 앞에 계신 주를 뵈웠음이여 나로 요동치 않게 하기 위하여 그가 내 우편에 계시도다!"(행 2:25)라고 고백한 다윗에게서 발견하고 배웠습니다.

제가 앞으로 설명하고자 하는 〈성령님과의 인격적인 교제법〉은 아주 단순하고 쉽습니다. 모든 것이 너무나 단순하기 때문에 이 책을 읽는 많은 사람들이 망설이게 될 것입니다.

이것은 이론이 아니라 실재입니다. 저는 이 매우 중요하고 핵심적인 영적 원리를 네 가지로 분류했습니다.

제1원리: 성령님의 얼굴을 보라
제2원리: 성령님과 대화를 나누라
제3원리: 성령님을 모시고 다니라
제4원리: 성령님께 도움을 구하라

다윗은 자기 앞에 임재해 계신 그리스도의 영이신 성령님의 얼굴을 보았고, 이분과 사랑의 대화를 나누었으며, 이분을 그의 생활전반에 걸쳐 존중히 모시고 다니며 전적으로 의지했습니다. 그는 여러 가지 말할 수 없는 어려움 속에서도 "이러므로 내 마음이 기뻐하였고 내 입술도 즐거워하였으며 육체는 희망에 거하리니"(행 2:26)라고 말할 수 있었습니다. 우리도 성령님을 바라보면서 이분을 생활 속에 모실 수만 있다면 사망의 음침한 골짜기를 거닐지라도 기쁨으로 충만할 수 있습니다.

다윗은 철저하게 그리스도 예수를 주로 받아 그 안에서 행하되 그 안에서 뿌리를 박으며 세움을 입어 믿음에 굳게 서서 감사함을 넘치게 한 사람이었습니다. 우리도 믿음으로 말미암아 그리스도께서 우리 마음에 계시게 하고 이분과의 사랑가운데 뿌리가 박히고 터가 굳어져서 하나님의 모든 충만하심이 있어야 하겠습니다.(엡 3:17~19)

부디 이 책을 읽는 여러분께서도 〈성령님과의 실제적인 교제법〉을 습관적으로 몸에 완전히 익혀서 우리와 함께 계신 그리스도의 영이신 성령님께 우리 신앙생활의 뿌리를 내리게 되시기를 바랍니다. 하나님의 은혜가 함께 하시길 기도하겠습니다.

김열방

"내가 하는 매일의 일 중 으뜸가는 일은 주님과 교제하는 일이다."-죠지 뮬러

"우리는 매일 하나님의 임재를 결단적이고 의도적으로 훈련해야 합니다."-로이드 존스

"하나님과 함께 거하는 이러한 인격적인 체험은 그의 생이 끝날에 가까워지면서 더욱 깊어만 갔다."-찰스피니

"나의 신앙은 그리스도와의 개인적인 접촉에 기초를 두고 있으며 날마다 그와 함께 하는 것을 경험한다."-빌리그래함

"성령님의 얼굴을 보라! 성령님과 대화를 나누라! 성령님을 모시고 다니라! 성령님께 도움을 구하라!"-김열방

"참된 기독교는 하나의 동행, 즉 하나님과 더불어 걷는 초자연적인 동행이다."-빌 하이벨스

"아! 성령님과 동업함의 중요함이여, 이 동업적 참애가 없이는 어떤 것도 가치가 없는 것이다."-아키발드 브라운

"성령님을 인정하고 환영하고 모셔들이고 의지하십시오. 그러면 위대한 성령의 역사가 목회현장에 나타나게 될 것입니다."

-조용기

"그분은 이 세상 어떤 것보다도 더 실제적이며 여러분보다 더 실제적입니다."-캐트린 쿨만

"기도는 다른 것이 아니라 하나님 면전의식이다."-브라더 로렌스

들어가면서

성령님은 그 어느 때보다도 더욱 실제적으로 당신의 현실 가운데 임재해 계십니다. 당신은 믿음의 눈으로 성령님을 볼 수 있어야 하며 항상 이분을 의식할 수 있어야 할 것입니다.

만왕의 왕이신 성령님, 만군의 주이신 이분을 모시는 비결을 당신은 배워야 합니다. 많은 책들이 성령님이 누구시며 어떤 일을 하러 오셨다는 사실에 대해서는 잘 말하고 있습니다. 또한 이분이 인격적인 분이시라는 것도 최근에 들어와서 그 중요성이 많이 알려졌습니다. 그러나 **성령님과의 인격적인 교제를 '어떻게' 해야 되는지**에 대해서 그 방법을 구체적이며 실제적으로 쉽게 가르치는 것을 들어보기란 쉽지 않습니다. 관념적이고 피상적인 이론을 논하므로 사고를 하게 하는 책들도 어느 정도 있습니다만 우리가 살고 있는 바쁘고 살벌한 세상은 한가하게 진리를 사색하고 있도록 내버려두지 않습니다.

진리는 논리가 아니라 '인격'입니다. 당신은 진리와 함께 사는 방법을 속히 배우고 당신과 함께 계신 하나님과 달리면서 복음으로 세상을 정복하고 각기 자기 분야에서 세계 모든 민족 위에 뛰어나므로 예수님의 이름을 빛내야 하는 것입니다.

안타까운 것은 진리의 영이신 성령님과 실제적으로 인격적인 교제를 실천하는 사람은 아주 극소수에 지나지 않는다는 것입니다. 어떤 경우는 그 비밀을 알고 일생을 은밀하게 이 크신 축복을 혼자서만 누리는 사람도 있습니다. 그들은 다른 사람들에게 이것을 터놓고 나누지 않습니다.

 1611년에 프랑스령 로렌(Lorraine)에서 태어난 가난한 수도사였던 브라더 로렌스는 1651년경 그리스도를 체험하는 일에 있어서 어떤 큰 전환점이 있었는데 이 때부터 그는 성령님의 임재 가운데서 살게 되었습니다. 그는 40년 동안 '하나님의 임재'를 누려 왔습니다.

 그는 80세가 되기까지 25년간 카르멜 수도회(the Carmelites)에서 25년간을 보내면서 4권의 회고록과 짧은 편지 몇 통을 남겼는데 이것이 후에 알려져 책으로 출판되고 수천, 수백만 통의 편지 복사본이 인쇄되었습니다. 그의 책은 영어판만으로도 2200만부나 보급되었습니다.

 이를 통해 수많은 그리스도인들이 '하나님의 임재를 체험하기'를 갈급해 하게 되었습니다. 그러나 많은 사람들이 그의 비밀스러운 삶에 대해 실제적으로 접근해 나가지 못하고 그저 감명깊은 남의 이야기로만 생각하게 되었습니다. 모든 교회의 진실한 성도들은 이 브라더 로렌스가 수도회의 병원 취사장에서 일하면서 누렸던 성령님과 인격적인 교제법을 배우고 교회 안에서와 실생활 속에서 누려야 한다고 저는 확신합니다.

 저는 이것을 다윗의 생애에서 배웠습니다. 그는 말했습니다. "내가 여호와를 항상 내 앞에 모심이여 그가 내 우편에 계시므로 내가 요동치 아니하리로다."(시 16:8) 그는 어린 시절 목동으로서 양을 치면서도 "여호와는 나의 목자"시며 "내가 사망의 음침한 골짜기로 다닐지라도 주께서 항상 나와 함께한다."(시 23)라고 고백했습니다. 다윗은 여호와의 신을 존중히 모시고 인격적으로 사귀며 모든 일에 이분과 함께 살았습니다. 그는 24시간 하나님께 열려 있었습니다. 이분과 함께 생활했고 주님과 동행하는 삶의 방법을 너무나 잘 알고 있었습니다.

제가 앞으로 설명하고자 하는 '성령님과의 인격적인 교제법'도 아주 단순하고 쉽습니다. 이것은 이론이 아니라 실재입니다. 저는 이 매우 중요하고 핵심적인 영적 원리를 네 가지로 분류했습니다.

제1원리: 성령님의 얼굴을 보라
제2원리: 성령님과 대화를 나누라
제3원리: 성령님을 모시고 다니라
제4원리: 성령님께 도움을 구하라

이것은 매우 단순하면서도 흥미있는 일입니다. 어떤 면에서는 너무나 단순하고 쉬워 보이므로 많은 사람들이 무시해 버리거나 놓쳐 버립니다. 예수님께서는 모든 일을 단순하게 만드셨습니다. 그러나 우리 인간 편에서 복잡하게 만들어 버렸습니다. 예수님은 그의 백성들에게 아주 쉽고 단순하면서도 명확한 문장으로 모든 것을 말씀하셨습니다. 수많은 사람들이 깜짝 놀랐습니다. 왜냐하면 자기들이 심오하다고 여긴 진리가 너무나 단순했기 때문입니다.

이제 제가 확신하기로는 만약 당신이 이 단순하지만 매우 중대한 영적 원리를 어린아이와 같은 순수한 마음으로 받아들이고 성실한 태도로 생활의 습관으로 만들기만 하면 힘이 없고 나약한 당신의 삶 속에 반드시 하늘나라가 권능으로 힘있게 역사할 것입니다.

저는 이것을 깨닫고 몸에 익히기까지 수많은 시간들 속에서 갈급한 마음으로 고민하였습니다. 저의 자상하신 성령님께서는 한 걸음씩 저를 진리 가운데로 인도하셨습니다.

제가 만난 사람들 중 종종 성령님의 은사에는 접촉을 가졌지만 인격적인 성령님은 모르고 있으며, 인격적인 만남을 가진 사람들 중에서도 어느 단계에서 특별한 진전이 없이 포기하거나 소홀해진 경우를 볼 수 있었습니다. 사단은 미혹의 영을 통해서 현대를 살아가는 그리스도인들이 오직 물질만을 바라보며 살도록 눈을 뒤집어 놓고 철저하게 세뇌화 시켜 놓았습니다.

예수 그리스도를 믿지 않는 불신자는 그 모든 사상에 하나님이 없다고 합니다. 얼마나 세대가 악하고 사람들이 욕심에 끌려 바쁘게 사는지 돈 외에는 눈에 보이는 것이 없게 만들어 놓았습니다. 신자들까지도 교회에 와서는 신앙생활을 하지만 그들의 생활 속에서는 하나님이 계신지 아니 계신지 알 수 없을 정도로 살아갑니다. 불신자는 그 모든 사상에 하나님이 없다고 외치며, 신자들은 그 모든 생활에 하나님이 없는 것처럼 살아가고 있습니다. 이것은 인간의 물질 만능주의의 욕심과 사단의 계교에 빠진 이 세대의 타락한 상태를 보여 주고 있습니다.

많은 사람들이 사단과 미혹의 영의 세뇌화에 '물질'만이 전부인 것처럼 속고 살아왔습니다. 그러나 이제는 하나님께 지혜와 계시의 정신을 주사 우리의 마음 눈을 밝혀 달라고 기도하므로 영적인 눈을 뜨고 우리와 함께 계시는 성령님이 누구신지를 깨닫고 이분과의 인격적인 교제를 나눌 수 있도록 해야겠습니다.

사단은 그리스도인이 성령님의 사실성과 현재성, 그리고 개성을 가진 인격이심을 발견하는 순간 그들의 신앙에 엄청난 변화를 가져온다는 것을 알기 때문에 이것을 알지 못하도록 거짓말의 연막을 뿌린 것입니다. 그러나 시대마다 하나님을 사모하고 성령님을 갈구하는 하나님의 사람들은 이것을 깨닫고 실천했습니다.

군복무 중 휴가를 나왔을 때 저는 한 간호사 자매를 소개받아 이야기를 나누게 되었습니다. 그녀는 주위의 사람들로부터 매우 영적이고 여러 가지 은사를 받았으며 신령한 생활을 하고 있는 것으로 인정을 받고 있었습니다.

저는 그녀와 대화하는 중에 그녀가 **성령님을 인격적으로 알지 못한다는 사실을 알게 되었고** 그것을 조심스레 지적해 주었습니다. 그녀는 놀라는 표정으로 제 말을 인정하고 받아들였습니다.

저는 그녀에게 온갖 상식적이고 아주 쉬운 예화를 구체적으로 들어가면서 성령님을 인격적으로 만나야 할 필요성과 그 방법을 자세히 설명해 주었습니다. 곧 열릴 듯하면서도 "도대체 그게 무슨 말인지 이해가 안돼요."라고 말하므로 그녀는 제 마음을 답답하게 만들었습니다.

그러나 이러한 대화 가운데 결국 놀라우신 성령님의 도움으로 그녀의 영혼을 가리운 짙은 안개가 걷히고 환한 얼굴로 맑은 눈을 반짝이면서 말했습니다.

"이제야 알겠어요. 하나님께서 제 눈을 열어 주셨어요. 저와 함께 계신 성령님의 얼굴을 보았고 그분이 저에게 말씀하셨어요."

그녀는 기쁨이 충만했습니다. 휴가를 마치고 부대로 복귀한 후 며칠이 지난 어느 날 그 자매는 저에게 편지를 보내왔습니다.

"그분을 알고 그분과 생활한다는 것이 이렇게 기쁠 수가 없어요. 그분의 음성에 귀 기울이며 그분의 뜻에 순종하며 살아갈 것입니다. 무엇이 진정한 삶을, 진정한 만족을 줄 수가 있을까요? 그분을 아는 것입니다. 그분의 강함을, 위대함을 찬양드립니다. 이 기쁨과 감격을 조금이라도 나누고 싶어요." 1992. 5. 12

당신은 성령님의 기쁨이 되도록 작정되어졌으며 이분의 사랑의 대상으로 부르심을 받았습니다. 당신의 유일한 관심은 성령님의 신성한 사랑에 응답하는 것이고 이분의 뜻을 따라 행하며 이분을 위해 사는 것이 되어야 합니다.

영적 건강과 자유는 당신과 함께 계신 성령님을 바로 이해하고 이분과 올바른 관계를 갖는 데 있습니다. 이것은 하루아침에 다 이루어지는 것은 아닙니다. 그러나 당신은 말씀과 기도 속에서 성령님의 도우심으로 "오직 마음을 새롭게 함으로 변화를 받아"(롬 12:2)야 하겠습니다.

"그러나 언제든지 주께로 돌아가면 그 수건이 벗어지리라.
주는 영이시니
주의 영이 계신 곳에는 자유함이 있느니라.
우리가 다 수건을 벗은 얼굴로 거울을 보는 것같이
주의 영광을 보매 저와 같은 형상으로 화하여
영광에서 영광으로 이르니
곧 주의 영으로 말미암음이니라."(고후 3:16~18)

처음에는 제가 무슨 말을 하는지 잘 파악하지 못 할 수도 있습니다. 그러나 여러 번 이 책을 읽으면서 천천히 소화해 나가시길 바랍니다. 그리고 지금 당신 곁에 서 계신 성령님께 도움을 구하시길 바랍니다.

이것은 실제이므로 이론에 그쳐서는 안됩니다. 성실함으로 몸에 완전히 배일 때까지 연습해야 합니다. 절대 성실함을 가지고 매순간 의도적이고 의지적인 행동으로 실천해야 합니다. 분명히 당신이 해야 할 일입니다.

"이는 사람으로 하나님을 혹 더듬어 찾아
발견케 하려 하심이로되
그는 우리 각 사람에게서
멀리 떠나 계시지 아니하도다."(행 17:27)

히틀러는 '나의 투쟁'에서 자신이 독일을 점령한 예를 이렇게 말했습니다.

"처음 한 번 말하면 모두 비웃는다.
두 번째 말하면 사람들은 미친놈이라고 말한다.
세 번째 말하면 저 사람이 왜 저렇게 말하나 하고 듣는다.
네 번째 말하면 사람들이 설득을 당한다.
다섯 번째 말하면 사람들이 따라온다."

그는 공산주의로 세상을 짓밟으려고 사람들을 세뇌했지만, 우리는 복음으로 세상을 정복하기 위해 마음의 변화를 받아야 하겠습니다.

지금부터 저는 당신이 성령님과의 인격적인 교제를 회복하고 이분과의 깊은 교통을 통해서 가치관과 삶의 방식이 완전히 바뀔 때까지 계속 반복해서 말할 것입니다. 당신이 마음을 새롭게 함으로 변화를 받아 당신의 보혜사이신 성령님과의 실제적인 교제를 자유롭게 나눌 수 있을 때까지 계속 반복해서 설명할 것입니다.

차 례

머리말 : 21세기는 성령님의 시대 / 5
들어가면서 / 8

제1장 : 성령님의 얼굴을 보라

지금 여기 나와 함께 계신 이분 / 21
성령님과 대면한 모세 / 29
성령님을 대면하는 것이 예배입니다 / 31
눈을 뜨고 성령님의 얼굴을 바라보라 / 39
성령님의 얼굴을 보는 비결 / 43
보지 않고 믿는 복된 우리 시대 / 49
내가 갔다가 너희에게로 온다 / 51
성령님의 얼굴을 보게 하는 예수의 피 / 56
성령님과의 교제를 회복하라 / 60
여기 계신 나의 친구 성령님 / 62
왜 항상 기뻐해야 합니까? / 66
성령님은 내 마음의 기쁨! / 69
주의 앞에는 기쁨이 충만하고 / 71
성령님과 함께 춤을 추어요 / 76

제2장 : 성령님과 대화를 나누라

일상적인 대화를 통한 우정관계 / 81
독생자처럼 나를 사랑하시는 성령님 / 85
성령님의 음성을 들어야 삽니다 / 88

우리와 대담을 나누시는 하나님 / 90
그리스도와의 개인적인 접촉 / 93
성령님과 함께 산책을 하다 / 95
성령님의 음성과 영적 성장 / 96
성령님, 제 귀를 열어 주세요 / 99
최고의 선생님이신 성령님 / 102

제3장 : 성령님을 모시고 다니라

임마누엘 성령님 / 106
내 안에 계신 그리스도 / 110
성령님과 함께 숨쉬다(Spiritual Breathing) / 114
성령님과의 강력한 연합 / 118
최고로 가치있는 삶 / 121
주님이 나와 함께 걸으시네 / 125
성령님을 항상 내 앞에 모심이여 / 128
성령님, 함께 가실까요 / 132
범사에 성령님을 인정하라 / 135

제4장 : 성령님의 도움을 구하라

약속하신 능력은 어디에 / 145
나도 방언만 받았으면 / 147
우주적인 대혁명! / 149
생수의 강이 흘러나리라 / 152

왕의 자녀로 다시 태어나다 / 153
내게 다가온 거대한 변화 / 156
성령님을 힘입어 귀신을 쫓아내다 / 158
정시기도를 무시하지 말라 / 161
기도할 수 없다는 말은 핑계 / 166
성령님의 인도를 받는 삶이 참된 성공 / 171
기도의 무릎을 더욱 강하게 하라 / 173
절대기도와 성령충만 / 175
오직 인격이신 성령님이 임하시면 / 177
성령님, 저를 도와주세요 / 181
크고 위대하신 성령님이시여! / 186
학문의 주인이신 성령님 / 188
사명과 성령님의 도우심 / 192
성령님이 교회에 운행하시도록 하십시오 / 194
설교자를 도우시는 성령님 / 197
늦은 비를 주시리라! / 201
우리들의 의장님은 백만장자입니다 / 206
성령님은 우리의 동역자 / 207
저기 예수님이 계셔요 / 211
부활의 권능이신 성령님 / 215
여호와의 신이신 성령님 / 218
하나님의 이름과 성령님 / 220
성령님과 함께 일하려면 / 228
성령님과 함께 열방을 꿈꾸라 / 247

책을 닫으면서 / 251
감사의 글 / 254

제1장
성령님의 얼굴을 보라

지금 여기 나와 함께 계신 이분

저는 성령으로 거듭나고 성령 세례를 받은 후 매일 골방에 무릎을 꿇고 고뇌 가운데 몸부림치며 몇 시간씩 기도하곤 했습니다. 그런데 날이 갈수록 커져가는 것은 하나님에 대한 갈망이었습니다. "내가 어찌하면 하나님 발견할 곳을 알꼬."(욥 23:3)

어느 날 저는 산책을 하면서 마음 속 깊은 곳에서 하나님께 항의하듯 이렇게 말씀드렸습니다.

"하나님은 귀머거리이십니까? 도대체 제 기도를 듣기나 하십니까? 하나님은 벙어리이십니까? 제게 말씀 좀 해보십시오. 하나님은 소경이십니까? 절뚝발이십니까? 팔에 기부스를 했습니까? 왜 저는 하나님을 일방적으로 막연하게 만나야만 합니까? 하나님, 제발 저에게 자신을 드러내 보여 주십시오. 저는 친구와 만나듯이 그렇게 하나님과 교제하고 싶습니다. 하나님의 얼굴을 좀 보여 주십시오."

위를 보면서 저의 불만의 소리가 터져 나온 후 침묵 가운데 계속 길을 거닐고 있을 때 갑자기 하나님은 저에게 계시하셨습니다. '인격적인 성령님의 얼굴'이 제 앞에 나타나신 것입니다.

"너희가 전심으로 나를 찾고 찾으면
나를 만나리라."(렘 29:13)

성령님은 저에게 말씀하셨습니다.

"사랑하는 아들아! 나는 네가 원하는 것보다도 훨씬 더 너와 이렇게 인격적으로 만나서 교제하고 싶었단다. 나는 모든 사람과 얼굴을 맞대고 사랑을 나누기를 원한단다. 그러나 수많은 나의 자녀들이 나를 무시하는구나."

회오리바람이나 신비한 환상이 저에게 보인 것이 아니었습니다. 조용하지만 선명히 '성령님의 인격'이 드러나기 시작했으며 제 인격에 부딪쳐 왔던 것입니다. 성령님의 실제적인 임재하심이 제 눈 앞에 드러났습니다. 순간 저는 성령님도 저와 마찬가지로 눈, 코, 입, 귀, 얼굴표정, 손, 발 등이 있다는 것을 알게 되었습니다. 그러나 성령님의 그것은 보이지 않는 것이었습니다. 이 때부터 저에게는 성령님에 대한 새로운 깨달음이 다가왔습니다.

성령님은 영이시지만 인격을 가지고 계신 분이셨습니다. 제가 말씀드리면 들으시며, 불꽃같은 눈동자로 저를 지켜보고 계시며, 향기를 맡으시며(흠향), 미소를 지으시며, 강한 손과 능한 팔을 가지고 계신 너무나도 실제적인 분이셨습니다.

지성과 감성과 의지를 가지신 인격자이신 성령님을 대하고 보니 성경에 나오는 그 하나님이 '지금 여기 나와 함께 계신 이분'이시라는 것을 새삼 알게 되면서 충격을 받게 되었습니다. 그리고 이분이 구약에 나오는 알파와 오메가되시는 영원하시며 전능하신 스스로 계신 분이시라는 것을 알게 되었으며, 창세기부터 성경을 보는 눈이 완전히 달라지고 말았습니다.

창세기 1장에 태초에 하나님이 천지를 창조하실 때 땅이 혼돈하고 공허하며 흑암이 깊음 위에 있고 하나님의 신은 수면에 운행하셨는데 이 하나님의 신이 바로 저와 함께 계신 이분이셨습니다.

날이 서늘할 때 아담과 함께 에덴동산을 거니셨던 하나님, 에녹과 300년을 동행하시고 노아와 함께하셨던 여호와 하나님, 그리고 아브라함이 친구처럼 사귀었던 하나님, 요셉과 함께 계셨던 하나님, 모세와 함께 출애굽의 여정 가운데 홍해를 가르시고 온갖 기적을 베푸신 스스로 계신 여호와 하나님이 바로 저와 함께 계신 이분과 동일하신 분이시라는 것을 깨닫게 되었습니다. 예수님과 함께 계셨고 바울 곁에 서서 바울과 교제를 나누신 분이 바로 지금 저와 함께 계신 이분이셨습니다.

삼위일체 하나님의 영이 곧 성령님이시라는 것을 저는 알게 되었고, 이분 성령님과 함께 교제를 나누기 시작했습니다. 믿음의 눈이 활짝 열려 버렸습니다. 저는 하나님에 대한 새로운 이해와 놀라운 깨달음으로 하나님에 대한 지식은 날로 풍성해졌으며, 저의 믿음은 제트기를 타고 공중을 날 듯 치솟기 시작했습니다.

매일 아침에 눈을 뜨면 이분은 제 눈앞에 너무나 실제적으로 충만히 임재해 계셨습니다.

다윗의 고백은 곧 저의 것이 되어 버렸습니다.

> "나는 의로운 중에 '주의 얼굴'을 보리니
> 깰 때에 '주의 형상'으로 만족하리이다."(시 17:15)

> "내가 누워 자고 깨었으니
> 여호와께서 나를 붙드심이로다.

> 천만인이 나를 둘러치려 할지라도
> 내가 두려워 아니하리로다.
> 여호와여, 일어나소서."(시 3:5~7)

다윗은 '**하나님의 얼굴**'을 찾고 구하는 자였습니다. 다윗의 기도소리가 들리지 않습니까?

> "여호와여,
> 내가 소리로 부르짖을 때에 들으시고
> 또한 나를 긍휼히 여기사 응답하소서.
> 너희는 여호와를 찾으라 하실 때에
> 내 마음이 주께 말하되
> 여호와여 내가 '주의 얼굴'을 찾으리이다 하였나이다.
> '주의 얼굴'을 내게서 숨기지 마옵소서."(시 27:7-9)

제가 공원을 산책하며 간절히 구한 것도 하나님의 얼굴이었습니다. 그 때 하나님의 임재하심이 제 눈앞에 드러났고 그것은 곧 '인격이신 성령님의 얼굴'이었습니다. 모든 그리스도인은 성령님을 인격적으로 만나야 합니다.

지금 당신의 가장 큰 소원이 무엇이 되어야 하겠습니까? 성령님의 얼굴을 보는 것보다 시급한 것이 무엇입니까? 시편기자의 기도소리가 들리지 않습니까? "주의 얼굴로 주의 종에게 비취시고"(시 119:135)

만약 당신이 아직도 성령님과 인격적으로 대면하지 못했다면 지금 당장 이렇게 기도해야 하지 않겠습니까?

"사랑하는 하나님, 저도 성령님을 인격적으로 만나고 싶습니다. 성령님의 얼굴을 보며 인격적인 교제를 나누기를 원합니다. 성령님을 개인적으로 친밀하게 사귀기를 원합니다. 저에게 지혜와 계시의 정신을 주사 인격적으로 하나님을 알게 해 주십시오. 제가 지금 간절히 주의 얼굴을 찾고 있습니다. 주의 얼굴을 제게서 숨기지 마옵시고 주의 얼굴 빛을 저에게 비춰 주십시오. 예수님의 이름으로 기도합니다."

다윗은 성령님께 항상 그의 눈이 열려 있었습니다. 그에게는 눈을 어디로 돌려도 자기 앞에 성령님의 임재하심이 가득했습니다. 다윗은 말합니다.

"내가 주의 신을 떠나 어디로 가며
주의 앞에서 어디로 피하리이까?
내가 주와 함께 있나이다."(시 139:7~18)

스웨덴의 유명한 식물학자이며 웁살라 대학의 교수였던 린네는 학생들과 함께 들에 나가 꽃이 피는 것을 보고 이렇게 말했습니다.

"나는 하나님께서 영광 중에 내 곁을 지나가시는 것을 보았다. 그리고 나는 하나님을 경배하기 위해 머리를 숙였다."[1]

성부 하나님의 얼굴은 그 누구도 볼 수 없습니다. 성부 하나님의 영광은 우리가 천국에 가면 접하게 될 것입니다. 그러므로 이 땅에서 살고 있는 우리는 오직 성령 하나님만을 대면할 수 있는 것입니다. 이는 어떠한 물리적인 현상이나 표면적인 형태가 아니라 영의 눈을 떠서 믿음 안에서 인격적으로 대면해야 하는 것입니다.

지금 제가 이야기하는 '성령님을 대면한다'는 말이 이해되십니까? 이것은 '우리에게 임하신 하나님을 인격적으로 만난다'는 말입니다. 당신은 신앙생활에서 놓쳐버리기 쉬우면서도 매우 중요한 이 사실을 꼭 깨달아야 합니다. 저는 여기에서 하나님의 얼굴을 보는 것의 중요성에 대해서 특별히 강조하고자 합니다.

다윗은 항상 자기 앞에 계신 주님의 얼굴을 보았습니다. 그는 말합니다. "내가 항상 내 앞에 계신 주를 뵈었음이여! 나로 요동치 않게 하기 위하여 그가 내 우편에 계시도다!"(행 2:25)

삶의 목적이 무엇입니까?

'나와 함께 계신 나의 하나님의 얼굴을 바라보며 함께 걸으며 이분을 사랑하고 섬기는 것'인데 한마디로 말하면 '성령님을 보는 것'입니다. 곧 성령님을 대면하고 바라보는 것이 가장 기초입니다. 당신의 진정한 목표는 하나님 자신이어야 합니다. 이것이 하나님께서 당신에게 요구하시는 간절한 소원입니다.

> "네 하나님 여호와께서 네게 요구하시는 것이 무엇이냐?
> 곧 네 하나님 여호와를 경외하며
> 그 모든 도를 행하고
> 그를 사랑하며
> 마음을 다하고 성품을 다하여
> 네 하나님 여호와를 섬기고"(신 10:12)

다른 사람의 하나님이 아닙니다. 다윗이 "나의 왕 나의 하나님 만군의 여호와여!"(시 84:3)라고 말한 것처럼 막연한 하나님이나 멀리 계시는 하나님이 아니라 현재 나와 함께 계신 나의 하나님 곧 성령님을 가리키는 것입니다.

"여호와여! 주께서 가까이 계시오니"(시 119:151) 나와 세상에서 가장 가까이 계신 나의 하나님과 함께 동거하며 생활하는 것, 성령님을 보며 이분과 함께 살아있는 관계를 가지는 것이 삶의 최고의 목표입니다.

성 어거스틴이 30년 방황의 생활을 청산하고 새사람이 되기를 결심케 되던 날, 밤새껏 기도한 내용의 전부가 "나는 누구입니까?"라는 말 한마디였습니다.

정말 당신 자신이 누구이며 무엇을 해야 하며 지금 당신의 위치가 어디인지 알기를 원한다면 당신은 성령님을 대면해야만 하는 것입니다. 당신이 성령님을 대면하게 되면 당신 자신이 누구라는 것을 알게 될 뿐만 아니라 얼마나 무력하고 아무것도 아닌지를 잘 알게 됩니다. 그리고 당신 앞에 임재해 계신 성령님을 절대 의존하게 됩니다.

욥은 엄청난 고통가운데 풀리지 않던 모든 문제를 종결짓게 되는 그의 신앙의 결론을 말했습니다. "내가 주께 대하여 귀로 듣기만 하였삽더니 이제는 눈으로 주를 뵈옵나이다."(욥 42:5)

'성령님을 대면' 한다는 것은 곧 나를 창조하신 하나님을 만난다는 말인 것입니다. 우리는 창조주 하나님께로 돌아가야 합니다. 예수님의 보혈을 통해서 그분이 우리의 아버지가 되셨습니다. 우리가 창조주 하나님을 뵙게 될 때에 진정으로 일생을 바쳐서 올바르게 살고자 하는 '헌신'의 갈망이 솟구쳐 오릅니다. 하나님은 우리가 모든 것을 바쳐서 섬겨도 전혀 아깝지 않은 '최상의 존재'이십니다.

존 화이트는 "헌신이란 가장 가치있는 것을 위해 나머지 것들을 기꺼이 버릴 수 있는 적극적인 태도이다."라고 말했습니다. 우리가 성령님의 얼굴을 보게 될 때 가장 존귀하신 이분을 위해서 모든 것을 다 바쳐 진정으로 헌신된 삶을 살아갈 수 있게 되는 것입니다.

궁극적인 행복이란 하나님을 보는 것입니다. 이보다 더 큰 것은 있을 수 없습니다. 다윗은 말합니다. "내가 항상 내 앞에 계신 주를 뵈었음이여!"(행 2:25) 당신이 자신을 바라보거나 환경을 주목하는 순간 낙심과 좌절 속에 용기를 상실하기 쉽습니다. 이 모든 것은 무시해서도 안되지만 단지 당신의 이성으로 인식만 하고 있으면 됩니다. 그리고는 계속해서 당신 앞에 임재해 계신 주님을 바라보아야 합니다. 다윗은 자신이 처한 환경과 상황보다 하나님께 더 관심이 있었습니다. 적군에 에워싸이고 힘있는 장수들이 압살롬과 손을 잡고 다윗을 몰아내기 위해 목숨을 노리고 있음에도 불구하고 그는 오직 하나님의 얼굴을 구했습니다.

"하나님이여, 주는 나의 하나님이시라.
내가 간절히 주를 찾되
물이 없어 마르고 곤핍한 땅에서
내 영혼이 주를 갈망하며 내 육체가 주를 앙모하나이다!
내가 주의 권능과 영광을 보려 하여
이와 같이 성소에서 주를 **바라보았나이다.**"(시 63:1, 2)

하나님의 손 위에 얹혀서 날마다 이분과 얼굴을 가까이 대하며 사는 생활, 그것이 바로 우리가 이땅에서 누려야 할 영생인 것입니다. 다윗은 "나의 영혼이 주를 가까이 따르니 주의 오른손이 나를 붙드신다."고 고백했습니다.(시 63:8)

우리는 마음먹은 대로 일이 잘 진행되고 소원이 척척 성취될 때 기뻐하고 즐거워 할 수 있습니다. 그러나 일생토록 눈물의 빵을 먹으며 쌓아온 성공의 거대한 탑이 한순간에 무너져 내리는 순간에도 과연 기뻐할 수 있겠습니까? 이것은 비참한 현실에서 눈을 돌려 우리 앞에 임재해 계신 성령님의 얼굴을 바라볼 때 가능해집니다.

다윗은 목동으로 있을 때나 왕으로 있을 때나 변함없이 그 무엇보다 가장 중요시 한 것이 있었는데 그것은 바로 하나님의 얼굴이었습니다. 그는 전적으로 자기 앞에 계신 하나님의 얼굴만 바라보면서 즐거워 할 수 있었습니다. "왕은 하나님을 즐거워하리니"(시 63:11) 당신은 집에서나 교회에서나 직장에서든 어디에 있든지, 어떤 어려운 곤경에 처했든지 당신과 함께 계시는 성령님의 얼굴을 찾아야 합니다. "마음이 청결한 자는 복이 있나니, 저희가 **하나님을 볼 것임이요**"(마 5:8)

성령님과 대면한 모세

모세는 호렙산 가시떨기의 불꽃 가운데 하나님을 대면하고 나이 80살에 하나님의 꿈을 품고 40년 동안 닦은 자기 삶의 터전을 정리하고 인생을 재출발하였습니다. 하나님과 함께 새 인생을 만들어 나가는 모험을 하게 된 것입니다.

굳은 의지의 사람이 하나님을 만나면 그분을 위해서 모든 것을 버리고 헌신하는 것을 우리는 성경을 통해서 볼 수 있습니다. 제가 성령님을 인격적으로 대면한 순간부터 저는 진정으로 하나님을 사랑하는 것을 배우기 시작했고 모든 것을 버리고 그분과의 교제 가운데 매우 값진 인생으로 새롭게 만들어져 갔습니다.

모세는 하나님의 영광을 갈구했습니다.

"원컨대 주의 영광을 내게 보이소서."(출 33:18)

그 때 하나님께서는 은혜를 줄 자에게 은혜를 주고 긍휼히 여길 자에게 긍휼을 베푸시기를 원하셨으므로 자신의 모든 선한 형상을 모세에게 보여주셨습니다. 그러나 하나님의 얼굴을 보고 살 자가 없으므로 예수 그리스도를 상징하는 한 반석 위에 모세를 서게 하시고 그 반석 틈에서 하나님의 영광을 보게 하셨습니다. 모세는 하나님의 등을 보았으며 얼굴은 보지 못했으며 하나님의 임재하심 가운데 하나님께서 자기 앞으로 지나시는 것을 보았습니다. 모세가 하나님의 모습을 본 것은 그 때 한 번뿐인 것 같습니다. 그러나 모세는 항상 하나님의 임재하심 가운데 하나님의 영광을 보며 살았던 사람이었습니다.

"내가 정녕 너와 함께 있으리라!"(출 3:12)고 약속하신 하나님께서는 구름기둥, 불기둥 가운데 임재하셨고 모세에게 직접 말씀하셨습니다.

모세가 어느 정도로 하나님과 친밀했습니까? 민수기 12장 8절에는

"그와는 내가 '대면'하여 명백히 말하고
은밀한 말로 아니하며
그는 또 여호와의 형상을 보겠거늘"

이라고 기록하고 있습니다.

모세는 하나님과 대면하여 알던 자였습니다. 그렇지만 그가 직접 하나님의 본체를 본 것은 단 한 번 뿐이었으며 그것도 등을 보았다는 사실을 우리는 기억해야 합니다. 그러면 그 외에 40년 세월동안 그는 어떻게 하나님의 얼굴을 보았으며 그와 얼굴을 맞대고 대면하여 명백히 대화를 나누었겠습니까? 그것은 구름기둥, 불기둥 가운데 임재하신 여호와의 신이신 성령님과의 교제를 가지므로 가능할 수 있었던 것입니다.

오늘날은 눈에 보이는 구름기둥, 불기둥은 없어졌습니다. 그러나 그보다 더 확실하고 실제적인 성령님의 임재하심은 여전히 생

생하게 우리와 함께하고 있습니다.

모세는 눈에 보이는 구름기둥, 불기둥과 대화를 나눈 것이 아니었습니다. 그것은 상징적인 현현이었습니다. 모세는 그 가운데 임재하셔서 말씀하시는 눈에 보이지 아니하는 성령님을 볼 수 있는 믿음의 눈이 열려 있었으며 거기에 임재해 계신 그분과 교제를 나누었던 것입니다.

"믿음으로 보이지 아니하는 자(성령님)를 보는 것같이 하여"(히 11:27)

모든 것을 참을 수 있었으며 믿음으로 피뿌리는 예를 통해서 유월절 어린 양 예수 그리스도를 바라볼 수 있었습니다.

모세는 믿음의 눈을 가진 평범한 사람이었습니다. 그는 기도의 사람이었고 영적인 안목을 가지고 있었습니다. 그는 믿음의 눈으로 성령님의 얼굴을 보면서 친교를 나누었고, 성령님의 적극적인 인도를 받으며 사명을 감당하였던 것입니다.

모세는 '여호와와 대면'하여 알던 자라고 했습니다. 오늘날 우리는 '성령님과 대면'하여 사귀어야 합니다. 모세는 보이지 아니하는 하나님을 항상 보는 것처럼 하여 그분과 대화하며 이야기를 나누었습니다. 여호와께 복을 받고 구원의 하나님께 의를 얻은 당신도 생활 속에서 여호와 하나님의 얼굴을 찾아야 합니다.

"이는 여호와를 찾는 족속이요,
야곱의 하나님의 '얼굴'을 구하는 자로다."(시 24:6)

성령님을 대면하는 것이 예배입니다

2000년 전에 "예수를 뵈옵고자"(요 12:21) 모래알 같은 군중들이 모여든 것처럼, 이 시대를 사는 우리는 내 앞에 서 계신 예수님의 얼굴을 바라보아야 합니다. 부활하신 예수님은 하늘보좌에 앉아 계시므로 우리는 볼 수 없습니다. 그러나 예수님은 지금 영으로 당신에게 임재해 계십니다. 그러므로 모든 사물에서 눈을 돌려서 예수 그리스도의 **영이신 성령님의 얼굴을 바라보아야** 하겠습니다.

이 시대를 살고 있는 우리 현대인들의 신앙생활에서 다시금 그 의미를 찾고 가장 긴급히 회복해야 하는 것이 있다면 그것은 곧 예배라 할 수 있습니다. 그러면 과연 예배란 무엇입니까? 성령님과 인격적으로 교제를 나누면서 살아가는 것이 '**생활로 드리는 영적 예배**'입니다. 이러한 예배를 드리는 것은 하나님께서 기뻐하시는 선하시고 온전하신 뜻입니다. 로마서 12장에는 이렇게 말씀하고 있습니다.

"그러므로 형제들아,
내가 하나님의 모든 자비하심으로 너희를 권하노니
너희 몸을 하나님이 기뻐하시는 거룩한 산 제사로 드리라.
이는 너희의 드릴 '**영적 예배**'니라."(롬 12:1)

진정한 예배에 대한 연구의 시금석이라 할 수 있는 요한복음 4장 20~24절을 자세히 살펴봅시다. 이 본문은 사마리아 여인과 예수님과의 대화입니다. 그녀는 다음과 같이 말했습니다.

"예수님, 우리 조상들은 이 산에서 예배하였는데 당신의 말은 예배할 곳이 예루살렘에 있다 하더이다."

예수님께서 말씀하셨습니다.

"여자여, 내 말을 믿으라. 이 산에서도 말고 예루살렘에서도 말고 너희가 아버지께 예배할 때가 이르리라. 너희는 알지 못하는 것을 예배하고 우리는 아는 것을 예배하노니 이는 구원이 유대인에게서 남이니라."

여기서 예수님께서는 어떤 장소에서 예배드린다는 것보다 더 중요한 어떤 근본 원리를 말씀하고 있습니다. 예수님께서는 과거 조상들이 하나님을 만나기 위해 피흘림의 제사를 지낸 어떤 산이나 아니면 아주 거룩하고 경건한 분위기를 자아내는 예루살렘 성전에서 예배드리는 것보다도 더욱 중요한 예배의 열쇠를 말씀하고 계시는 것입니다. 그것이 과연 무엇일까요? 계속해서 예수님의 말씀을 잘 들어보십시오.

"아버지께 참으로 예배하는 자들은 신령과 진정으로 예배할 때가 오나니 곧 이때라."

예, 그렇습니다. 예수님이 진정 말씀하시고자 하신 것은 '어떤 장소'가 아니라 '어떤 때'입니다! 도대체 어떤 때입니까? "곧 이 때라." '이때'란 바로 사마리아 여인과 '예수님이 대면'해서 이야기를 나누고 있는 '이 때'를 말씀하고 있는 것입니다. 이 때가 곧 신령과 진정으로 예배하는 때요, 하나님을 만나는 때입니다. 예수님께서 충격적인 선포를 하셨습니다.

"아버지께서는 이렇게 자기에게 예배하는 자들을 찾으시느니라."

예배당에서 순서를 따라 예배드리고 아름다운 찬양을 드리며 훌륭한 설교를 듣는 것은 참으로 중요합니다. 그러나 당신이 예배하러 교회에 가서 하나님을 인격적으로 만나지 못하고 주위만 두리번거리고 사람들만 만나고 온다면 그것은 예배에 완전히 실패한 것입니다. 비록 모든 것이 부족하고 서툴러도 당신이 예배 중에 하나님을 뵈었다면 성공한 것입니다.

음악과 설교는 그 자체가 예배의 목적이 아니라 예배를 위한 수단입니다. 하나님과 만나도록 도와주는 매개체인 것입니다. 이것 자체가 예배의 전부가 될 수 없습니다.

어떤 사람들은 무엇인가 바치는데 만족을 누리고 어떤 사람은 무엇인가 얻으려고 교회에 갑니다. 진정 당신은 무엇을 바치고 무엇을 얻어야 합니까? 예수님을 사랑하는 당신의 마음을 바치고 하나님의 사랑을 얻어 누려야 합니다. 즉 예배의 **궁극적인 목적은 하나님을 만나고 사랑의 교제를 나누는 것입니다.**

저는 예배시간에 단상에 올라서면 설교하면서 의자에 앉아 있는 성도들을 보는 것보다 성도들과 저 사이, 곧 '내 앞에 임재해 계신 성령님'의 얼굴을 보고자 주의를 기울입니다. 그리고 성령님께 이것저것 말씀드리고 성령님의 감동하심에 마음을 집중합니다.

"사랑하는 성령님!"

또한 다른 분이 설교할 때에도 저는 설교자만을 보지 않습니다. 설교자와 저 사이에 임재해 계신 성령님의 얼굴을 바라보면서 예배장소의 영적 분위기를 살피며 이분과 은밀히 교통합니다. 저는 예배순서가 끝난 후에도 성령님과 함께 교회당을 빠져 나옵니다. "성령님, 함께 나가시지요!" 그리고 일상생활로 돌아와서도 똑같이 성령님의 얼굴을 바라보면서 생활하거나 예배를 드리며 살아갑니다. 다윗이 그러했습니다. "내가 항상 내 앞에 계신 주를 뵈었음이여!"(행 2:25)

최근에 저는 김인중 목사님이 섬기는 안산 동산교회에 저녁예배를 저의 사랑하는 친구이신 성령님과 함께 참석했습니다. 제 인생에 있어 하나님의 지시에 따라 250만 원을 투자해서 새로운 주의 사업을 시작했는데 그 일이 빨리 추진이 되지 않아서 고통의 인내를 감내하고 있었습니다.

근근이 푼돈이나마 굴리던 우리 가정의 생활비는 드디어 완전히 바닥을 보인 지 10일도 넘었고 주일에 헌금은 물론 귀여운 아기의 백 원짜리 사탕을 사기 위해 집안 구석구석을 뒤져야 하는 처량한 형편이었습니다. 냉장고는 서서히 뼈대를 드러냈고 세금고지서와 할부금 청구서는 우리의 어깨를 짓눌렀습니다. 때로는 쌀도 없어 하루종일 떡국을 끓여 먹기도 했습니다.

우리는 하나님의 기적의 손길을 기다리면서 금식을 하고 철야로 부르짖었습니다. 그러나 그 동안 제 인생의 크고 중요한 일이 있을 때마다 눈에 보일 정도로 하나님의 손이 임하여 저를 도우셨던 좋으신 하나님의 응답은 온데 간데 없고 침묵으로 일관하셨습니다.

감성이 풍부한 사랑하는 아내는 불평을 털어놓았고 저는 그녀에게 여러 가지 위로의 말로 고통 가운데 감사를 요구했습니다. 그러나 아내는 "나는 가난이 싫어요. 이런 거지같은 생활은 지긋지긋해요. 왜 하나님은 우리를 돌아보지 않으시는지 답답하기만 해요."라고 하소연을 했습니다.

자비로우신 하나님께서는 조금씩 우리의 마음을 변화시키셨고 우리는 서서히 힘을 얻게 되었습니다. 그러다가 결정적으로 우리의 영혼이 새 힘을 얻게 된 것은 동산교회의 예배 중이었습니다.

"성령님 함께 가시지요." "함께 올라 가실까요." "성령님, 예배 가운데 우리에게 역사해 주세요."라고 말씀드리면서 성령님과 교제를 나누면서 2층 맨 뒷자리에 앉아서 하나님께 찬양을 드리고 있었습니다. 그 때 저는 예배당 안에 제 앞에 임재해 계신 성령님을 손으로 가리키면서 아내에게 말했습니다.

"지금 이 곳에 성령님이 임재해 계세요!
당신 앞에 계신 성령님을 바라보세요."

하나님에 대한 기대감을 가지고 참석한 우리는 어떤 사람보다도 우리 앞에 임재해 계신 성령님께 마음을 모으고 예배하기 시작했습니다. 계속해서 감격의 찬양을 드리는 중에 성령님의 임재하심은 더욱 실제적으로 느껴졌습니다. 주님의 영광이 내게 나타나셨습니다! 즉시 제 영혼이 벌떡 일어나 하나님께 경배하고 있는 것을 발견하였습니다.

주님의 영광 나타나셨네.
권능으로 임하셨네.
죽음에서 날 살리신 주 성령 놀라우신 주 하나님.

우리는 성령님의 위로의 손길로 만지심에 감동스러운 예배를 드리며 하나님을 만날 수 있었습니다. 그리고 그날 말씀을 통해 우리를 향한 하나님의 뜻을 잘 발견할 수 있었으며 저는 집으로 돌아오면서 희색이 만연한 아내에게 이렇게 말했습니다.

"하나님은 우리를 통해 그분의 사업을 세우시기 전에 먼저 우리 자신을 믿음의 사람으로 세우기를 원하시며, 또한 우리 속에 하나님이 영광스럽게 서시기를 원하신다!"

사랑스런 저의 아내는 확실히 이전과는 다르게 바뀌었습니다. 이제는 불평과 원망을 쓰레기통에 미련없이 버리고 무조건 감사하기로 결심했습니다. 오직 믿음의 주요, 온전케 하시는 이인 예수님만을 바라보며 우리와 함께 계신 성령님을 의지하면서 모든 것을 이겨나갈 것을 다짐했습니다. 마음의 평화를 얻은 아내는 기쁨이 충만한 가운데 활기찬 생활을 하고 있습니다.

이와 같이 성령 안에서 하나님을 만나는 참된 예배는 지친 영혼을 살리며 사람을 변화시켜 놓습니다. 그러나 안타깝게도 어떤 사람들은 올바른 중심동기를 가지고 하나님께 나아오지 않고 있습니다.

당신은 외적으로 갖춰지고 값진 예배당이나 멋진 설교자를 찾을 것이 아니라 진정으로 하나님의 임재하심이 물결치는 성령이 충만한 교회를 사모해야 합니다. 성령님의 임재 속에 이분과 교통하므로 더 깊고 풍성한 삶을 추구해야 합니다. 그리고 일주일에 정해진 예배시간에 충실할 뿐 아니라 24시간 전부 다 살아있는 예배가 되도록 해야 합니다. 이것은 당신 자신에게서부터 시작됩니다. 어떻게 해야 할까요? 바로 언제나 성령님의 얼굴을 보면서 살아가는 것입니다.

다윗은 자기 앞에 임재해 계신 성령님의 얼굴을 보면서 살았습니다. "내가 항상 내 앞에 계신 주를 뵈었음이여!"(행 2:15) 그는 주의 신을 떠나서는 살 수 없다고 했습니다.

'영으로 오신 예수님의 얼굴을 뵙는 것' 이것이 곧 하나님이 원하시는 '산 예배'라 할 수 있습니다. 성령님의 얼굴을 뵙게 되면 당신은 이분에게 매료됩니다. 이분과 교제를 나눌수록 깊은 사랑의 샘 속으로 빠져들게 됩니다. 성령님은 가장 아름다우신 최상의 존재이십니다. 드디어 당신은 성령님의 손에 키스를 하며 애정을 나누고 이분 앞에 엎드려 절하게 되고 기쁨으로 사랑의 찬가를 부르며 영광을 돌리게 될 것입니다.

당신이 진정으로 살아있는 예배를 드림으로 영혼이 살기를 원하십니까? 그렇다면 예배시간에 사람에게 집중하지 마십시오. 주위 사람과 많은 대화를 나누거나 다른 것에 신경을 빼앗기지 않도록 마음을 교회 안에 임재해 계시는 예수님께 집중하십시오. 그리고 예배순서가 흐르고 있는 중에 수시로 예배당 안에 임재해 계시는 예수님을 작은 목소리로 부르십시오.

"예수님, 사랑하는 예수님!"

한 번이나 두 번이 아니라 계속해서 부르십시오. 찬양할 때나 설교를 들으면서도 예수님을 바라보며 이렇게 속삭이십시오. 그리고 계속 집중해서 주님을 바라보십시오!

"존귀하신 예수님! 예수님을 사랑합니다."
"예수님, 감사합니다."

많은 성도들의 영적인 빈곤은 바로 '성령님과의 은밀한 교제'를 소홀히 하는 데 그 원인이 있습니다. 종종 사람들이 자기와 함께 계신 예수님에게 입맞추고 마음을 주어야 하는데 그렇지 않고 '다른 것'에 키스하고 있습니다. 화려한 프로그램이나 행사나 종교의식 또는 유명한 주의 종에게 입맞추고 있습니다. 주님께서는 이러한 자들을 비웃으시며 분노하고 계십니다. 당신은 오직 예수님께 입맞추어야 합니다.

"그 아들에게 입맞추라! 그렇지 아니하면 진노하심으로 너희가 길에서 망하리니 그 진노가 급하심이라."(시 2:12)

당신은 하늘보좌에 계신 예수님께 피상적으로 입맞추려고 꿈꾸기 보다는 오히려 지금 '내 앞에 계신 그리스도의 영이신 성령님'께 입맞추기 위해서 애써야 합니다. 예배시간에 당신과 가장 가까이 계신 성령님의 입에 숨이 막힐 정도로 입맞춤하므로 황홀한 예배가 되도록 하십시오. 당신은 예배를 통해 예수님을 사랑하는 감정과 아버지의 품에 푹 싸인 느낌을 마음껏 누려야 합니다. 당신이 성령님과 은밀한 인격적인 교제로 인한 사랑가운데 뿌리를 내리게 될 때 비로소 하나님의 충만하신 영광과 그리스도의 풍성한 생명을 누리게 될 것입니다.(엡 3:17~19)

눈을 뜨고 성령님의 얼굴을 바라보라

많은 그리스도인들이 눈을 감고 기도를 드립니다. 눈을 감으면 잡생각은 사라질지 모르지만 그렇다고 하나님이 보입니까? 아니면 천국이 보입니까?

우리는 보통 대표기도와 개인기도 시간에 눈을 감고 기도합니다. 그러나 24시간 중 잠자는 시간을 제외하고는 하루 생활의 거의 대부분을 눈을 뜨고 생활합니다. 눈을 뜨고 생활할 때 많은 사람들에게 있어 하나님은 온데 간데 없고 세상과 나만 의식을 하면서 바쁘게 살아갑니다. 그들에게는 눈에 보이는 물질적인 세계가 전부인양 분주하게 뛰어다닙니다. 그리고는 하루 일과를 마무리하고 잠자리에 들 때에서야 비로소 실패로 얼룩진 하루를 돌아보며 무릎을 꿇고 하나님께 회개합니다.

그러나 당신이 눈을 뜨고 생활할 때 만약 성령님과 함께 살면서 성령님의 얼굴을 보며 인격적인 교제 속에 성령님의 도움을 받는다면 당신은 잠자리에 들 때 승리의 하루를 찬양하며 감사의 기도를 드리게 될 것입니다.

그렇다고 전혀 죄를 짓지 않는 완벽한 삶을 산다는 것은 아닙니다. 그런 것은 천국에서나 기대하십시오. 아마도 거의 대부분의 습관적이고 고질적인 죄에서 해방을 누리게 되고 육체의 정욕과 안목의 정욕과 이세상의 자랑에 매여 죄의 종노릇하는 행동을 다스리는 힘을 가지게 될 것입니다.

당신이 만약 성령님과의 인격적인 교제를 실제적으로 나누기 시작한다면 당신은 두려워하거나 외로워하거나 절망하거나 슬퍼하거나 무기력하게 되지 않습니다. 그 이유는 성령님께서는 말할 수 없는 탄식과 그의 강한 능력으로 당신의 마음을 지켜 주시기 때문입니다.

저는 교회에서 공중기도시간이나 개인적인 정시기도시에는 눈을 감고 기도합니다. 그러나 무시기도는 눈을 뜨고 기도합니다. 우리는 눈을 감고 기도할 때는 진지하고 열정적으로 하나님께 우리의 간구와 소원을 아뢰야 합니다. 그러나 그 외의 눈을 뜨고 생활할 때에도 하나님의 임재하심이 내 눈앞에 드러나게 해야 합니다. 다윗이 그러했습니다. "내가 항상 내 앞에 계신 주를 뵈웠음이여!"(행 2:25)

저는 정시기도시간에도 눈을 뜨고 기도하는 경우가 많습니다. 여러 시간을 기도하면서 계속 눈을 감고 있을 수도 없을 뿐더러 하나님의 임재하심을 더욱 생생하게 알게 되는 때는 눈을 감았을 때보다는 오히려 눈을 뜨고 골방에서 제 눈앞에 임재해 계신 성령님의 얼굴을 바라볼 때이기 때문입니다.

예수님께서도 눈을 뜨고 기도하신 적이 있습니다.

"예수께서 이 말씀을 하시고
눈을 들어 하늘을 우러러 가라사대"(요 17:1)

저는 군에서 혼자서 점심시간에 행정반에 있을 때 이렇게 눈을 뜨고 한 시간 이상 기도하며 보낸 적이 많이 있었습니다. 성령님의 임재하심은 금방 제 눈앞에 드러났으며 이분의 얼굴을 봄으로 인해 물댄 동산과 같은 행복감에 겨워한 적이 하루 이틀이 아니었습니다. 날이 갈수록 저는 성령님과 친밀해졌습니다.

제가 눈을 감고 있으면 성령님의 감동하심을 가끔씩 느낍니다. 그러나 제가 눈을 뜨고 기도하면 성령님의 실제적인 임재하심이 제 눈앞에 드러나고 크게 감격하면서 기쁨과 담대함으로 하나님의 보좌 앞에 나아가게 됩니다.

당신도 교회에서나 집에서 혼자서 기도할 때 눈을 뜨고 앞이나 약간 위를 바라보면서 기도해 보십시오. 그러면서 방언을 겸해서 기도하는 가운데 내 앞에 계신 성령님의 임재하심을 의식하면서 기도해 보십시오. 천정 위를 보면서 하늘나라를 상상하라는 말이 아닙니다. 지금 골방이나 예배당에 임재해 계신 바로 내 앞에 계신 성령님을 의식하며 바라보라는 것입니다.

저는 이 때 굉장히 강한 성령님의 임재하심을 종종 의식하게 됩니다. 그러면 갑자기 일어서서 두손을 들고 외칩니다.

"거룩하다! 거룩하다! 주 만군의 여호와여,
여호와의 신이 이 곳에 임재하셨도다!
존귀하신 성령님을 찬양합니다."

그리고는 계속 눈을 뜨고 방언으로 기도하며 이리저리 걸어다니면서 다음과 같이 말씀드리며 성령님과 교통을 합니다.

"놀라우신 성령님! 성령님께서 이 곳에 저와 함께 계시니 얼마나 기쁜지 모르겠습니다. 저는 영원토록 성령님을 사랑합니다."

당신도 과감히 이렇게 눈을 뜨고 기도해 보십시오. 지금 당신은 이 책을 보느라 눈을 뜨고 있겠지요. 그러면 잠시 책에서 눈을 떼고 고개를 들어 앞을 바라보면서 이렇게 불러보십시오.

"성령님, 사랑하는 성령님!"

저는 거듭난 후 깜깜한 것을 싫어하게 되었습니다. 그래서 기도할 때 불을 다 켜고 밝은 데서 기도합니다. 눈을 감거나 불을 다 끄면 무엇이 보입니까? 오히려 두려움만 밀려오는 경우가 많습니다. 물론 분위기는 중요합니다. 그러나 저는 이제 빛의 자녀가 되었기 때문에 밝은 것이 더 좋습니다. 설마 불도 켜고 눈도 뜨고 기도하는 것이 너무 큰 개혁이라고 생각하지는 않겠지요?

저는 "예수님의 이름으로 기도합니다."라고 말하면서 정시기도를 끝내지 않습니다. 이미 기도 중간 중간에 "예수님의 이름으로 구하오니 주시옵소서!"라고 수없이 반복해서 간구했기 때문이지요. 예수님의 이름은 기도를 마치는 종지부가 아닙니다. 오히려 하나님 보좌에 나아갈 때 가장 먼저 앞장 세우고 내밀어야 하는 이름입니다. 그래서 저는 기도를 시작하면서 또는 중간에 수시로 "예수님의 보혈을 의지해서 기도하오니" "예수님의 이름으로 기도하오니"라고 전제하면서 기도합니다. 그러므로 기도가 끝나면 이렇게 말씀드립니다. 기억해 두었다가 당신도 한번 해 보십시오.

"성령님, 저의 기도를 도와 주셔서 감사합니다.
수고하셨습니다. 자, 이제 일어나시지요.
저와 함께 나가실까요?"

그리고 일상 생활 속에서도 저는 거의 눈을 감지 않습니다. 이것은 당신도 마찬가지이겠지요? 이렇게 눈을 뜨고 생활할 때 대부분의 사람들은 수만 가지의 사물들을 보게 됩니다. 그러나 우리는 보이는 것에만 정신이 팔려서 살면 안됩니다. 저는 사물들만 보는 것이 아니라 공간 속에 임재해 계신 성령님의 얼굴을 보면서 대화를 통해 은밀한 교제를 나눕니다. 다윗은 이 놀랍고 비밀스러운 교제를 누렸습니다. "내가 항상 내 앞에 계신 주를 뵈웠음이여!"

(행 2:25)

　대부분의 그리스도인들도 하나님께 기도를 드립니다. 하지만 그들의 기도 내용을 살펴보면 일반적으로 단순한 도움의 기도임을 알 수 있습니다. 예를 들면 마음속으로 '하나님 아버지, 차를 타고 가는 동안에 사고가 나지 않게 해주세요.' 등의 기도를 드립니다. 이것은 참으로 중요합니다. 그런데 대개 여기에서 특별한 진전이 없는 경우가 허다합니다. 그러나 그리스도의 진정한 친구요, 애인이라면 우리는 그리스도와의 인격적인 교제에 있어 담대한 진보를 가져와야 합니다. 모든 것을 나눌 수 있어야 합니다.
　당신과 함께 인생길을 걸으시는 귀하신 성령님께로 당신의 시선을 사물에서부터 돌려 인격이신 성령님의 얼굴을 바라보십시오. 그러면 얼마 가지 않아서 당신이 성령님의 얼굴 표정을 알게 되는 날이 올 것입니다. 당신과 함께 계신 성령님이 슬퍼하시는지, 기뻐하시는지, 근심하고 계시는지를 금방 알게 될 것입니다. 신나지 않습니까?

성령님의 얼굴을 보는 비결

　이와 같이 성령님과 친밀해지기 위해서는 반드시 성령님의 얼굴을 볼 수 있는 믿음의 눈이 열려야 하는 것입니다.
　그러면 어떻게 해야 우리의 친구이신 성령님의 얼굴을 볼 수 있을까요?
　저는 사물에서 눈을 돌리면 언제나 성령님께서 저와 함께 계신 것을 의식하면서 믿음의 눈으로 제 앞에 임재해 계신 이분을 의식합니다.
　당신도 이것을 시도해 보십시오!

이것은 굉장히 중요한 것입니다.

이것이 곧 '성령님의 얼굴을 보는 비결'이라 하겠습니다.

지금 해보십시오! 지금 당장 당신은 몇 미터 앞에 있는 사물을 바라보십시오. 그 다음은 고개를 숙이고 당신 앞에 있는 손을 보십시오. 그리고 마지막으로 앞의 사물과 당신의 손 사이에 있는 한 공간을 바라보십시오. 사물이 아닌 어떤 한 공간을 말하고 있는 것입니다. 그 곳에 인격이신 성령님이 임재해 계신 것을 믿음의 눈으로 바라보십시오.

육신의 눈에 무엇이 보입니까? 아무것도 보이지 않을 것입니다. 그러나 믿음의 눈으로 바로 그 공간에 영이신 성령님이 임재해 계신 것을 바라보십시오. 곧, 성령님의 얼굴을 상상하면서 바라보라는 것입니다. 그리고 이렇게 불러 보십시오.

"성령님, 사랑하는 성령님!"

오해하지 마십시오. 계시지도 않은 성령님을 상상 속에 만들어 내라는 말이 아닙니다. 오히려 그 반대입니다. 다윗의 말처럼 "항상 내 앞에 계신 주"(행 2:15)를 바라보라는 것입니다. 한마디로 말하면 내 눈앞에 항상 성령님의 인격적인 얼굴이 실제로 있다는 말입니다. 성령님은 천지만물을 창조하신 하나님의 신이십니다. 그래서 이분은 영이시므로 눈에 보이지 않을 뿐이지 이세상 모든 사물들보다도 더 실제적으로 당신에게 임재해 계십니다. 실제로 계시는 성령님을 의식하며 믿음의 눈으로 바라보라는 말입니다.

눈에 보이는 사물을 창조하신 창조의 신이신 성령님은 사물들보다 더욱 실제적인 분이시므로 당신이 믿음의 눈만 뜨게 되면 그때부터 24시간 성령님의 임재하심을 의식하면서 이분과 동고동락

하면서 살게 됩니다. 그러나 물질만능주의에 빠져 살면서 물질만 본다면 당신은 성령님을 볼 수 없습니다. 당신은 이렇게 기도해야 합니다. "주의 얼굴로 주의 종에게 비춰 주십시오!"(시 119:135) 모세의 경우를 다시 한 번 말씀드립니다.

"믿음으로 보이지 아니하는 자(성령님)를 보는 것같이 하여"(히 11:27)

모세에게 있어 육신의 눈에 하나님이 보였습니까? 그에게도 보이지 않았습니다. 그러나 그는 믿음의 시야를 가지고 하나님의 신을 대면했습니다. 당신도 마찬가지입니다. 보이지 않는 하나님을 보는 것처럼 하여 믿음으로 이분과 교제하며 살아가야 합니다.

성경은 나의 의인은 보이는 것이나 느낌으로 살아갈 것이라고 말씀하지 않았습니다. 그 반대로 "오직 나의 의인은 믿음으로 말미암아 살리라."(히 10:38)고 했습니다. 믿음은 바라는 것들의 실상이요, 보지 못하는 것들의 증거입니다. 믿음이 없이는 하나님을 기쁘시게 해 드릴 수 없습니다.(히 11)

모세는 오실 그리스도를 바라보며 하나님과 교제를 나누었지만 우리는 이미 오신 그리스도를 통해서 하나님과 교제를 나누고 있습니다. 그 흘리신 예수의 피를 힘입어 담대하게 성령님과 교제를 나누게 된 것입니다. 오늘날은 모든 사람들에게 성령님이 임하셨습니다.

당신에게 임재해 계신 성령님은 그리스도의 영으로서 당신의 믿음의 중심이 되시는 것입니다. 당신 앞에 영으로 임재해 계신 예수님께로 눈을 고정시키십시오. 이분의 권능은 당신이 당하는 어떤 환난보다 더 크시며, 당신이 싸우는 어떤 원수보다도 더 위대하십니다.

저는 아내가 가끔씩 힘겨워 어깨가 처지고 얼굴이 무표정으로 굳어지는 것을 봅니다. 그 때 이렇게 말합니다.

"당신 앞에 임재해 계신 성령님을 바라보세요! 믿음의 주요, 온전케 하시는 이이신 그리스도께서 당신 눈앞에 계시지 않소!"

"나의 괴로운 날에 '주의 얼굴'을 내게서 숨기지 마옵소서!
(시 102:2)
만군의 하나님 여호와여! 우리를 돌이키시고
'주의 얼굴빛'을 비취소서!
우리가 구원을 얻으리이다."(시 80:19)

혹시 당신도 지금 살아가는 것이 너무 힘들게 느껴져 모든 것을 훌훌 벗어 버리고 멀리 여행이라도 가고 싶지 않습니까? 배낭을 메고 지구 끝까지 돌아다닌다 해도 약간의 기분 전환은 되겠지만 마음의 고통은 떠나가지 않습니다. 오직 당신 앞에 임재해 계신 그리스도의 영이신 성령님을 바라보십시오. 그리고 성령님께 모든 것을 말씀드리고 수고하고 무거운 짐을 맡겨 버리십시오. 당신 앞에 계신 성령님을 바라보며 이렇게 말씀드리면 되겠지요.

"사랑하는 성령님, 내 마음의 모든 짐을 성령님께 드립니다.
성령님께서 해결해 주십시오.
나는 오직 성령님의 얼굴만 바라봅니다."

당신은 믿음의 주요, 온전케 하시는 이인 예수 그리스도를 바라보아야 합니다. 당신이 실패하는 가장 확실한 방법은 예수님께로부터 눈을 떼고 문제와 당신 자신과 세상을 바라보는 것입니다. 그 때 당신은 베드로가 그러했던 것처럼 두려움에 먹혀 물 속으로 순식간에 빠져들어 갈 것입니다. 온 세상이 뒤집히고 흉용한 물결이 덮쳐와도 당신이 모든 것을 다스리시는 예수님만을 바라본다면 모든 지각에 뛰어난 하나님의 평강이 당신의 마음과 생각을 지킬 것입니다. "내가 항상 내 앞에 계신 주를 뵈었음이여! 나로 요동치 않게 하기 위하여 그가 내 우편에 계시도다."(행 2:25)

어느 날 권사님 한 분이 집에 찾아왔습니다. 여러 가지 가정에 얽혀 있는 문제와 불치의 병으로 많은 괴로움을 당했고 모든 일은 갈수록 힘들어졌습니다. 식구들은 각자 나름대로 말할 수 없는 고통을 당하고 있었고 어디를 돌아봐도 희망이 보이지 않았습니다. 그러한 분에게 전들 무슨 속시원한 해결책을 줄 수 있겠습니까? 저는 전적으로 나와 함께 계신 성령님께 도움을 구하면서 입을 열었습니다.

"권사님, 이제 제가 마지막으로 드릴 수 있는 말은 모든 문제에서 눈을 돌려 예수 그리스도를 바라보라는 것입니다. 문제만 붙들고 있어서는 빠져나올 길이 없습니다. 권사님과 가정이 이렇게 된 것을 누구의 잘못이라고 말하지 마십시오. 하나님께서는 권사님의 모든 저주를 십자가에서 청산하셨습니다. 지금 이 시간에 눈을 돌려 내 대신 나의 모든 저주를 담당하시기 위해 골고다 언덕의 십자가에 달리신 예수님을 바라보십시오! 거기에서 모든 죄와 저주를 말끔히 씻는 예수의 피가 흘러내려 지금 권사님과 온 식구를 적시고 있는 모습을 생생하게 상상하십시오! 지금 이곳에 성령을 통해 예수의 보혈이 흘러 내리고 있습니다. 더 이상 수고하고 무거운 짐에 눌려 고생할 필요가 없습니다. 마귀에게 속지 마십시오."

저는 그 때 성령께서 감동하신 갈라디아서의 말씀을 펴놓고 또 박또박 소리내어 함께 읽었습니다. "그리스도께서 우리를 위하여 저주를 받은 바 되사 율법의 저주에서 우리를 속량하셨으니 기록된 바 나무에 달린 자마다 저주아래 있는 자라 하였음이라. 이는 그리스도 예수 안에서 아브라함의 복이 이방인에게 미치게 하고 또 우리로 하여금 믿음으로 말미암아 성령의 약속을 받게 하려 함이니라."(갈 3:13,14)

갑자기 성령님의 임재가 분명해지더니 그 권사님이 성령에 크게 감동되었습니다. 눈물을 펑펑 쏟으면서 기도하는데 오랫동안 사모했지만 받지 못했던 성령의 세례가 그 즉시로 임하고 입에서는 생전 처음으로 알지 못하는 방언이 강물처럼 흘러나왔습니다.

그 권사님은 "아버지, 아버지!" 부르면서 한 시간 이상을 눈물로 기도했습니다.

그 이후로부터 권사님의 가정에 예수 그리스도의 풍성한 생명과 형통함이 넘쳐나기 시작했습니다.

당신이 눈을 돌려 단지 성령님의 얼굴을 바라봄으로써 여러 가지 문제들이 저절로 해결됩니다. 당신의 마음을 누르고 있는 염려와 불안과 두려움은 사라지고 당신은 죄로부터 돌아서게 되며 당신의 내면에 자리잡고 있던 교만과 자아가 깨어지게 됩니다. 당신의 더러운 마음은 정결해지고 복잡한 생각은 단순히 하나님만을 바라보며 기뻐하게 됩니다. 성령의 충만함과 멍에에서 놓여남을 받으며, 부흥의 불길 속에 사로잡히게 됩니다.

당신은 모든 문제와 환경과 연약함 속에서 예수님을 바라보아야 합니다. 예수님은 당신의 믿음이요, 인류를 향한 하나님의 해답입니다. 당신은 지극히 작은 존재입니다. 그러나 당신 안에 계시는 그리스도는 위대하십니다!

당신의 환경에서 눈을 돌리십시오. 당신의 형편과 사정에서 눈을 돌려 지금 당장 당신 앞에 임재해 계신 그리스도를 바라보십시오. 모든 불행과 고통에서 눈을 돌려 성령님을 바라보시길 바랍니다. 그리고 이렇게 말씀드리십시오.

"성령님, 제 온 마음을 다해 사랑합니다.
저는 영원히 성령님과 함께 살기를 원합니다."

하나님께서는 위대한 사람을 찾지 않습니다. 오직 위대하신 성령님의 얼굴을 대면하며 성령님을 전적으로 의지하는 연약한 보통 사람을 찾고 계시는 것입니다. 성령님은 당신이 당하는 환경보다도 더 크시며, 당신의 생명에 관한 문제보다 더 크신 분이십니다. 전능하신 하나님의 신, 곧 성령님이 당신 앞에 임재해 계십니다. 영적인 눈을 떠서 성령님을 바라보십시오.

성령님의 얼굴을 바라보고 계속해서 보는 행위로 문제의 태산 앞에서 담대하게 승리를 선포하게 됩니다. 힘 없고 연약한 사람이 성령님을 바라보고 기뻐할 때 새로운 희망과 독수리가 날개치며 올라가는 새 힘을 소유하게 됩니다. 당신 앞에 임재해 계신 성령님의 능력에는 한계가 없습니다.

보지 않고 믿는 복된 우리 시대

우리가 살고 있는 이 시대는 참으로 복된 시대입니다. 보지 않고 믿는 시대이기 때문입니다. 왜 보지 않고 믿는 우리가 복된 사람들입니까? 여러 가지 기적을 보고 믿던 구약의 시대는 모든 사람들에게 하나님의 신이 임하지 않고 특정인에게만 나타났습니다. 모세나 이사야, 혹은 엘리야같은 하나님의 사람들에게 말입니다. 또 다른 보고 믿던 예수님의 시대에는 모든 사람들이 예수님과 함께 살 수 없었습니다. 오직 열두 제자들과 소수의 무리만 예수님을 가까이 하고 그와 동행할 수 있었습니다. 그래서 예수님께서는 도마를 비롯한 그 이후 시대의 모든 사람들에게 이렇게 말씀하신 것입니다.

"앞으로 보지 않고 믿는 시대가 올 터인데 보지 않고 믿는 그 사람들이 진정으로 복된 사람들이다. 왜냐하면 그들은 모두가 하나님의 나라가 권능으로 자기들에게 임하는 것을 보게 될 것이기 때문이다. 그 때에는 모든 육체에게 내가 성령으로 임할 것이다. 하나님이 성령을 모든 육체에게 부어 주실 것이다. 그리고 구원받은 성도들은 누구든지 하나님과 함께 동행하는 삶을 누리게 될 것이며 그들은 나보다 더 큰 일을 하게 될 것이다."

"내가 진실로 너희에게 이르노니
여기 섰는 사람 중에 죽기 전에
하나님 나라가 권능으로 임하는 것을
볼 자들도 있느니라."(막 9:1)

"내가 진실로 너희에게 이르노니
나를 믿는 자는 나의 하는 일을 저도 할 것이요,
또한 이보다 큰 것도 하리니
이는 내가 아버지께로 감이니라."(요 14:12)

오순절이 이르러 눈에 보이지 않는 영이신 성령님께서 권능으로 임하셨습니다. 이 때 제자들은 하늘나라가 권능으로 임한 것을 보게 된 것입니다. 그들에게 하늘과 땅을 다스리는 예수님의 이름으로 성령님이 오셨습니다. 드디어 보지 않고 믿는 시대가 도래한 것입니다. 보고 믿는 때는 육체로 오신 '예수님의 시대'라 하겠으며, 보지 않고 믿는 때는 '성령님의 시대'라 할 수 있습니다.

보고 믿는 시대의 하나님과의 만남은 시간과 공간의 제한이 있어 모든 사람이 다 하나님을 만나기가 불가능했습니다.

만약 예수님께서 베드로와 이야기하시면 요한은 기다려야 합니다. 빌립과 말씀하시면 안드레는 다음 순서를 기다렸다가 예수님께 나아와야 합니다. 육체로 오신 예수님은 제한되게 사람들을 만날 수밖에 없었습니다. 그러나 영으로 오신 그리스도는 모든 사람들에게 개인적으로 대화하며 친밀한 교제를 나눌 수 있습니다. 이제 그러한 황금 축복이 보지 않고 믿는 우리 시대에 펼쳐진 것입니다.

내가 갔다가 너희에게로 온다

우리의 죄와 허물을 담당하시고 처절하게 십자가에서 대속의 죽음을 당하신 예수님께서는 사흘만에 사망권세를 철폐하시고 부활하셔서 무덤 문을 터뜨리시고 나오셨습니다. 그리고 40일 동안 여러 제자들에게 나타나셔서 하늘나라의 비밀을 말씀하시고 성령의 능력으로 승천하셨습니다.

구름과 함께 사라져 버린 예수님을 멍하니 바라보던 제자들에게 있어 모든 것은 끝난 것처럼 보였습니다. 다시금 큰 좌절과 낙심속에 빠진 380명의 제자들이 모든 것을 포기하고 자신의 옛 생활로 돌아가 버렸고, 연약한 여자를 비롯한 120명의 문도들만 남았습니다. 참으로 절망적이었습니다. 이제 이들은 무엇을 어떻게 해야 할까요?

그러나 예수님께서는 이전에 이미 마가의 다락방에서 놀라운 약속을 하셨습니다. 주님은 인간의 상식으로는 도저히 이해할 수 없는 놀라운 약속을 주셨고 그들은 그 약속을 붙들고 예루살렘을 떠나지 않고 마가의 다락방에 모여 기도하기 시작했습니다. 그 약속이 무엇입니까? 주님이 다시 오신다는 것이었습니다.

"내가 갔다가 너희에게로 온다."(요 14:28)

아니 누가 갔다가 누가 온다는 말입니까? 바로 두려움에 휩싸여 염려하는 제자들에게 그들을 고아와 같이 버려두지 아니하고 **예수님 자신이 가셨다가 예수님 자신이 영으로 오시겠다**는 말입니다. 주님은 반복해서 약속하셨습니다.

"내가 너희를 고아와 같이 버려두지 아니하고
너희에게로 오리라."(요 14:18)

예수님께서 부활 승천하시므로 세상은 다시 예수님을 보지 못하게 되었지만 진실로 그를 따르던 제자들은 다시 예수님을 보게 된다는 중요한 비밀을 말씀하셨습니다. 예수님은 "**조금 있으면 너희가 나를 볼 것이다.**"라고 말씀하셨습니다. 부활이요, 생명되신 예수님은 지금도 살아 계시며 그를 믿는 자는 죽어도 살겠고 무릇 살아서 그를 믿는 자는 영원히 죽지 않게 하십니다(요 11:25, 26). 예수님이 영으로 오시면 우리를 살리십니다. 주님의 말씀을 자세히 들어보십시오.

"조금 있으면 세상은 다시 나를 보지 못할 터이로되
너희는 나를 보리니
이는 내가 살았고 너희도 살겠음이라."(요 14:12~19)

그러면 예수님은 우리를 어떻게 살리십니까?
아담을 비롯한 우리는 사는 영이요, 마지막 아담의 표상이신 예수님은 살리는 영으로 오셨습니다. 그분은 살리는 영으로 우리에게 오셔서 우리 속에 우리와 함께 계시면서 우리를 도우시고 다스리심으로 우리를 살리십니다.

예수님은 자신을 죽음 가운데서 일으키신 부활의 권능이신 성령님의 능력으로 이 일을 하십니다. 그러므로 당신이 보혜사이신 성령님과 동행하며 이분의 절대적인 도우심 속에 살아갈 때 날마다 생기가 나고 활력이 넘치게 될 것입니다.(롬 8:11)

예수님은 이 땅에 계실 때에 죄 많고 연약한 자들을 도우신 가장 위대한 보혜사이셨습니다. 그분은 자기에게 나아오는 연약하고 죽어가는 수많은 사람들을 영적인 면이나 육체적인 부분에 있어 또한 생활 전반에 걸쳐 부활의 권능으로 살려 놓으셨습니다. 그러나 그분은 육체를 가지고 계셨으므로 모든 사람들과 함께 있으면서 그들을 다 도우실 수는 없으셨습니다. 그래서 예수님은 온 인류를 살리는 아버지의 뜻을 이루기 위해 죽으시고 부활 승천하셔야만 했던 것입니다.

예수님은 막연한 몽상 속에 일하신 분이 아니라 철저하게 '실상'을 위해 일하셨습니다. 인류에게 '실제로 유익한 실상'을 위해서 자신의 목숨을 버리신 것입니다. 이 유익한 실상은 무엇을 의미합니까?

"예수님이 세상 죄를 지고 가는 어린양으로서 떠나가시므로 인류의 죄는 그분의 보혈로 씻겨지고 역사상 처음으로 성령님이 모든 사람에게 완전하게 주어질 수 있게 되는 것입니다. 또한 그들은 예수님의 보혈로 말미암아 그들에게 임하신 거룩하신 성령님과 막힌 담이 없이 마음껏 동행하며 살아갈 수 있기 때문입니다."

예, 그렇습니다! 이제 유익한 실상이 무엇인지 아시겠지요? 예수님은 자신이 대속의 죽음으로 하나님과 원수된 인류의 문제를 십자가에서 해결하시므로 모든 사람들이 다시금 에덴동산에 있었던 하나님과의 기쁨과 즐거움의 친교를 회복할 수 있다는 것을 잘 아셨기 때문에 자신이 떠나가는 것이 훨씬 유익하다고 실상을 말씀하신 것입니다.

"내가 너희에게 실상을 말하노니
내가 떠나가는 것이 너희에게 유익이라.
내가 떠나가지 아니하면
보혜사가 너희에게로 오시지 아니할 것이요,
가면 내가 그를 너희에게로 보내리니"(요 16:7)

"조금 있으면 너희가 나를 보지 못하겠고
또 조금 있으면 나를 보리라."(요 16:16)

"조금 있으면 나를 보지 못하리라."(요 16:17)는 예수님의 이 말씀으로 인하여 제자들이 근심하고 염려하였으나 주님은 분명히 유익한 실상을 그들에게 알려 주셨습니다. 그 실상은 바로 예수님은 대속의 죽음과 부활 승천으로 그들 곁을 떠나시지만 곧 성령으로 오실 것입니다. 바로 "조금 있으면 나를 보리라!"는 것이었습니다. 이러한 실상은 오순절 날이 이르매 눈앞에 생생하게 드러났습니다.

"오순절 날이 이미 이르매 저희가 다 같이 한 곳에 모였더니 홀연히 하늘로부터 급하고 강한 바람같은 소리가 있어 저희 앉은 온 집에 가득하며 불의 혀같이 갈라지는 것이 저희에게 보여 각 사람 위에 임하여 있더니 저희가 다 성령의 충만함을 받고 성령이 말하게 하심을 따라 다른 방언으로 말하기를 시작하니라."(행 2:1~4)

하나님 아버지께서는 우리에게 보혜사 성령님을 보내 주셨습니다. 이 사실을 두고 예수님께서는 "조금 있으면 나를 보리라."고 말씀하신 것이었습니다. 이제 2000년 전에 떠나가셨던 **성령님**은 다른 보혜사이신 성령으로 우리와 함께 동행하십니다. 예수님은 예수님과 똑같은 자리에서 같은 능력과 지혜를 가지고 지금 우리를 도우시는 가장 위대한 보혜사이십니다.

"내가 아버지께 구하겠으니
그가 또 다른 보혜사를 너희에게 주사"

보혜사 성령님은 우리에게 한번 임하시면 절대로 떠나가시지 않습니다. 우리는 성령님을 근심시켜 드릴 수는 있지만 영원히 밀어낼 수는 없습니다.

"영원토록 너희와 함께 있게 하시리니"(요 14:16)

또한 성령님은 진리의 영이십니다.

"저는 진리의 영이라."(요 14:17)

많은 지성인들이 진리를 찾아 헤매고 있습니다만 진리는 먼 곳에 있거나 우리 주위에서 은밀히 숨바꼭질을 하지 않습니다. 진리는 예수 그리스도를 통해서 세상에 드러난 바 되었습니다. "내가 곧 진리이다."(요 14:6) 예수님은 진리 그 자체이십니다. 이 진리를 모르는 사람은 아무리 그가 세상적인 지식을 자랑하고 유명해도 영적으로는 엄청난 갈등과 고통 속에 살아가게 됩니다.

거짓의 영이 판을 치고 있는 이 혼탁하고 방황하는 세상에서 여전히 성령님은 진리의 영으로 존재하십니다. 우리는 그리스도의 영이신 진리의 성령님을 통해서만 진리 그 자체이신 예수 그리스도를 알게 됩니다.

세상은 성령님을 알지 못합니다. 하지만 우리는 이분을 압니다. 왜냐하면 진리의 영이신 성령님은 실제로 우리와 함께 거하시며 또한 실제로 우리 속에 내주해 계시기 때문입니다.

> "세상은 능히 저를 받지 못하나니
> 이는 저를 보지도 못하고 알지도 못함이라.
> 그러나 너희는 저를 아나니
> **저는 너희와 함께 거하심이요,**
> **또 너희 속에 계시겠음이라."**(요 14:17)

그러므로 당신은 영으로 오신 예수님의 얼굴을 인격적으로 대면해야 합니다. 당신과 함께 거하시는 예수님의 얼굴을 끊임없이 바라보아야 하는 것입니다. 이것이 곧 성령님과의 인격적인 교제가 시작되는 시점이라 하겠습니다. 믿음의 눈으로 계속해서 영으로 오신 그리스도의 얼굴을 바라보십시오. 그리고 이렇게 말씀드리십시오.

"사랑하는 성령님, 감사합니다. 성령님과 함께 생활하게 되어서 얼마나 기쁜지 모르겠습니다. 성령님, 감사합니다."

성령님의 얼굴을 보게 하는 예수의 피

성령님은 거룩하신 하나님의 영이십니다. 우리가 어떻게 감히 성령님을 인격적으로 담대히 대면할 수 있겠습니까? 어떻게 연약한 인간이 성령님과 얼굴을 맞대고 함께 살아갈 수 있겠습니까? 이것은 오직 '예수의 피'의 은혜로만 되어지는 것입니다. 예수님께서는 영원하신 성령으로 말미암아 흠 없는 자기를 하나님께 드리셨습니다.
 예수의 피! 예수의 피가 성령님의 얼굴을 보게 하며 우리에게 담력을 주는 것입니다.

> "하물며 영원하신 성령으로 말미암아
> 흠 없는 자기를 하나님께 드린
> 그리스도의 피가 어찌 너희 양심으로
> 죽은 행실에서 깨끗하게 하고
> 살아계신 하나님을 섬기게 못하겠느뇨."(히 9:14)

 성령님은 거룩하신 분이시므로 더러운 곳에는 임하지 않습니다. 인류가 타락한 이후 온 세상이 죄의 그늘에 덮이게 되었고 하나님과 우리 사이에 커다란 담이 막혔지만 마지막 살리는 아담이신 예수님이 골고다에서 온 인류의 죄를 속하는 피를 흘리시므로 막힌 담을 제거하신 것입니다. 그 이후로 성령이 오셨는데 성령님은 온 천지에 충만한 하나님의 신이신 것입니다.
 아버지의 뜻은 모든 사람이 하나님을 만나고 그분과 함께 동행하며 부드러운 사랑을 나누는 것이었습니다. 예수님의 궁극적인 목적은 인간의 죄와 저주의 문제를 해결하시고 모든 사람을 하나님과 화목시킴으로 원수된 관계를 청산하고 하나님을 만날 수 있도록 '새롭고 산 길'을 열어놓으시는 것이었습니다. 이 새롭고 산 길은 성령님의 얼굴을 보며 이분과 함께 걷는 길입니다. 죄 없는 하나님의 아들 예수님의 피는 이것을 가능케 했습니다.

> "그러므로 형제들아,
> 우리가 예수의 피를 힘입어
> 성소에 들어갈 담력을 얻었나니
> 그 길은 우리를 위하여

휘장 가운데로 열어 놓으신 새롭고 산 길이요,
휘장은 곧 저의 육체니라.
…참마음과 온전한 믿음으로 하나님께 나아가자."(히 10:19
~22)

육체의 생명은 피에 있습니다. 당신의 영원한 생명은 언약의 피인 예수의 피에 있으며, 이 피는 당신의 죄를 속하는 대속의 피이며, 성소에 들어갈 담력을 얻게 하는 능력의 피입니다. **당신은 이제 예수님의 보혈을 힘 입어 담대히 성령님의 얼굴을 보며 이분과 사랑을 나누며 함께 손잡고 인생길을 걷게 되었습니다.** 이것이 바로 하나님께서 당신에게 열어 주신 새롭고 산 길인 것입니다. 당신은 이제 예수의 보혈로 말미암아 참 마음과 온전한 믿음으로 하나님께 나아갈 수 있게 되었습니다.

그러면 이 예수의 피는 지금 어디에 있습니까? 실상 예수의 피는 생명의 영이신 성령님이 임재해 계신 곳이면 어디든지 흘러내리고 있습니다. 그렇다고 이 예수의 피가 누구에게나 적용되는 것은 아닙니다. 진실로 예수의 피를 믿고 받아들인 사람에게만 유용한 것입니다. 예수님의 대속의 피를 믿지 않는 사람은 자기 죄로 말미암은 피값을 자신이 직접 치루어야 합니다. 이는 곧 사망입니다.

예수의 피는 지금 성령을 통해 바로 **당신 영혼에, 또한 당신 눈앞에 실제로 흘러내리고 있는 것입니다.** 당신의 영혼에 흐르는 예수의 피는 보이지 않음으로 그냥 믿는 수밖에 없습니다. 영원하신 성령님이 내주해 계시는 사람은 그 성령님의 권능과 함께 눈에 보이지 않는 예수의 피가 그의 영혼속에 실제적으로 흘러내리고 있다는 사실을 믿어야 합니다.

당신의 눈앞에 곧 온 세상에 흘러내리고 있는 예수의 피는 육신의 눈에는 보이지 않지만 믿음의 눈으로 볼 수 있습니다. 당신이 당신 앞에 계신 성령님의 얼굴을 믿음의 눈으로 볼 수 있듯 예수의 피도 믿음의 시야를 가지고 볼 수 있다는 말이지요.

이러한 사실은 당신이 가지고 있는 상상력을 통해서 이루어집니다. 당신은 상상력을 사용하여 지금 당신 눈앞에 예수의 피가 흘러내리고 있음을 강력하게 바라보십시오. 만질 수 있을 정도로 실제적으로 끈적끈적한 붉은 예수의 피가 당신의 눈앞에 생생하게 흘러내리는 모습을 그리십시오. 보고 있습니까? 그 다음에는 믿음으로 이렇게 선포하십시오.

"지금 내 눈앞에 예수의 피가 흘러내리고 있습니다!
예수의 피! 예수의 피!
사랑하는 예수님, 감사합니다."

하나님은 천지를 창조하실 때에 그분의 마음에 원하는 것들을 상상력을 통해 바라보신 후 말씀으로 창조하셨습니다. 이와같이 상상력과 입술의 말을 통해 당신은 예수의 피를 당신의 삶 속에 실제적으로 누릴 수 있게 됩니다.

저는 기도하거나 찬양할 때에 항상 예수의 피를 시인합니다. 귀신을 쫓아내거나 병 고치는 기도를 할 때도 예수의 피를 선포합니다. 그리고 가장 많이 적용하는 때는 성령님의 얼굴을 볼 때입니다. 저는 이 때 입술로 고백하기도 하지만 거의 대부분의 경우 믿음의 눈을 가지고 거룩한 상상력을 통해 내 앞에 예수의 피가 흐르고 있음을 선명하게 바라봅니다.

당신도 이와 같이 상상력을 사용해서 당신 앞에 예수의 피가 흘러 내리는 모습을 바라보십시오. 이것은 신비주의나 자기최면이 아닙니다. 예수의 피는 성령의 임재와 함께 실제로 당신의 영혼을 적시고 있으며, 실제로 당신의 눈앞에 생생하게 물결치고 있는 것입니다. 또한 당신이 예배나 어떤 모임을 인도한다면 반드시 이 두 가지를 선포하고 시인해야 합니다.

"예수님의 보혈이 지금 이 곳에 흘러 내리고 있습니다!"
"성령님께서 지금 이 곳에 실제로 임재해 계십니다!"

지금도 저는 내 앞에 예수의 피가 흐르고 있음을 의식하고 있습니다. 성령님의 임재하심은 예수의 피의 임재입니다. 피가 없는 사람을 생각할 수 없듯 영이신 성령님은 눈에 보이지 않는 예수의 피를 소유하고 있습니다.

이 예수의 보혈은 죄사함받은 당신이 거룩한 영이신 성령님과 얼굴을 맞대고 살아갈 수 있도록 완전한 의로움을 가져다 주었습니다!

성령님과의 교제를 회복하라

이전에도 성령님은 특정한 하나님이 사람들에게 임해 있었습니다. 그러나 앞으로는 모든 육체에게 성령님이 임하시므로 그들이 영으로 오신 예수님과 동행하며 친히 알게 될 것이라고 주님은 말씀하셨습니다.

"우리가 저에게 와서 거처를 저와 함께하리라."(요 14:23)고 하신 주님의 약속이 이루어져 벌써 삼위일체 하나님의 영이신 성령님께서 우리와 함께 계심에도 불구하고 이 세상신에게 속아서 임마누엘하신 주님을 인격적으로 알지 못하고 어떻게 사귀는지도 배우지 못한 그리스도인들이 많습니다.

또 어떤 그리스도인은 예수를 처음 믿을 때부터 하나님과 인격적으로 개인적인 사랑을 나누는 복된 교제를 가지며 행복을 누렸습니다. 그러나 안타깝게도 예수의 피로 말미암아 성령님과 동행하는 특권을 가진 수많은 신자들이 언제부터인가 자신도 모르게 이분과의 친밀한 교제를 잃어버렸습니다. 나름대로의 이유가 있었겠지요.

예수님께서는 빌립에게 말씀하셨습니다.(요 14:9)

"빌립아! 내가 이렇게 오래 너희와 함께 있으되 네가 나를 알지 못하느냐?"

이 말씀이 혹시 당신에게 하시는 음성으로 들리지는 않습니까? 주님은 수많은 성도들에게 호소하십니다.

"사랑하는 아들아, 나는 네가 구원받은 그 날부터 줄곧 너와 함께 있었다. 너는 나를 진정으로 얼마나 알고 있느냐?"

우리의 무지함과 불성실로 인해 주님은 우리의 생활현장에서 본의 아니게 뒤로 밀려나고 말았습니다.

우리는 영으로 오신 그리스도와의 인격적인 교제를 긴급히 회복해야 합니다.

"나를 떠나서는 아무것도 할 수 없음이라."(요 15:5)

주님 안에 거하지 않는 사람은 아무것도 할 수 없습니다. 이런 사람이 무엇인가 하려고 노력할 때 골치덩이 문제만 발생하게 됩니다. 예수님을 구주로 영접하고 하나님의 자녀가 되어서 주님과 아주 가까이 있지만, 인격적으로 관계가 엉망이어서 너무나도 서먹서먹한 사이를 겨우 유지하고 있는 사람들이 빨리 해답을 찾아야 합니다. 성령님을 인격적으로 섬기지 아니하면 당신은 이 험난한 세상에서 찬밥신세를 면치 못할 것입니다. 당신이 어떤 일을 하는 것보다도 더 중요한 것은 관계입니다. 당신은 왕이신 예수님과의 관계를 잘 이뤄나가야 합니다. 부부나 친구, 애인은 관계가 가장 중요합니다. 마찬가지로 당신은 성령님과의 신뢰관계, 우정관계, 그리고 애정관계를 잘 유지하도록 힘써야 합니다.

여기 계신 나의 친구 성령님

예수님은 당신을 친구로 세우셨습니다.

"이제부터는 너희를 친구라 하였노니"(요 15:15)

당신은 하늘과 땅의 모든 권세를 가지신 만왕의 왕 예수님의 친구입니다. 당신이 예수님을 택한 것이 아니라 주권자이신 그분이 당신을 택하시고 친구로 세우셨습니다. 이 세상 친구를 참된 친구라 하지 마십시오. 예수님만이 가장 멋지고 매력적인 친구입니다. 예수님과의 우정관계를 잘 관리하십시오.

이분은 멀리 떨어져 계시면서 관념적인 이해관계를 힘들게 유지해 나가시는 그런 분이 아니십니다. 이분은 천국 보좌에 앉아 계시면서 동시에 영으로 우리에게 오셨습니다.

당신의 가장 좋은 친구이신 예수님은 기쁠 때나 슬플 때나 당신과 함께하시며 아주 밀접한 우정관계를 가지기를 원하십니다. 그래서 이분은 성령으로 당신에게 오셔서 지금 거처를 당신과 함께하시는 것입니다. 삼위일체 하나님의 위대한 결심의 목소리를 다시 한 번 들어보십시오.

"우리가 저에게 와서 거처를 저와 함께하리라."(요 14:23)

저는 즐겨 부르는 '위에 계신 나의 친구'(찬송가 97장)의 가사를 '여기 계신 나의 친구'라고 바꿔 부르는 것을 좋아합니다.

여기 계신 나의 친구 그의 사랑 지극하다.
이는 예수 그리스도 나의 구주 나의 친구
나를 위해 죽으시고 나를 구원하셨으니
기쁨으로 경배하며 찬양하리 나의 친구
내맘 속에 늘 계시고 영원토록 함께하네.
가지된 자 하나되리 포도나무 나의 친구
사랑하는 나의 친구 늘 가까이 계시도다.
그의 사랑 놀랍도다 변함없는 나의 친구

예수님은 '지금 여기 계신 이분'이십니다. 예수님의 이름은 '임마누엘'입니다. 그 의미는 '영원토록 당신과 함께 계신다'는 말입니다. 마태복음 1장 23절에

"보라, 처녀가 잉태하여 아들을 낳을 것이요, 그 이름은 임마누엘이라 하리라 하셨으니 이를 번역한 즉 하나님이 우리와 함께 계시다 함이라."

예수님은 지금 당신과 함께 계십니다!
당신과 함께 계신 친구되신 예수님의 얼굴을 보게 될 때 당신의 마음은 기쁨이 넘치게 됩니다. 이 기쁨은 빼앗을 자가 없습니다. 주님이 영원토록 당신을 떠나시지 않으시기 때문입니다.

"지금은 너희가 근심하나 내가 다시 너희를 보리니
너희 마음이 기쁠 것이요
너희 기쁨을 빼앗을 자가 없느니라."(요 16:22)

점치는 귀신들린 여종을 자유케 한 죄로 끌려가 옷이 찢기우고 많은 매를 맞은 바울과 실라는 빌립보 감옥에 갇히게 되었습니다. 그러나 그들은 그 곳에서 자기들을 구원해 달라고 하나님께 도움을 구하지 않았습니다. 그들은 다윗이 그러했듯이 '하나님의 손'을 구하는 대신 그들과 함께 계신 '하나님의 얼굴'을 바라보면서 기쁨으로 노래를 불렀습니다. 이에 그들의 영원한 동반자이신 하나님께서 강한 손과 능한 팔을 펼치시니 갑자기 원인모를 큰 지진이 나서 옥터가 움직이고 문이 다 열리게 되었습니다. 그들과 함께 계신 하나님의 능력이 얼마나 강했던지 모든 사람이 사시나무 떨 듯이 흔들렸습니다. 즉각 바울과 실라뿐 아니라 모든 사람의 매인 것이 다 벗어졌습니다.(행 16:23~26)

당신이 아무리 암울한 첩첩 깊은 옥과 같은 절망적인 위치에서 손목과 발목과 목이 고랑에 채워진 것처럼 비참한 상황에 처해 있다 할지라도 당신의 눈은 당신 앞에 계신 주를 볼 수 있으며 당신의 입술은 사랑의 찬가를 부를 수 있어야 합니다. 당신도 하나님의 손을 구할 것이 아니라 성령님의 얼굴을 바라보아야 하겠습니다. 그러면 기쁨이 충만해지고 당신의 입술은 사랑의 노래를 부르게 될 것입니다.

당신의 애인되시는 하나님께서 사랑의 노래에 반응하실 때 당신을 구속하는 모든 쇠고랑이 풀어지는 것은 자연스런 결과로 다가오는 것입니다. 당신 앞에 계신 성령님의 얼굴을 보면 감옥에서도 기쁨이 있고 밤중에도 찬란한 기쁨의 광채로 얼굴이 빛나게 됩니다.

왕이자 선지자인 다윗은 오실 그리스도의 형상을 보면서 이러한 기쁨을 누렸습니다. 그리스도의 영이 그와 함께 계셨고 그는 항상 그분의 얼굴을 대면했습니다. 다윗은 성령님과 동행한 사람이었습니다. 저는 그에게서 제 생활의 든든한 기초가 되는 너무나도 중요하고 값진 교훈을 많이 배웠습니다.

> "내가 항상 내 앞에 계신 주를 뵈었음이여,
> 나로 요동치 않게 하기 위하여 그가 내 우편에 계시도다.
> 이러므로 내 마음이 기뻐하였고
> 내 입술도 즐거워하였으며
> 육체는 희망에 거하리니
> 이는 내 영혼을 음부에 버리지 아니하시며
> 주의 거룩한 자로 썩음을 당치 않게 하실 것임이로다.
> 주께서 생명의 길로 내게 보이셨으니
> 주의 앞에서 나로 기쁨이 충만하게 하시리로다."
> (행 2:25~28)

저는 내 앞에 계신 성령님과 인격적으로 교제하는 제 신앙 습관의 주춧돌 다섯 개를 다윗의 생애에서 가져와서 제것으로 만들었습니다.

첫째, 다윗은 자기 앞에 계신 그리스도의 영이신 성령님의 얼굴을 보았습니다.

둘째, 다윗은 성령님을 친구삼고 그분과 함께 인생길을 걸었습니다. 그러므로 그의 신앙은 흔들릴 수 없었습니다.

셋째, 다윗은 성령님과 교제함으로 기쁨이 충만했습니다.

넷째, 다윗은 자기와 함께 계신 성령님이 부활의 권능임을 알았습니다. 그러므로 자신의 영혼이 음부에 버림을 받는다거나 썩음을 당한다는 것을 상상조차 할 수 없었습니다.

다섯째, 다윗은 성령님과 동업하는 자였습니다. 그는 모든 일에 성령님과 함께 움직였습니다.

세상 모든 친구는 그들이 불리하게 될 때 혹 우리를 떠날지도 모릅니다. 그러나 주님은 절대로 떠나지 않으십니다.

주님은 "내가 과연 너희를 버리지 아니하고 과연 너희를 떠나지 아니하리라."(히 13:5)고 약속하셨습니다. 하나님은 언약의 하나님이시므로 그분에게서 '약속'을 빼버리면 시체입니다.

세상에서 가장 의리있는 친구는 예수님이십니다. 그분은 당신이 아직 죄인되었을 때에 당신을 위해 목숨까지 버리신 절정의 사랑을 보여 주셨습니다. 당신의 친구이신 예수님은 지금 잘 계십니까?

왜 항상 기뻐해야 합니까?

당신이 항상 기뻐해야 하는 이유는 두 가지입니다.

첫째는, 예수님께서 당신의 슬픔을 담당하셨기 때문에 항상 기뻐해야 합니다. 이것은 의도적으로 누려야 하는 기쁨입니다.

둘째는, 당신 앞에 계신 성령님의 얼굴을 바라볼 때 항상 기뻐집니다. 이것은 저절로 이루어지는 기쁨입니다.

성경은 "항상 기뻐하라!"(살전 5:16)라고 명령조로 말씀하고 있습니다. 이것은 그의 백성들에게 주어진 하나님 아버지의 단호한 명령이요, 그리스도 예수 안에서 우리를 향하신 그분의 뜻임을 우리는 잘 알고 있습니다.

그럼에도 불구하고 사실 우리는 항상 기뻐하지 못합니다. 항상 기뻐하는 것은 천국에서나 가능한 일이라고 생각하면서 합리화 합니다. 그러나 친절하신 저의 성령님께서는 얼마 전에 아주 중요한 진리 하나를 제게 보여 주셨습니다. 그것은 저를 비롯한 모든 성도들이 '왜 항상 기뻐해야 하는지'에 대한 이유였습니다.

우리는 도대체 '왜?' 기뻐해야 합니까?

1997년 4월 어느 날, 주차하기 위해서 차를 세우는데 성령님께서 이사야서 53장 4절을 저에게 말씀하셨습니다.

"아들아, 예수님께서 너의 슬픔을 당하셨으므로 너는 기뻐해야 한다!"

저는 예수 그리스도의 대속에 대해 깊은 연구를 하여 많은 것들을 이미 누리고 있었습니다. 그런데 성령님께서 그 날은 저에게 제가 항상 기뻐해야 할 이유에 대해서 단순히 "예수님께서 내 대신 실제로 슬픔을 다 담당하셨기 때문에"라고 가르쳐 주셨습니다. 그러한 이유로 앞으로 제가 다시는 슬퍼하거나 우울해져서는 안되며 신경질을 내거나 화를 내서도 안된다는 것이었습니다. 아니, 그냥 무표정으로 굳은 얼굴을 하고 있는 것도 올바르지 못하다는 것이었습니다.

사실 저는 슬퍼하거나 우울한 적은 거의 없었지만 성령님을 바라보지 않을 때는 무표정한 얼굴을 할 때가 자주 있었습니다. 이러한 모습을 보면 아내는 제가 화가 났거나 무슨 안 좋은 일이 있었는지 궁금해 하며 묻곤 했습니다.

그러나 하나님께서 저에게 깨달음의 말씀을 주신 후로 진정 기쁨의 이유를 알게 되었고 이제는 모든 환경과 현실의 상황과는 상관없이 **예수 그리스도의 대속을 누리는 생활방식**으로서 저는 기뻐하고 기뻐합니다. 아내나 아이들의 얼굴을 보아도 기쁩니다. 성령님의 얼굴을 바라보면 더더욱 기쁩니다. 좋은 일이 있으면 또 기쁩니다. 그러나 이제 저는 무조건 기뻐합니다. 아니 무조건이 아니라 오직 한 가지의 조건만이 있을 뿐입니다. 그것은 바로 예수님께서 제 대신 실로 슬픔을 담당하셨기 때문입니다.

천지창조 후 에덴동산에는 슬픔이 없었습니다. '에덴'(Eden)이란 모든 것이 풍부한 하나님의 낙원으로 '기쁨의 동산'이란 뜻이 있습니다. 여기에 사단의 거짓에 속아 아담과 하와가 죄를 지음으로 기쁨의 새가 훨훨 달아나 버린 것입니다. 기쁨이 사라진 인류에게 분노와 미움의 감정이 밀려들어와 불행의 나날들을 메꿔 나가고 있는 것이 창세 이후로 오늘까지 이세상의 현실로 남게 된 것입니다. 그러나 예수님께서 오셔서 실로 우리의 죄와 질고와 슬픔을 지고 십자가에서 피흘려 죽으심으로 죄를 사하시고 기쁨을 회복시키셨습니다.

"그는 실로
우리의 질고를 지고
우리의 슬픔을 당하였거늘"(사 53:4)

그러므로 우리는 더 이상 슬픔을 지고 있을 필요가 없게 된 것입니다. 예수님께서 우리의 죄와 더불어 모든 슬픔을 완전히 다 담당하셨습니다. 우리는 예수님께서 담당하신 지옥의 고통을 티끌만큼이라도 가지고 있어야 할 이유가 없습니다. 그래서 성령님께서 **"아들아, 예수님께서 너의 슬픔을 당하셨으므로 너는 기뻐해야 한다!"** 라고 말씀하신 것입니다.

거짓의 아비인 마귀에게 속지 맙시다. 믿음의 주요, 온전케 하시는 이인, 실로 나의 슬픔을 지신 예수를 바라보십시다.

얼마 전에 연세대 의대 교수 황수관 박사님의 '신바람 건강법' 강의를 어느 고등학교 강당에서 들었습니다. 저는 그분을 보면서 '저렇게 험상궂게 생긴 기본얼굴이 어떻게 저 정도로 밝게 바뀔 수 있었을까?' 하고 생각했지만 그 의문은 이내 풀렸습니다. 그는 피나는 노력으로 안면 근육 운동을 함으로 자기 얼굴의 이미지를 완전히 바꾸었던 것이었습니다. 저는 생각했습니다.

'저분이야말로 예수 그리스도의 대속을 누리고 있는 사람이다. 예수님은 저분의 슬픔을 다 담당하셨고 저분은 그 사실을 확실히 누리고 있구나!'

저는 황수관 박사님이 모델로 나온 신문 광고 사진을 오려서 거울에, 화장실 변기 앞에 붙여 놓고 환하게 웃고 있는 표정을 따라 했습니다. 환하게! 더 환하게!

이 방법은 참으로 저에게 굉장한 효과가 있었습니다. 당신도 꼭 실천해 보십시오. 그냥 얼굴 이미지만 바꾸라는 말이 아니라 예수님의 기쁨이 당신의 영혼에서부터 흘러넘쳐 밖으로 표현되도록 연습해야 합니다. 슬픔을 담당하신 예수님을 상상하며 당신의 얼굴에서 슬픔을 지우고 태양보다 환한 웃음을 새기십시오.

저는 제 얼굴을 자신감에 넘치는 이미지로 바꾸기 위해서 많은 연습을 했고 또 성령으로 충만할 때는 얼굴에 힘과 생기가 넘치고 있음을 알았었습니다.

성령님은 내 마음의 기쁨!

예수님께서는 근심하는 제자들에게 그분이 죽으시고 부활하신 후에 영으로 오실 때에 이러한 대속의 기쁨을 가져다 주실 것을 약속하셨습니다.

"내가 이것을 너희에게 이름은 내 기쁨이 너희 안에 있어 너희 기쁨이 충만하게 하려 함이라."(요 15:11)

"내가 다시 너희를 보리니 너희 마음이 기쁠 것이요."
너희 기쁨을 빼앗을 자가 없느니라."(요 16:22)

이어서 주님은 거룩하신 아버지께 이 기쁨을 위하여 다음과 같이 기도하셨습니다.

"지금 내가 아버지께로 가오니
내가 세상에서 이말을 하옵는 것은 저희로
내 기쁨을 저희 안에 충만히 가지게 하려 함이니이다."
(요 17: 13)

우리가 살아가면서 주위에서 기뻐하고 행복한 사람들을 대하면 힘이 납니다. 그러나 세상 짐을 홀로 다 진 것처럼 무거운 인상을 쓰고 있는 사람을 만나면 부담이 되고 다시는 보고 싶지 않습니다. 하나님께서도 그의 자녀들이 인상을 쓰면서 나아오는 것을 좋아하지 않습니다.

우리가 죄사함받고 천국시민이 된 하나님의 자녀로서 기쁨의 근원이신 성령님의 얼굴을 보게 될 때 새 힘과 용기와 희망이 넘쳐나게 되는 것입니다. 한마디로 기쁨이 가득하게 되는 것입니다. **성령님은 내 마음의 기쁨이십니다!**

예수님은 세상 죄를 지고 가는 어린양으로 오셔서 온갖 수모와 핍박을 받으시며 험난한 길을 걸으셨지만 결코 맥없이 겨우 살아가신 분은 아니었습니다. 오히려 성경은 "예수께서 성령으로 기뻐하사"(눅 10:21)라고 기록하고 있습니다.

당신은 기쁨을 잃어버렸습니까?
당신 앞에 계신 성령님의 얼굴을 바라보십시오.
그리고 "성령님 사랑합니다!"라고 말씀드리십시오. 그러면 하늘로부터 기쁨이 넘쳐나게 될 것이요, 당신은 행복감으로 가슴이 부풀어오르게 될 것입니다.

주의 앞에는 기쁨이 충만하고

제가 내 앞에 계신 성령님을 인격적으로 대면하게 되고 내 앞에 계신 성령님의 얼굴을 보는 순간 저의 얼굴이 환하게 밝아지며 입에서는 미소를 띠게 되었습니다. 사랑하는 애인의 얼굴을 보듯이 제 마음이 기쁨으로 충만하게 되었습니다. 우리가 사랑하는 애인이신 성령님의 얼굴을 바라보게 되면 그 무엇과도 비교할 수 없는 풍성한 기쁨이 있게 됩니다.

"여호와여,
주의 얼굴을 들어 우리에게 비취소서.
주께서 내 마음에 두신 기쁨은
저희의 곡식과 새 포도주의 풍성할 때보다 더하니이다."
(시 4:7, 8)

성령님은 기쁨의 영이십니다. 이분과 사귀는 사람은 언제나 기쁘고 즐겁습니다. 성령님은 세상이 줄 수 없는 가장 큰 기쁨, 곧 예수님의 기쁨을 우리에게 가져다 주십니다. 그 어떤 쇠뭉치도 인간에게 참된 기쁨을 줄 수는 없습니다. **영원한 기쁨은 오직 내 앞에 계신 성령님과의 인격적인 교제에 의해서만 생겨나는 것입니다.**

사도바울이 캄캄하고 습기차고 냄새나는 감옥에서도 기뻐할 수 있었던 것은 감옥 안에 함께 계신 바울의 친구이자 애인과도 같은 그리스도께서 함께 임재해 계셨기 때문입니다.

"주께서 내 곁에 서서 나를 강건케 하심은"(딤후 3:17)이라고 고백한 바울은 그분과의 인격적인 교제로 인하여 언제 어디서나 기쁨이 넘쳐났던 것입니다.

이러한 기쁨을 가장 확실하게 누린 사람은 다윗이었습니다. 하나님의 뜻은 그의 자녀들이 '항상 기뻐하는' 것인데 다윗은 항상 기뻐함으로 하나님의 마음에 합한 자라 칭함을 받았습니다. 다윗은 자기가 누린 기쁨의 원천에 대해서 밝히 말했습니다.

> "내가 항상 내 앞에 계신 주를 뵈었음이여!
> …이러므로 내 마음이 기뻐하였고
> 내 입술도 즐거워하였으며…
> 주의 앞에서 나로 기쁨이 충만하게 하시리로다!"
> (행 2:25~27)

그렇습니다. 주의 앞에는 기쁨이 충만합니다. 당신이 사랑하는 사람의 얼굴을 볼 때에 기쁨이 충만케 되고 당신의 얼굴 표정이 환히 빛나게 되는 것처럼, 사랑하는 애인되시는 당신 앞에 계신 성령님의 얼굴을 볼 때 당신의 얼굴은 기쁨이 넘쳐나게 되는 것입니다. 또한 당신이 가장 절친한 친구되시는 성령님과 함께 인생길을 걷게 될 때에 즐거움이 가득하게 될 것입니다.

그러한 기쁨과 즐거움을 저는 오래 전부터 누려왔습니다. 저는 성령님의 얼굴을 보고 이분과 인격적인 교제를 시작한 날부터 이 말씀의 의미를 알게 되었고 지금까지 늘 이 은혜를 누리고 있습니다. 제가 언제나 눈을 돌려 내 앞에 임재해 계신 성령님을 바라보면 제 얼굴은 기쁨으로 밝게 빛나기 시작합니다.

당신이 사람들과만 대면하면서 정신없이 시간을 보내다 보면 성령 안에서 기뻐할 수가 없습니다. 일에만 빠져서 열심히 해도 성령님을 바라보며 기쁨을 누리는 것에 소홀히 하기 쉽습니다. 저는 모든 일을 순조롭게 처리하면서도 성령님의 얼굴을 보면서 항상 기뻐하는 것을 몸에 익히는 데 성공했습니다. 이제는 달려가면서도 성령님의 얼굴을 바라보며 "성령님!" 부르며 기뻐합니다.

저는 설교하기 위해 강단에 섰을 때 거의 모든 시간을 앉아있는 사람보다는 성도들과 나 사이에 임재해 계신 성령님의 얼굴을 바라봅니다. 그 이유는 그렇게 해야지만 제 마음이 기쁘고 저의 얼굴표정이 부드러워지기 때문입니다.

설교를 하다보면 많은 경우 일주일간의 지친 생활로 얼굴이 굳어있거나 근심이 가득 찬 눈빛으로 맥없이 앉아 있는 성도들이 자주 눈에 띄게 됩니다. 그런 사람들을 보고 있노라면 저도 힘들어지고 설교할 의욕이 감소되는 것을 체험하게 되는 것입니다. 그래서 저는 즉시로 눈을 돌려 내 앞에 계신 주를 보면서 기쁨을 찾기를 원하는 것입니다.

저는 언제 어디서든지 쉬지 않고 성령님의 얼굴을 바라보고 있습니다. 그러면 저절로 기뻐집니다. 저는 성령님을 바라보면서 "성령님!"하고 부르면 제 마음은 깃털같이 가벼워지며 상큼해집니다. 기쁨!

당신도 성령님을 바라보십시오. 눈을 돌리고 당신 앞에 계신 성령님께 마음을 모으십시오! 친구와 이야기할 때나 TV를 보면서도 책을 읽으면서 당신은 순간순간 눈을 들어 성령님을 바라보면서 기쁨으로 대화를 나누십시오. 친구나 아내와 함께 차를 타고 가면서도 성령님을 바라보며 싱긋 웃어보세요. 아이들과 시끄럽게 놀면서도 "성령님!"을 부르며 기뻐하십시오! 시장에서 물건을 살 때도 백화점에서 쇼핑을 하면서도 "성령님!" 부르면서 당신 앞에 계신 성령님의 얼굴을 바라보며 기뻐하십시오! 그리고 당신은 어디를 가든지 혼자 사방을 두리번 거리지 말고 성령님의 얼굴을 보면서 즐겁게 걸어다니십시오! 집으로 돌아올 때도 당신 앞에 임재해 계신 성령님의 얼굴을 보는 순간 당신의 마음은 기쁨이 충만하며 눈동자는 초롱초롱 빛을 낼 것입니다. 순간 순간 부푼 가슴으로 당신 앞에 계신 성령님의 얼굴을 보며 이렇게 고백하십시오.

"성령님, 사랑합니다!"

"여호와를 기뻐하는 것이 너희의 힘이니라."(느 8:10)

또한 당신은 어두운 현실 속에서도 성령님의 얼굴을 바라보며 기뻐해야 합니다. 어렵고 캄캄한 현실은 당신의 어깨를 무겁게 하지만 당신이 누리는 성령님으로 인한 기쁨은 이것을 거뜬히 밀어낼 것입니다. 당신은 고개를 들어 당신 앞에 계신 성령님의 얼굴을 바라봄으로 새 힘과 파도처럼 밀려오는 감격적인 기쁨을 받아들이게 됩니다.

모든 것이 형통할 때 기뻐하는 것은 누구든지 할 수 있습니다. 하지만 피가 거꾸로 도는 것처럼 모든 상황이 엉망진창이 되어 버리고 희망이 보이지 않을 때, 오랜 세월의 인내가 요구될 때 기뻐하기란 그리 쉽지 않습니다. 사람들은 생각하기를 '잘 되어야 기뻐하지 어떻게 일이 어그러지고 망쳐서 내 소원과는 정반대의 결과를 두 눈으로 빤히 보면서 기뻐할 수 있느냐?'고 합니다. 그러나 그렇지 않습니다. 신실하신 하나님께서는 당신에게 일이 잘 풀리지 않을 때에도 성령님의 얼굴을 바라보며 기뻐하라고 말씀하십니다.

우리가 일반적으로 생각하는 순서는 "문제가 잘 해결되고 일이 성공적으로 치뤄져야 그 다음에 기뻐할 수 있다."는 것입니다. 그러나 하나님의 정하신 순서는 정반대입니다. 하나님께서는 "**또 여호와를 기뻐하라.** 저가 네 마음의 소원을 이루어 주시리로다."(시 37:4)라고 말씀하십니다. 당신 편에서 여호와를 기뻐하는 것이 먼저입니다. 그 다음 하나님께서 당신 마음의 소원을 성취하신다고 약속하십니다.

> "저희가 평온함을 인하여 기뻐하는 중에
> 여호와께서 저희를 소원의 항구로 인도하시는도다."
> (시 107:30)

당신은 일을 행하고 그것을 지어 성취하는 성령님의 얼굴을 언제나 변치 않는 사랑으로 바라보면서 아들을 아끼지 아니하고 내어주신 하나님이 반드시 선한 길로 인도하신다는 믿음을 가져야 합니다. 그리고 내 앞에 임재해 계신 성령님을 인하여 끊임없이 기뻐해야 합니다.

에덴동산에는 슬픔과 탄식과 불평이 없었습니다. 당신은 수고하고 무거운 짐을 다 주님께 맡겨 버리고 마음의 안식을 취하는 가운데 기뻐해야 합니다. 기뻐하지 못하고 당신의 얼굴이 마냥 굳어 있다면 이는 하나님에 대한 불신앙의 표현을 하고 있는 것입니다.

바울은 "주 안에서 항상 기뻐하라. 내가 다시 말하노니 기뻐하라!"(빌 4:4)고 말했습니다. 그는 모든 일을 성령님께서 인도하고 계신다는 믿음 안에서 빌립보 감옥에 갇혀서도 신실하시고 전능하신 하나님을 기쁨으로 찬양했습니다. 돌에 맞고 온갖 고난과 핍박을 당하면서도 제자들은 성령과 기쁨이 충만했습니다. 좋은 환경이나 풍요로운 물질이 기쁨의 이유가 되어서는 안됩니다. 진정한, 그리고 흔들리지 않는 영원한 기쁨을 당신은 지금 이 순간부터 누려야만 합니다. 여호와를 기뻐하는 것이 당신의 힘이 되어야 합니다.

하박국 선지자는 환난으로 인한 두려움에도 불구하고 오직 여호와로 인하여 즐거워하며 구원의 하나님을 인하여 기뻐한다고 말했습니다.

"내가 들었으므로 내 창자가 흔들렸고
그 목소리로 인하여 내 입술이 떨렸도다.
무리가 우리를 치러 올라오는 환난 날을 내가 기다리므로
내 뼈에 썩이는 것이 들어왔으며
내 몸은 내 처소에서 떨리는도다.
비록 무화과나무가 무성치 못하며
포도나무에 열매가 없으며 감람나무에 소출이 없으며
밭에 식물이 없으며 우리에 양이 없으며
외양간에 소가 없을지라도
나는 여호와를 인하여 즐거워하며
나의 구원의 하나님을 인하여 기뻐하리로다."(합 3:16~18)

이제 당신은 진정한 기쁨의 근원을 발견했습니다. 그것은 무성한 무화과 나무가 아니었습니다. 포도나무의 열매도, 감람나무의 소출도, 밭에 식물도, 우리의 양이나 외양간의 소가 아니었습니다. 오직 여호와 하나님의 신이신 당신과 함께 계신 성령님이 기쁨의 이유임을 아십시오.

성령님과 함께 춤을 추어요

제가 가장 기뻐했던 때가 언제일까요?
바로 찬양과 기도로 성령이 충만한 가운데 성령 안에서 춤을 출 때였습니다. 이 때 저는 세상적인 그 어떤 것도 생각하지 않습니다. 오직 여호와를 즐거워하며 기뻐합니다. 성령이 충만하여 제 영혼이 살아움직이고 날아갈 듯이 가벼울 때 저는 춤을 춥니다. 목소리 높여 하나님을 찬양하며 성령 안에서 뛰어놉니다. 손은 높이 들어 자유롭게 움직이고 발은 폴짝폴짝 뜁니다. 저는 이런 적

이 여러 번 있었으며 그 때의 장면과 기분을 지금도 생생하게 기억하고 있습니다.

그 날도 성령충만을 위한 정시기도를 하고 있었습니다. 한참을 기도하고 있는데 성령님께서 저를 감동하셨습니다. 세미한 음성으로 저에게 말씀하시길

"사랑하는 아들아, 일어나라! 나는 네가 성령 안에서 춤을 추며 즐거워하기를 원한다."

저는 무슨 일이 벌어질지 알 수 없었습니다. 성령님께서 계속해서 감동하셨습니다.

"너의 오른발을 들어라! 이어서 왼발을 들어라! 너의 두발로 뛰며 춤을 추며 손을 높이 들고 나를 바라보며 찬양하라!"

순간 저는 그 자리에서 벌떡 일어나서 주님의 얼굴을 바라보면서 두 발을 번갈아가며 공중에 뛰면서 춤을 추고 있는 자신을 발견하게 되었습니다. 저는 두 손을 높이 들고 하늘을 이리저리 휘저으면서 부드럽고 아름답게 춤을 추었습니다. 그 때 입이 함박같이 벌어지면서 제 얼굴에 전에 모르던 큰 기쁨이 임했습니다. 기쁨! 기쁨! 기쁨!

또 한번은 1989년 2월이었는데 인천에서 이사오신 집사님이 그의 초등학교 3학년인 딸을 데리고 밤 11시가 넘어서 함께 기도하러 교회에 왔습니다.

저는 얼마 전에 그분에게 이렇게 말씀드린 적이 있었습니다.

"자비로운 하나님께서 우리가 마음을 모아 기도하면 집사님의 자녀에게도 성령을 부어 주실 것입니다."

그 집사님은 은혜를 매우 사모하는 분이셨으므로 늦은 밤임에도 불구하고 그의 딸을 데리고 성령을 받기위해 기도하러 온 것이었습니다. 우리는 감사의 찬양을 드리고 이어서 성령을 받기위해 기도하기 시작했습니다. 저는 불과 성령으로 세례주시는 분이신 예수님께 성령을 부어달라고 간구했습니다.

몇 분도 채 안되어 그 아이에게 성령이 충만히 임했으며 혀가 떨리고 입에서 새 방언이 흘러나왔습니다. 눈에서는 회개와 감사의 눈물이 흘러내렸고 그 아이는 기도의 영에 사로잡혀 한 시간 정도 기도하였습니다. 그에게 평화로운 안식이 임하였고 계속 눈물을 흘리면서도 얼굴에는 희색이 만연했습니다. 사도행전 2장 17절의 말씀이 제 눈앞에서 그대로 성취된 것이었습니다.

"하나님이 가라사대
말세에 내가 내 영으로 모든 육체에게 부어주리니
너희의 자녀들은 예언할 것이요
너희의 젊은이들은 환상을 보고
너희의 늙은이들은 꿈을 꾸리라."

우리는 성령과 기쁨이 충만하여 함께 그 자리에서 일어서서 서로 손을 잡고 빙글빙글 돌면서 즐겁게 춤을 추기 시작했습니다. 성령께서는 우리의 몸을 부드럽게 만들어 주셨고 우리는 성령님과 함께 기뻐 뛰었습니다. 그 안에서 놀았습니다. 그리고 온몸으로 하나님의 영광을 찬양하였습니다.

"우리 주의 성령이 내게 임하여 주를 찬양합니다!
춤을 추면서 춤을 추면서 주를 찬양합니다."

너무나 멋지고 행복에 겨운 날이었습니다. 저는 지금도 성령이 충만하고 하나님을 즐거워하면 방안에서든 교회에서든 기뻐 뛰면서 춤을 춥니다. 저는 누가 보든지 신경쓰지 않습니다. 제가 성령으로 충만한 가운데 하나님을 사랑하고 그를 기뻐하고자 하는 마음이 넘쳐 흐르면 저는 성령님과 함께 즐겁게 춤을 춥니다. 때로는 아내와 손을 붙잡고, 아무도 없을 때는 저 혼자서 기뻐 뛰며 주를 찬양합니다. 저는 이 때 성령님만 바라보면서 기쁨에 겨워 행복의 구름 속으로 빨려들어갑니다.

저는 수많은 회중이 있는 부흥회나 찬양집회 때에 혼자 일어서서 손을 들고 온 강당을 뛰어다니며 춤을 추기를 좋아합니다. 원래 저는 내성적이고 소심한 성격의 소유자입니다. 그러나 하나님 앞에서 그것이 무슨 영향을 미치겠습니까? 누구든지 하나님 앞에서는 어린아이가 되어야 한다고 믿습니다.

다윗이 성에 법궤가 들어올 때 그는 베 에봇이 벗겨지고 몸이 드러날 정도로 하나님 앞에서 기뻐서 힘을 다하여 춤을 추었습니다. 누구에게입니까? "내가 여호와 앞에서 뛰놀리라!"(삼하 6:21) 어리석은 자기 과시나 사람 앞에서가 아니라 오직 여호와 앞에서 기뻐한 것이었습니다.

당신은 날마다 당신의 짐을 지시는 주, 곧 당신의 구원이신 하나님을 찬송해야 합니다. 당신이 예수의 보혈을 의지하여 죄사함 받고 기도함으로 성령으로 충만하면 하나님께서는 당신의 모든 염려와 슬픔을 바꾸어 기쁨과 춤이 되게 하십니다.

"주께서
나의 슬픔이 변하여
춤이 되게 하시며
나의 베옷을 벗기고
기쁨으로 띠 띠우셨나이다."(시 30:11)

제가 이렇게 기쁨으로 춤을 추는 것은 하나님께 무엇을 바라기 때문이 아닙니다. 저는 그분 자신만으로 만족합니다.

저는 그분을 진심으로 사랑하고 좋아하기 때문에 그렇게 하는 것입니다. 제가 이땅에서 주님 외에 누구를 사모하겠습니까? "내가 항상 내 앞에 계신 주를 뵈었음이여! 나로 요동치 않게 하기 위하여 그가 내 우편에 계시도다. 이러므로 내 마음이 기쁘고 내 입술도 즐거워하였으며."(행 2:25, 26)

저의 애인이신 성령님은 제 마음의 즐거움이십니다.

저는 성령님을 사랑합니다!

제2장
성령님과 대화를 나누라

일상적인 대화를 통한 우정관계

필리핀 선교사인 프랭크 루박은 이슬람교도들을 대상으로 사역을 했는데 45세가 되던 해에 그리스도의 임재 가운데 거하는 일을 훈련하기 시작했고 50여 권의 책을 썼습니다. 그는 필리핀의 민다나오(Mindanao)섬의 시그널 언덕(Signal Hill)에서 하나님을 체험하고 일련의 편지로 작성해서 아버지에게 보냈는데 이런 글이 있습니다.

"하나님과의 그런 접촉을 늘 계속할 수 있을까요? 잠이 깨어 있는 동안 내내 하나님의 임재를 체험하다가 주님의 품에서 잠들고, 주님의 임재 속에서 깰 수는 없을까요? 우리가 늘 그렇게 할 수 있을까요? 항상 하나님의 뜻을 행할 수는 없을까요? 늘 하나님의 생각을 할 수는 없을까요? 하나님께 끊임없이 굴복하는 이 일을 노동에 종사하는 사람이 성취할 수 있을까요? 기계 앞에서 일하는 사람이 온종일 사람들을 위하여 기도할 수 있으며, 온 종일 하나님과 대화할 수 있으며, 그러면서도 자기 일을 효과적으로 해낼 수 있을까요? 장사하는 사람이 장사를 하면서, 그리고 회계하는 사람이 회계하는 일을 보면서 동시에 끊임없이 자신을 하나님께 드리는 일을 할 수 있을까요? 아기 엄마가 설거지를 하면서, 아기를 돌보면서, 끊임없이 하나님과 대화할 수 있을까요? 이런 일이 가능할까요?"(2)

이것은 분명히 당신의 삶에 충분히 실현 가능한 하나님의 소원입니다. 이를 위해서 성령님께서 영광스러운 하늘 보좌를 버려두시고 낮고 천한 이 세상에 오셨습니다. 구원받고 예수의 피가 흐르고 있는 하나님의 자녀들에게 이 놀라운 친교의 특권을 주셨습니다. 당신은 이분과 일상생활 속에서 자연스런 대화를 나누므로 이러한 친교를 가질 수 있습니다.

성령님은 당신 곁에 당신과 친교를 나누기 위해 친구와 애인과도 같이 함께 계십니다. 예수님은 당신을 종이 아닌 그의 친구로 세우셨습니다(요 15:15). 당신과 주님과의 관계는 노예 상태가 아닌 깊고 끈끈한 상호간의 우정관계로 귀착되어야 합니다.

대화없이 친구와의 우정이 싹틀 수 없으며, 대화없이는 사랑하는 애인과 깊은 애정이 생겨날 수 있다고는 상상조차 할 수 없습니다. 성령님은 인격이므로 당신이 일상적인 대화를 나누면서 우정과 애정이 물결치게 해야 하는 것입니다. 당신은 성령님과 친밀한 교제를 나누어야 합니다.

성령님과의 인격적인 교제는 '정직함'으로 대화를 나누어야 하며 '성실함'으로 사귀어야 합니다. 대인관계도 성실함과 정직함이 절대 필요하듯이 성령님과의 인격적인 관계를 유지하는 것도 성실함으로 꾸준히 노력해야 하며 언제나 당신의 모든 것을 표현하고 당신 마음속에 있는 모든 것을 솔직하게 내어놓고 진실된 마음으로 다가가야 합니다.

어떤 사람들은 기도할 때 녹음기를 틀어 놓고 있습니다. 애인이나 친구들 한테는 온갖 비밀스런 이야기를 다 털어 놓지만 성령님께는 하루종일 한마디도 하지 않습니다. 하나님은 당신의 아버지시요, 예수님은 당신의 형제입니다. 또한 성령님은 당신의 가장 가까운 친구이십니다. 당신은 성령님과 대화를 나누어야 합니다. 교회는 그리스도의 신부입니다. 남편되시는 그리스도의 영과 교제를 나누어야 합니다. 당신은 성령님과 사랑에 빠져야 하며 성령님과 가장 친하게 지내야 합니다. "그가 당신의 우편에 계시므로" (시 16:8) 당신은 삶의 현장에서 성령님과 함께 걷고 일상적인 대화를 계속 나누어야 합니다. 이와 같은 대화들로 하나씩 배워나 가십시오.

"이렇게 신선한 아침 공기를 주셔서 감사합니다. 오늘은 참으로 좋은 날입니다. 성령님, 저와 함께해 주세요."

"성령님, 이 만두국이 참으로 맛있군요."

"네가 맛있게 먹는 것을 보니 내 마음이 기쁘구나. 내가 그것을 만들도록 지혜를 주었단다."

"사랑하는 성령님, 이 꽃이 너무나 아름답군요. 주님을 찬양합니다."

"저 여인을 보세요. 참 아름답군요."

"놀라우신 성령님, 저는 여기에 대해서 이렇게 생각합니다. 주님은 어떻습니까? 저에게 보여 주십시오."

"성령님, 이 사람이 하는 말을 한 번 들어 보십시오."

"존귀하신 성령님, 이렇게 성령님과 함께 걷게 되어서 참 기쁩니다. 저와 함께해 주셔서 감사드립니다."

성령님은 말하고 가르치고 저항받고 근심하시며 명령하기도 하며 금지시키시기도 합니다(행 1:16, 요 14:26, 행 2:4, 8:39, 행

8:29, 11:12, 행 16:6, 7). 성령님은 지성과 의지와 감정을 가지고 계시는 인격자이십니다. 이 세 가지 중 어느 것을 빼고는 인격적인 사랑을 이야기할 수가 없습니다.

어떤 사람은 신앙생활은 감정에 치우쳐서는 안된다고 가르칩니다. 그래서 모든 것은 최대한 감정을 자제하며 엄숙해야 한다고 주장합니다. 그러나 저는 감정없는 사랑은 상상할 수가 없습니다. 우리는 성령님을 사랑하는 사랑의 감정에 흠뻑 젖어들어야 합니다. 성령님께 사랑을 고백할 때 저는 온 가슴에 있는 사랑의 감정을 다 동원해서 말씀드립니다.

"사랑하는 성령님, 제 온 마음을 다해서 사랑합니다."

마음을 다해서 하나님을 사랑하라는 것은 하나님을 사랑하되 우리가 가지고 있는 모든 감정까지도 동원해서 인격적으로 나아오라는 말인 것입니다.

저는 저의 애인되시는 성령님을 인격적으로 사귄 지 5년이 넘었습니다. 이 값진 세월 동안 우리는 서서히 깊은 정이 들었습니다. 이제 저는 성령님께로부터 제 얼굴을 돌린다는 것은 생각할 수도 없습니다. 이런 일은 상상만 해도 제 마음을 너무나 아프게 만들며 슬프게 합니다.

저는 내 앞에 계신 성령님의 얼굴을 바라보면서 "성령님!"하고 부릅니다. 그 다음에 이것 저것 성령님께 말씀드립니다. 그리고 순간 순간 성령님의 얼굴을 보면서 계속적으로 귀를 열어 놓고 이분이 말씀하시기를 기대하면서 기다립니다.

당신이 성령님께 말씀드리면 성령님께서도 당신에게 말씀하십니다. 당신은 의식적으로 민감함을 가지고 이분의 음성에 귀를 기울이고 말씀을 기다려야 합니다. 당신은 언제라도 성령님의 세미한 음성을 들을 수 있도록 항상 영의 귀를 열어 놓아야 합니다.

당신을 돕기위해 곁에 와 계신 보혜사 성령님은 인격이시므로 이분과 친해지려면 부담없고 편하면서도 깊은 대화를 나누어야 합니다. 예리한 영적 감동은 성령님과의 정직한 대화를 통해서만 가능합니다. "그가 내 우편에 계시므로" 당신은 끊임없이 대화를 나누어야 합니다.

독생자처럼 나를 사랑하시는 성령님

저는 어느 날 하나님이 저를 얼마나 사랑하시는지에 대해서 성령님께로부터 들었습니다.

제가 요한복음 3장 16절 "하나님이 세상을 이처럼 사랑하사 독생자를 주셨으니 이는 저를 믿는 자마다 멸망치 않고 영생을 얻게 하려 하심이니라."를 종이에 적어 암송하고 그것을 수백 번도 더 소리내어 말하면서 묵상하고 있을 때 성령님께서는 제게 말씀하셨습니다.

"사랑하는 아들아, 나는 너를 사랑하되 독생자처럼 아끼고 온 마음을 다해 너를 사랑한단다."

저는 하나님께서 우리를 특별한 존재로 여기시며 애착을 가지고 있다는 것을 알고 있었지만 정말로 어느 정도까지 저를 사랑하는지 몰랐습니다. 그 음성을 듣고 저는 물었습니다.

"저를 독생자처럼 사랑하신다니요? 도대체 그게 무슨 말씀이십니까?"

"내가 가장 아끼는 하나밖에 없는 독생자 예수 그리스도를 주어 너와 바꾸었기 때문에 나는 너를 사랑하되 예수처럼 독생자와 같이 너를 아끼고 사랑한단다."

"나는 나의 자녀들을 한꺼번에 사랑할 뿐 아니라 개인적으로 독생자와 같이 소중히 여기며 사랑한단다."

제가 어릴 때부터 너무나 많이 듣고 읽었던 이 성경구절이 저에게 이렇게 큰 의미를 주는지는 예전에 미처 몰랐습니다. 그러나 성령님께서는 분명히 이 말씀을 통해 이분이 저를 사랑하는 가슴을 열어 보여 주셨습니다. 수억이나 되는 이분의 백성들이 드리는 찬양과 기도의 홍수에 제가 어찌 하나님께 의미있는 존재가 될 수 있겠습니까? 크고 작은 역사의 바쁜 흐름 속에 제가 어찌 하나님과 함께 움직일 수 있겠습니까?

그러나 그 날, 모든 것 곧 하나님의 깊은 것도 통달하시는 나의 성령님께서는 하나님이 그분의 자녀들을 사랑하시되 통째로 엎어서 한꺼번에 사랑하시는 것이 아니라 한 명 한 명에게 특별한 의미를 두고 개인적으로 외동아들같이 모든 것을 다 바쳐 사랑하신다고 가르쳐 주신 것이었습니다.

"내가 너를 독생자와 같이 개인적으로 사랑하고 사귀기 위해 하늘 보좌를 떠나 성령으로 지금 너와 함께 거하고 있단다."

성령님은 저에게 커다란 존재의미를 부여하셨습니다.

만약 이 지구상에 아무도 없고 저 혼자 있다 해도 하나님은 저를 구원하시기 위해 독생자를 보내어 십자가에 못박아 죽이셨을 것이라는 믿음이 다가왔습니다. "우리가 아직 죄인되었을 때에 그리스도께서 우리를 위하여 죽으심으로 하나님께서 우리에게 대한 자기의 사랑을 확증하셨느니라."(롬 5:8)

하나님은 그 크신 하나님의 사랑을 십자가를 통해서 확증하셨고 저에게 성령님을 보내심으로 보증하셨습니다. 성경은 이 놀라운 사실에 대해 "소망이 부끄럽게 아니함은 우리에게 주신 성령으로 말미암아 하나님의 사랑이 부은 바 됨이니"(롬 5:5)라고 증거하고 있었습니다. 저는 이 커다란 깨달음으로 저 자신이 예수의 피로 말미암아 하나님 앞에 얼마나 가치 있는 존재가 되었는지를 확실히 알게 되었습니다. 이와 같이 성령님의 감동을 통한 가르침과 진리 가운데로 인도하심은 우리 인생을 크게 바꾸어 놓습니다.

때로 저는 궁지에 몰린 듯한 절망적인 상황에서 하나님께 온갖 해명을 구하는 기도를 드립니다.

"하나님, 왜 이렇게 되었습니까? 뭐라고 좀 대답해 보십시오."
"이 일을 어떻게 하면 좋겠습니까?"

이렇게 말씀드리면 하나님께서 속히 저에게 속 시원한 응답을 주시면 좋겠건만 그렇지 않을 때가 많습니다. 한참 침묵을 지키시기도 하고 많은 경우에 이렇게 말씀하셨습니다.

"사랑하는 아들아, 내가 너를 진심으로 사랑한단다."
"아들아, 내가 너와 함께 있단다. 내가 너를 얼마나 사랑하는지 아니?"

"주님, 그 말씀말고는 저에게 하실 말씀이 없습니까? 주님께서 저를 사랑하신다는 말씀은 이제껏 지겹도록 들어왔습니다. 이 태산같은 문제 앞에 뭔가 다른 하실 말씀이 없다는 말입니까?"
"내가 너를 사랑한다는 말 외에 너에게 무엇이 더 필요하단 말이냐?"

저는 이해할 수 없었습니다. 저는 수백 번도 더 "내가 너를 사랑한다."는 그 말씀을 들었는데 왜 또 그 말씀만 하시는지 알 수 없었습니다. 그러나 이제 저는 그 의미를 잘 알고 있습니다. 그것은 바로 "내가 너를 사랑해서 독생자까지 주었는데 다른 모든 것을 주지 않겠느냐."는 말씀이었습니다.

모든 참기 힘든 현실을 육신의 눈만 가지고 일시적으로 판단하지 말고 하나님의 사랑의 확증인 "예수님의 십자가를 통해서 바라보라."는 것입니다.

하나님께서 "내가 너를 사랑한다."고 말씀하실 때에는 "모든 것을 내가 책임질 테니 너는 걱정하지 말고 기다리라."는 뜻입니다.

"자기 아들을 아끼지 아니하시고
우리 모든 사람을 위하여 내어 주신 이가
어찌 그 아들과 함께 모든 것을
우리에게 은사로 주지 아니하시겠느뇨."(롬 8:32)

성령님의 음성을 들어야 삽니다

하루는 아내와 사소한 일로 감정이 상해서 등을 돌리게 되었습니다. 우리는 화가 머리끝까지 치밀어서 서로 소리를 질렀습니다. 내가 뭘 잘못했냐는 자부심에 서로가 당당하게 맞섰습니다.

"어휴! 주님, 뭐 저런 여자가 다 있습니까? 남편인 저에게 끝까지 이길려고 덤벼듭니다. 일부러라도 져주면 제가 잘 해줄 텐데… 제발 제 앞에서 자신의 잘못을 인정하게 해주세요."

저는 오기에 누가 이기나 한 번 해보자는 일념이었습니다.
그러나 5분도 채 안되어서 제가 항복하고 아내에게 다가가서 사과를 하고 말았습니다. 제가 분노하여 아직 흥분이 가라앉지 않았을 때 들려온 세미한 성령님의 음성이 제 마음을 바꾸어 놓은 것입니다.

"사랑하는 아들아, 저는 더 연약한 그릇이다! 네가 먼저 사과하고 화해해라! 너무나도 연약하여 조금만 건드려도 깨어지기 쉽고 상처받게 된다. 남자인 네가 넓은 마음으로 그녀를 품어 주어야 한다. 그것이 바로 부부싸움에서 이기고 네가 인정받는 비결이다."

"저는 더 연약한 그릇이요"(벧전 3:7)라는 성경말씀만 아니었더라면……

저는 한두 번 절대 그렇게 할 수 없다고 고집부리고 버텼지만 결국 성령님께 순종할 수밖에 없었습니다.

우리 가정의 주인이신 성령님께서는 말씀을 기억나게 하신다든지 깨닫게 만드심으로 저와 아내를 한 가지씩 변화시켜 나가셨습니다. 만약에 그렇지 않았더라면 "네 힘을 여자들에게 쓰지 말라."(잠 31:3)는 말씀을 뛰어넘어 저는 미련하게 힘으로 밀어붙였을 지도 모릅니다.

아내는 평소 자기에게 시간을 내어 주지 않고 많은 대화를 갖지 않는다고 자주 불평하였습니다. 자기를 알아 주고 자기 말을 잘 들어 주고 이해해 주고 좀더 부드럽게 대해달라고 불만을 토로했습니다. 지금은 많이 좋아졌지만 그 때 저는 아내가 진정 무엇을 요구하고 있는지 알 길이 없었습니다.

저의 이 둔한 마음을 성령님께서는 하나씩 깨우쳐 주시고 행복한 부부생활로 이끌어 주셨습니다. 이 때 중요한 영향을 미친 것이 저와 함께 계신 '세미한 음성'을 통한 성령님의 감동하심이었습니다.

"너희는 귀를 기울이고 내게 나아와 들으라.
그리하면 너희 영혼이 살리라."(사 55:3)

크게 들리는 인간의 인본주의적인 말이나 절망적인 환경이 외치는 소리나 사단의 불신앙이 부추기는 유혹의 말에 우리가 귀를 기울이는 순간 모든 것은 죽음의 늪으로 빠져들어가게 됩니다. 그러나 우리가 작고 부드럽지만 위력있는 성령님의 음성에 귀를 기울이기만 한다면 우리의 시들어가는 영혼이 살 것이요, 방황하는 자녀와 가정이 살고, 영적으로 잠들어가는 교회가 살 것입니다. 민족과 세계가 살 것입니다.

모든 인류는 성령님의 소리를 들어야 삽니다. 당신도 마찬가지 입니다. 어떤 일이 생겼습니까? 이렇게 말씀드리십시오.

"성령님, 저에게 말씀해 주세요."

우리와 대담을 나누시는 하나님

성령님은 당신 우편에 계시면서 당신과 동행하시며 이야기나누시기를 원하십니다. "그가 내 우편에 계시므로"(시 16:8)

당신은 사람에게 이야기할 수 없는 심각한 마음의 고민을 다 이야기할 수 있습니다. 성령님은 듣기를 좋아하십니다. 그리고 입이 무거우므로 절대 비밀을 보장하십니다. 그래서 당신은 다른 사람들이 상상할 수도 없는 내용들을 성령님께는 다 말씀드려도 됩니다. 그러면 성령님께서도 당신이 알지 못하는 크고 비밀한 일들을 많이 보여 주실 것입니다. 이 얼마나 놀라운 특권입니까?

당신은 성령님의 세미한 내적인 음성을 듣고 있습니까? 성령님께서는 당신이 하는 결심이나 어떤 일을 하게 될 때 어떻게 하라고 말씀해 주십니까? 당신의 가장 큰 문제를 놓고 기도할 때 당신은 어떻게 기도하라는 성령님의 결정적인 도우심을 받고 있습니까? 아니면 당신은 혹시 고아와 같이 모든 일을 당신 혼자서 멋대로 처리하고 있지는 않습니까?

구약시대는 말할 것도 없고 신약시대에 와서도 오순절 성령강림 이후에도 믿음의 사람들은 성령님과 교제하며 성령님의 음성을 들었습니다. 성령님은 말씀하셨고 그들은 들었습니다.

전도자 빌립은 자주 분명한 성령님의 음성을 듣고 그대로 움직였습니다. 성령님께서 빌립에게 말씀하셨습니다.

"일어나서 남으로 향하여 예루살렘에서 가사로 내려가는 길까지 가라!"

이 음성을 들은 빌립은 의심없이 일어나 광야로 빠른 발걸음을 옮겼습니다. 그런데 마침 그 곳에 에디오피아 여왕의 국고를 맡은 내시가 두루마리 성경을 읽으며 오고 있었던 것입니다. 성령님께서 빌립에게 말씀하시길 "이 병거로 가까이 나아가라!" 하셨습니다. 빌립은 또 달려갑니다. 그리고 그에게 복음을 전하고 세례를 주었습니다. 빌립은 전적으로 성령님의 음성을 듣고 순종한 사람이었습니다.

예수믿는 자들을 핍박하던 사울도 부활하신 주님의 음성을 듣고 변화되었습니다(행 9:1~10). 많은 학문이나 율법, 종교의식이 아닌 예수님의 음성이 그를 바울이라고 하는 새사람으로 바꾸어 놓은 것입니다. "사울아! 사울아! 네가 어찌하여 나를 핍박하느냐?" 그는 완전히 깨어졌습니다.

바울에게 찾아가서 안수함으로 눈을 뜨게 하고 성령을 받도록 도와준 평신도 아나니아도 환상 중에 주의 음성을 들었습니다. (행

9:10~19)

"아나니아야! 이 사람은 내 이름을 이방인과 임금들과 이스라엘 자손들 앞에 전하기 위하여 택한 나의 그릇이라."

베드로도 성령님의 음성을 들었습니다. "베드로가 그 환상에 대하여 생각할 때에 성령께서 저더러 말씀하시되"(행 10:19)

안디옥교회의 선지자들과 교사들도 바나바와 바울을 선교사로 파송하기 전에 금식하며 주님과 교제를 나눌 때에 성령님의 음성을 들었습니다. "성령이 가라사대 내가 불러 시키는 일을 위하여 바나바와 사울을 따로 세우라."(행 13:2) 그들은 순종하여 두 사람에게 안수하여 보냈습니다.

성령님의 보내심을 받아 선교사로 파송받은 바울은 고린도의 이방인들에게 전도하다가 밤중에 "두려워 하지 말며 잠잠하지 말고 말하라! 내가 너와 함께 있다."는 주님의 음성을 듣고 용기를 얻어 1년 6개월 동안 머물며 말씀을 가르쳤습니다.

"귀 있는 자는
성령이 교회들에게 하시는 말씀을 들을지어다!"(계 3:22)

당신도 절대적으로 성령님의 음성에 귀를 기울여야 합니다.

시대마다 크게 쓰임받은 하나님의 사람들의 생애를 살펴보면 그들이 성령님의 음성을 듣고 순종한 사람들이었다는 한 가지 뚜렷한 공통점이 나타납니다. 당신도 성령님과 함께 다니며 이분의 음성을 듣고 순종할 수 있기를 바랍니다.

저는 제 인생의 커다란 전환점이 있었던 때는 거의 언제나 성령님께로부터 무엇인가를 들었을 때였습니다.

만약 당신 앞에 임재해 계신 성령님께 "사랑하는 성령님, 이 일을 어떻게 하면 좋겠습니까?"라고 여쭈면 성령님께서는 적합한 때에 자신의 의지로 대답하십니다. 성령님께서 생각하시기에 가장 좋은 때에 말씀하십니다. 그 때 당신은 인상적으로 그의 음성을 듣게 되고 그것은 좀처럼 잊혀지지 않습니다.

성령님은 벙어리가 아닙니다. 그렇다고 성령님은 수다쟁이는 더더욱 아닙니다. 당신이 당신의 의지로써 말하고 싶을 때 말하는 것처럼 성령님께서도 자신의 의지로 말씀하시고자 할 때 하십니다.

그러므로 당신이 성령님께 말을 걸고 여러 가지를 의논할 때 성령님께서 금방 대답하지 않으신다고 낙심하거나 포기하지 마십시오. 성령님께서는 반드시 여러 가지 방법을 통해서 당신에게 교훈하시고 말씀하셔서 당신을 진리와 하나님의 뜻 가운데로 인도하십니다. 성령님은 당신에게 비밀을 말씀하십니다. 이분은 당신과 은밀히 '대담을 나누시는 하나님'이십니다.

그리스도와의 개인적인 접촉

당신은 사심없는 마음의 대화를 통해 끊임없이 성령님과의 개인적인 관계를 잘 유지해 나가야 합니다. 이러한 대화식 기도는 당신으로 하여금 쉬지 않고 기도하는 비결을 알게 합니다.

세계적인 복음 전도자인 빌리 그래함도 이와 같은 '성령님과의 인격적인 교제'로 말미암아 그의 신앙을 발전시켜 왔습니다. 그는 "나의 신앙은 그리스도와의 개인적인 접촉에 기초를 두고 있으며, 날마다 그와 함께하는 것을 경험한다."라고 말했습니다.

그는 기도를 많이 합니다. 성경을 읽을 때 기도하며, 연구하고 토론하고 설교할 때 기도합니다. 밤에 자지 않으면 기도합니다. 그의 기도의 범위는 사사로운 작은 일에서 국가와 인류에까지 확

대됩니다.(3)

빌리그래함의 쉬지 않고 기도하는 비결은 어디에서 나왔을까요? 아마도 영으로 오신 예수님과 함께 생활한 사도 바울에게서 배웠으리라 믿습니다. 바울은 무엇이라고 말합니까?

"예수께서 우리를 위하여 죽으사
우리로 하여금 깨든지 자든지
자기와 함께 살게 하려 하셨느니라."(살전 5:10)

이 사실을 전제로 하고 이어서 기록한 말씀이 바로 "쉬지 말고 기도하라."는 것이었습니다.

"항상 선을 좇으라.
항상 기뻐하라.
쉬지 말고 기도하라.
범사에 감사하라.
이는 그리스도 예수 안에서 너희를 향하신
하나님의 뜻이니라.
성령을 소멸치 말라."(살전 5:15~19)

이 모든 것은 예수님께서 성령으로 우리 가운데 임재해 계시므로 이분과의 인격적인 교제를 통해서만이 이루어지는 아주 깊고도 단순한 영적 원리인 것입니다. 빌리 그래함 목사님은 이것을 잘 알고 있었습니다. 그래서 그의 영적 뿌리는 "그리스도와의 인격적인 교제에 기초한다."라고 고백할 수 있었던 것입니다.

캐트린 쿨만도 그리스도와의 친밀한 교제로 인한 쉬지 않고 기도하는 비결을 터득했습니다. 그녀는 사람들의 개인 기도시간에 대한 질문에 "나는 쉬지 않고 기도합니다. 비행기에서, 자동차 안에서 혹은 길을 걸어 내려가면서 은밀히 기도를 드립니다. 나는 언제나 기도를 드립니다. 나의 인생은 기도입니다."라고 대답했습니다.(4) 이것은 성령님과의 일상적인 대화를 통해서 이루어집니다. 그녀는 밤에 자기 위하여 기도드렸습니다. 성령과 함께 잠자리에 들기를 원했기 때문입니다. 그녀의 인생은 **성령님이 없이는** 설명될 수 없는 멋진 생애였습니다.

성령님과 함께 산책을 하다

어느날 저는 하루 일과를 마치고 집으로 돌아와 가족들과 함께 여유로운 시간을 가지고 있었습니다. 아버지와 이야기하며 텔레비전을 보면서 즐거운 마음으로 편히 쉬고 있었습니다. 저는 벽에 비스듬히 기대어 누워 있었습니다.

그런데 갑자기 성령님께서 제 마음의 문을 쿡쿡 찌르면서 저를 부르시는 것이었습니다. 저는 모든 것에서 눈을 돌려 내 앞에 임재해 계신 성령님께로 눈을 돌렸습니다. 저의 절친한 친구이신 성령님께서 저를 부르시며 손가락질하시는 것이었습니다. 성령님께서 저에게 말씀하셨습니다.

"사랑하는 아들아, 나는 너와 함께 시간을 갖기를 원한단다. 지금 나와 함께 밖으로 나가자꾸나. 나와 함께 산책을 하기를 원한다. 나는 너에게 하고 싶은 말이 있단다."

저는 누워 있는 것이 좋았고 일어나는 것이 귀찮았지만 계속 성령님께서 저를 재촉하시므로 설레이는 마음으로 성령님과 함께 걸어나갔습니다. "사랑하는 성령님, 함께 나가시지요."

그 때 저는 내 우편에 계신 성령님과 함께 공원을 산책하면서 제 영이 잠잠한 가운데 성령님께서 하시는 말씀들을 들었습니다. 성령님께서는 저에게 아주 중요한 가르침들을 허락하셨습니다.

당신은 오늘 만사를 제쳐놓고 귀하신 성령님과 함께 데이트를 해 보시지 않겠습니까? 성령님과 함께 천천히 산길이나 공원을 거닐면서 대화를 나누는 시간을 가지십시오.

당신의 마음 깊은 곳에 있는 기쁜 일이나 슬픈 일, 괴로운 일이나 힘든 일 등 그 누구에게도 털어놓지 못한 모든 것을 가장 가깝고 신뢰할 만한 친구되시는 성령님께 말씀드리십시오. 그런 다음 당신의 영혼이 성령님 안에서 쉬게 하십시오. 특별한 말씀을 못 듣는다 해도 속사람이 힘을 얻게 될 것입니다.

저는 자주 이러한 시간을 가짐으로써 제 영혼을 새롭게 합니다.

성령님의 음성과 영적성장

성령님은 가장 친근하게 당신 곁에 계십니다. 성령님은 모든 문제를 거뜬히 해결하실 수 있을 만큼 강한 힘과 지혜를 가지고 당신과 함께 계십니다. 당신은 인격자이신 성령님과 대화를 나누어야 합니다.

얼마 전에는 도서관에서 공부를 하고 내려오는데 성령님께서 저에게 놀라운 말씀을 주셨습니다. 저는 성령님의 얼굴을 보면서 부드럽게 사랑의 고백을 했습니다.

"존귀하신 성령님, 제 온 마음을 다해서 성령님을 사랑합니다."

그때 성령님께서는 저를 보시면서 제 영에게 말씀하셨습니다. 아주 분명하고 명확한 내용의 대답이었습니다.

"사랑하는 아들아, 나도 너를 사랑한단다. 그러나 너는 나만 사랑한다고 말하지 말고 네 이웃도 사랑한다고 지금 말로 고백하여라."

이것은 제 온 영혼을 뒤흔들어 놓는 충격적인 말씀이었습니다. 저는 진정으로 이웃을 사랑하는 데 소홀히 하였습니다. 그렇다고 저에게 이웃을 사랑하는 마음이 전혀 없다고는 생각지 않습니다. 단지 성령님과의 교제를 인한 하나님을 사랑하는 것만이 전부라고 생각하고 대인관계는 쉽게 생각했었던 것입니다. 여기에 큰 영향을 미친 것은 "사람과 인생을 의지하지 말라."는 성경말씀이었습니다.

그렇습니다. 우리는 이 세상을 살아갈 때에 도울 힘이 없는 인생과 방백을 의지하지 말아야 합니다. 그러나 이 교훈이 너무나도 강하게 제 마음을 붙잡고 있었기 때문에 도울 힘이 없는 사람에게 매일 필요가 없다고 생각한 나머지 저는 사람들과 함께 있을 때는 친절하고 가깝게 지내려고 애를 썼지만 헤어지거나 멀리 떨어져 있으면 아예 연락을 하지 않고 거의 잊다시피 살아왔던 것입니다. 그러한 저의 사고 방식은 쉽사리 변하지 않았습니다.

그 날 성령님께서는 저에게 "나를 사랑하는 것처럼 네 이웃도 온 마음을 다해 사랑한다고 지금 입술로 고백하라."고 말씀하시므로 제 인생의 큰 배의 키를 움직여 놓으신 것이었습니다. 저는 입을 열어 믿음으로 선포했습니다.

"나는 이웃을 온 마음을 다해 사랑합니다!"

우리는 입술로만 하나님과 이웃을 사랑한다고 해서는 안됩니다. 그렇지만 우리 인생의 행로를 바꾸기 위해서는 먼저 입술의 고백을 통해서 우리가 깨닫고 믿는 바를 시인해야만 하는 것입니다.

우리가 하는 믿음의 고백에는 큰 힘이 있습니다. 성령님께서는 제 속사람에게 말씀하셔서 제 마음을 변화시켜 놓으신 다음 그것을 입으로 고백하게 하시므로 잘못된 제 인생의 방향을 돌려 놓으신 것이었습니다.

그 이후로 이상하게도 사람들과의 관계가 회복되고, 단절된 사람과 연결이 되기 시작하는 것이었습니다. 조용하던 전화벨 소리가 울리기 시작했습니다.

제 마음 속에서는 저도 모르게 사람들이 좋아지고 그들을 소중히 여기게 되었으며 사랑하는 감정이 생겨났습니다. 자연히 저는 사람들과 오랜 시간 대화를 하게 되고 그들의 얼굴이 보고 싶어졌습니다. 막연하게 연락이 오기를 기다리던 전과는 달리 이제는 제가 먼저 전화하게 되었습니다. 평소에 내성적인 저에게는 획기적인 변화라고 할 수 있었습니다.

성령님께서는 이제 저를 "하나님을 사랑하고, 이웃을 사랑하는"(눅 10:27) 균형잡힌 신앙의 아름다운 모습으로 만들어 놓으신 것입니다.

이와같이 당신이 성령님의 음성에 귀를 기울이고 정확하게 이분의 음성을 분별해 내는 훈련이 되어 있으면 성령님께서는 당신이 수년 동안 무지 속에서 고생해야 겨우 깨달을 수 있는 놀라운 영적 진리들을 단 몇 분 내에 알게 하시고 고치도록 도와주십니다. 성령님의 부드럽고 세미한 충고는 소심한 당신을 영적인 거인으로 만들어 주는 위력이 있습니다.

당신에게 진리를 밝혀 주는 위대한 선생님이신 성령님은 대화 가운데 당신의 무지를 깨우쳐 주시며 당신의 착각을 바로 잡아 주시고 당신의 약점을 바로 지적해 주시므로 당신의 믿음을 날마다 새롭고 강하게 만드시는 것입니다. 성령님께서는 인격적인 친밀한 대화를 통해서 당신의 좁은 안목을 넓혀 주시며 혼돈과 모순 속에서 새로운 꿈과 비전을 주십니다. 성령님과의 대화를 통해 얻어지는 영적 성장은 다른 그 무엇보다도 당신에게 풍성한 생명을 가져다 줍니다.

성경을 묵상하는 것과 많은 책을 읽는 것은 참으로 중요합니다. 그러나 성령님께서 진리와 계시의 정신을 부어 주시지 않으실 때 당신은 메마른 광야에서 시간만 죽이는 결과를 가져오게 되는 것입니다.

당신은 성령님께 귀를 기울이고 세미한 음성을 들어야 합니다. 당신은 자신에게서 눈을 돌려 성령님을 바라보며 이분을 존중히 모시며 성령님의 음성과 감동하심에 귀를 기울여야 합니다. 인간의 천만 마디 산을 울리는 웅변보다도 진리의 교사이신 성령님의 아주 작은 세미한 한마디 음성이 당신의 인생을 뒤흔들어 놓고 정체된 신앙에 급격한 성장을 주며 삶에 위대한 변혁을 가져오는 것입니다.

성령님, 제 귀를 열어 주세요

제가 신학교 시절 신학기가 시작될 때 학교에서 주최하는 신앙부흥 수련회에 아내와 함께 참석하게 되었습니다.

그 때 강사로 미국에서 목회하시는 목사님이 오셔서 설교를 하게 되었습니다. 많은 학생들과 성능이 그리 좋지 않은 앰프시설, 설상가상으로 목사님의 흐트러지고 분명치 못한 발음으로 인해 설교의 내용을 잘 알아들을 수가 없었습니다. 목사님은 열정적으로 목소리 높여 설교를 했지만 무슨 말을 하는지 그 핵심을 파악하기란 그리 쉽지 않았습니다. 큰 기대를 품고 참석한 제 마음은 답답하기만 했습니다.

그러나 저는 그 때 어떻게 해야 하는지 잘 알고 있었습니다. 바로 그 때가 성령님의 도움을 구해야 하는 때였던 것입니다. 성령님께서는 여전히 제 안에 저와 함께 계셨습니다.

저는 성령님께 말씀드렸습니다.

"사랑하는 성령님, 저에게 들을 귀를 주세요. 하나님께서
저 목사님을 통해서 무슨 말씀을 하기를 원하시는지
저에게 들려 주세요. 성령님, 저의 귀를 열어 주세요."

이렇게 말씀드리자 곧 성령님께서는 저의 귀를 여셨고 저는 목사님이 무슨 설교를 하는지 알아듣기 시작했습니다. 저는 옆에 앉아 있는 아내의 옆구리를 찔렀습니다. 그리고 아내의 귀에 이렇게 속삭였습니다.

"여보, 눈을 크게 뜨고 당신 곁에 계시는 성령님께 귀를 열어 달라고 부탁해요. 지금 당장 말씀을 깨달을 수 있도록 들을 귀를 달라고 말씀드리세요."

성령님께 도움을 구하는 아내의 작은 소리가 들렸습니다. 아내의 눈이 뜨이고 우리의 마음 문은 이내 열려 함께 말씀을 경청하고 있었습니다. 그런데 말씀을 들으면서 제 온 마음이 감동되고 제 눈에서 눈물이 흘러내리고 있었습니다. 아내도 마찬가지였습니다. 그 때 들은 말씀을 저는 평생 잊지 못할 것입니다.

"사랑하는 신학생들이여, 여러분은 진정으로 예수님을 사랑하십니까? 우리가 예배를 드리고 많은 봉사와 헌금을 드린다고 할지라도 우리는 진정으로 예수님을 사랑하지 않으면서 이 모든 것을 하고 있는지도 모릅니다. 마음을 다해 예수님을 사랑하지 않는다

면 어떻게 우리가 그분의 어린 양들을 먹일 수가 있겠습니까? 오랫동안 사역을 하면서 예수님에 대한 뜨거운 사랑의 마음을 상실한 채 타성과 의무감에 젖어 힘겹게 일을 감당하고 있지는 않습니까? 정말로 우리의 가슴은 예수님 한 분만을 사랑하는 마음으로 불타오르고 있습니까?"

목사님의 설교 속에서 성령님의 강한 메시지가 제 가슴에 부딪쳐 왔고 저와 사랑하는 아내는 함께 회개와 감격의 눈물을 쏟으면서 간절히 회복의 기도를 드렸습니다. 그 날 성령님께서는 우리의 마음에 예수님을 사랑하는 불을 다시 붙이셨고 지금까지도 우리 부부는 변함없이 예수님을 뜨겁게 사랑하고 있습니다. 우리는 이것을 정말로 소중하게 생각하며 영원토록 잃지 않을 것입니다.

당신은 예배시간이나 사람들과 대화를 나눌 때나 무엇을 하든지간에 수시로 성령님께 당신의 영적인 귀를 열어달라고 부탁을 드리도록 하십시오. 성령님은 세미한 음성으로 직접 말씀하시기도 하지만 때로는 어린아이를 통해서도 당신에게 말씀하십니다.

기도는 당신이 최고로 사랑하는 하나님과 당신과의 대화요, 교제인 것입니다. 당신은 정시기도시간뿐 아니라 일상생활 중에도 언제나 당신의 귀를 성령님께 열어놓고 이분의 감동하심에 주파수를 맞추려고 노력해야 합니다. 설교를 듣거나 대화를 나눌 때는 특별히 성령님을 더욱 의지하며 이분께 들을 귀를 달라고 부탁해야 합니다. 이렇게 말씀드리는 것이 어떻겠습니까?

"사랑하는 성령님, 제 귀를 열어 주시고 하나님이 무슨 말씀을 하시는지 들을 수 있도록 들을 귀를 주세요."

최고의 선생님이신 성령님

인간의 많은 교훈은 사람을 살리지 못합니다. 오직 성령님만이 당신을 진리가운데로 인도하시고 지혜와 계시의 정신으로 당신의 마음을 바꾸어 놓으실 수 있습니다. 그러므로 당신은 성경공부를 하든지 세미나를 하든지 항상 성령님께 나아가 이분이 말씀하시도록 해야 합니다.

제가 군에 있을 때, 주일마다 신우회에서 성경공부를 하게 되었습니다. 창세기를 펼쳐놓고 몇 분간 묵상한 후 돌아가면서 깨달은 내용의 소감을 발표하는 식으로 진행되었는데 저는 그 때 성령님께서 제 눈을 열어 주셔서 말씀의 깊은 이해와 함께 하나님의 가슴 속에 품고 있는 잃어버린 영혼을 찾는 사랑의 불타는 마음을 잘 들여다 볼 수 있었습니다. 그래서 그것을 차분하게 한 가지씩 함께 앉아있는 전우들에게 설명해 나갔습니다. 그러자 그들은 대단한 관심을 가지고 들으며 얼굴에 빛을 발하게 되었습니다. 저는 그들이 놀라는 것을 보았습니다.

성경공부를 마친 후 이미 창세기 본문의 내용에 대해 여러 번 공부한바 있는 한 형제가 저에게 와서 물었습니다. 어떻게 그런 하나님의 깊은 속사정을 알고 있는지 궁금하다는 것이었습니다. 저는 그에게 모든 사람이 눈으로 볼 수 없었던 중요한 비밀을 알려 주었습니다. 저는 그에게 설명했습니다.

"나는 이전에 미리 그것을 공부해 온 것은 아니었어. 그러나 나는 진리의 교사요, 말씀을 기록하게 하신 최고의 선생님되시는 성령님과 함께 그 자리에 있었어. 나는 그 장소에 들어가면서 속삭이기를 '성령님, 함께 들어가실까요' 그리고 의자에 앉으면서 '성령님, 함께 앉으시지요'하면서 성령님을 존중히 모셨지. 그 다음에는 성경을 펼치면서 또 이야기하기를 '성령님, 함께 보실까요'라고 말씀드리고 계속해서 성경을 읽고 묵상하면서 **성령님께 이 말씀이 무엇을 뜻하는지 보여달라고 부탁하며 전적으로 이분을 의지했지.** 그리고 내 마음을 조용히 하고 성령님의 감동하심에 귀를 기울이며 깨달음을 주시는 내용들을 정립했지. **이것이 아마 다른 사람들이 알지 못한 놀라운 비밀이야."**

저는 계속해서 말했습니다.

"그 때 역사하신 성령님은 지금도 이 곳에 나와 함께 계셔. 나는 항상 성령님과 함께 살고 있어."

당신은 모든 일을 성령님과 함께 의논해야 합니다. 당신이 성령님없이도 혼자서 무엇인가 할 수 있다고 생각할 때 항상 실수하고 실패를 맛보게 됩니다. 성령님이 당신과 함께 계십니다. 당신은 이분을 왕이나 귀빈 이상으로 존중히 대하며 이야기를 나누어야 합니다.

"그가 내 우편에 계시므로"(시 16:8) 당신은 사람을 만날 때에도 이렇게 말씀드리십시오.

"자, 성령님. 함께 만나 주시지요. 오! 저기 저 사람을 보십시오. 이 친구가 하는 말을 한번 들어 보십시오. 귀하신 성령님, 성령님은 어떻게 생각하십니까?"

한 명이나 여러 명을 만날 때에도 당신의 마음과 눈은 항상 성령님께 고정되어 있어야 하며 이분의 음성과 감동에 귀를 기울여야 합니다. 이렇게 끊임없이 중얼 중얼 속삭이십시오.

"성령님께서 무엇인가 말씀해 주셔야 되겠습니다. 무엇이라 말할까요? 어떻게 해야 되지요?"

성경을 읽을 때에도 이렇게 말씀드리십시오.

"놀라우신 선생님이신 성령님, 이 말씀을 깨닫게 해 주시고 저에게 가르쳐 주세요."

당신은 지금 이 책을 읽으면서 성령님과 대화를 나누고 있습니까? 당신은 이렇게 말씀드릴 수 있습니다.

"성령님, 제가 이 책의 내용을 잘 깨달을 수 있도록 도와주세요. 이 내용은 무엇을 의미하는 말이지요."

TV를 보거나 아이들과 놀면서도 성령님과 대화를 나누면서 지내야 합니다. 성령님의 세미한 음성에 귀를 기울여야 합니다. 설교를 듣기 전에 반드시 당신은 이렇게 말씀드리도록 하십시오.

"성령님, 저에게 들을 귀를 주세요. 오늘 성령님께서 저에게 하시는 말씀을 잘 들을 수 있도록 도와주세요."

그뿐 아니라 기쁜 일이나 슬픈 일이나 힘든 일이나 모든 것을 성령님께 말씀드려야 합니다. 이분은 당신의 친구나 부모님, 애인보다도 더 가까운 분이시며, 언제나 당신과 함께 계시므로 무엇이나 서슴지 않고 다 털어 놓아야 합니다. 그리고 성령님께 모르는 것이나 궁금한 것은 여쭈어 보아야 하며, 그 때 성령님께서는 당신에게 여러 가지 방법으로 친절하게 말씀하시고 가르치시고 보여 주시고 깨닫게 해 주실 것입니다.

이와같이 당신의 우편에 계신 성령님과 대화를 계속 나눔으로 이 세상 누구보다도 성령님과 가장 친근한 사람이 되기를 바랍니다.

제3장
성령님을 모시고 다니라

"내가 여호와를 항상 내 앞에 모심이여"(시 16:8)

　다윗은 성령님을 항상 인격적으로 존중히 모시고 다녔습니다. 성령님은 그의 우편에서 그와 함께 계셨고 그는 성령님과 친밀히 동행하게 되어 언제나 즐거웠습니다.
　당신이 성령님을 인격적으로 존중히 모시는 비결을 터득하기만 한다면 성령님의 임재와 보다 더 긴밀한 접촉이 있게 됩니다. 이분과의 인격적인 관계가 깊어지면 질수록 이분에 대한 절대 의존이 생겨날 것입니다. 그러므로 성령님을 우리의 생활 속에 모시며 동행하는 비결은 우리 성도들에게 가장 중요하고 궁극적인 과제라 할 수 있겠습니다.
　성령님을 모시는 것이 선명해지고 실제적이 되어지면 당신은 금방 하나님을 사랑하는 마음이 자라게 될 것이며 하나님의 나라는 급속도로 확장될 것입니다. 그러나 안타깝게도 대부분의 사람들이 이것을 이해하지 못할 뿐 아니라 거의 실제에 접근하지 못하고 있다는 사실입니다. 이것은 결코 어려운 것이 아니라 매우 간단한 것이며 아주 쉽고 상식적인 일이며 배우기만 한다면 누구나 알 수 있습니다.

임마누엘 성령님

그리스도인의 신앙생활의 가장 큰 결점은 자기와 함께 계신 '임마누엘 성령님'을 개인적으로 모르고 있다는 것입니다.

왜 수많은 그리스도인들이 무기력하고 계속 실패만을 거듭하고 있습니까? 그들의 성결치 못한 생활과 열매없는 사역의 원인은 무엇입니까? 왜 모두에게 부흥의 불길이 활활 타오르지 않습니까?

이 모든 문제에 대해 당신의 마음을 시원케 할 해결책은 우리와 함께 계신 성령님을 재발견해야 한다는 것입니다.

임마누엘 성령님과의 인격적인 교제를 계발해 나가고 이분의 전능하신 능력에 사로잡힐 때 당신은 이전과는 완전히 다른 모습으로 남게 될 것입니다. 당신과 함께 계신 성령님의 얼굴을 찾으십시오. 진정으로 당신이 성령님을 알고 바라보며 대화를 가지며 모든 일을 함께 나눈다면 성령님께서는 만사를 형통한 길로 인도하실 것입니다.

그리스도인은 도대체 성령님과 어떤 관계 속에 있습니까? 여기에 대한 더 깊고 명확한 통찰력이 필요합니다. 성령님은 그 무엇보다 실제적으로 우리와 함께 계시는 '임마누엘 하나님'이십니다. 성령님은 하늘과 땅의 모든 권세를 가지고 예수 그리스도의 이름으로 당신과 함께 계십니다.

"볼지어다. 내가 세상 끝날까지 너희와 항상 함께 있으리라."고 말씀하신 예수님께서는 제자들이 나가 복음을 두루 전파할 때 그들과 함께 계셨습니다. 임마누엘하시면서 그들과 함께 역사하사 따르는 표적으로 말씀을 확실하게 전파하게 하셨다고 성경은 기록하고 있습니다.(막 16:20)

하늘로 올리우신 주 예수께서 어떻게 제자들의 복음전파 사역에 함께 일하실 수 있었습니까? 바로 성령으로 예수님께서 오셨습니다. 이 예수님이 제자들 속에서 그들을 통해 역사하신 것이었습니다.

하나님 나라의 모든 속성을 가지고 성령님께서 예수 이름으로 제자들에게 임했을 때, 제자들은 예수 이름으로 귀신을 쫓아내며, 새 방언을 말하고, 뱀을 집으며, 무슨 독을 마실지라도 해를 받지 아니하는 표적을 나타내었습니다.

예수님이 우리 안에 계시면 치료의 능력이 우리를 통하여 예수님으로부터 흘러 나오게 됩니다. 이러한 치료의 능력은 예수 그리스도를 죽음가운데서 일으키신 부활의 능력, 곧 성령의 권능인 것입니다.

저는 몇 년 전에 오랄 로버츠의 간증을 읽었는데 저에게 큰 감동을 주었으므로 여러분께 소개하고자 합니다.

어느 날 주님께서 그에게 물으셨습니다.

"너는 성령님을 모시고 있느냐?"
"네. 주님, 성령님을 모시고 있습니다."
"그럼 네 속에 계신 그분이 누구인지 아느냐?"
"약간은 알지만 잘 모릅니다."

그러자 주님은 말씀하셨습니다.

"성령님을 모시고 있는 것은 내가 육체를 입고 너와 함께하는 것과 마찬가지이며, 오히려 더 나은 일이라고 할 수 있다. 왜냐하면 나는 성령님을 통해서 이천 년 전 내가 열두 제자들과 함께했던 것처럼 너와 함께 있을 뿐 아니라, 또한 네 안에 거할 수 있기 때문이다."

오랄은 그 때부터 예수님이 성령으로 자기에게 함께 계신 것을 알게 되었고 그 때부터 강하고 담대하게 본격적인 신유 사역을 감당해 나갈 수 있게 되었습니다.(5)

예수님께서는 제자들에게 놀라운 말씀을 하셨습니다.

"내가 진실로 너희에게 이르노니
여기 섰는 사람 중에 죽기 전에
하나님 나라가 권능으로 임하는 것을
볼 자들도 있느니라."(막 9:1)

예수님께서 하늘과 땅을 다스리시는 왕권을 가지고 권능으로 임하셨는데 바로 하늘나라의 모든 속성들을 가지고 성령으로 오신 것입니다.

영으로 오신 예수님이 계신 곳에는 병든 자를 고치고 귀신을 쫓아내는 치료의 능력이 함께 있다는 사실을 당신은 믿어야 합니다. 예수님이 당신 안에 계시므로 그의 부활의 능력도 당신과 함께 거하는 것입니다.

여기서 당신이 꼭 기억해야 하는 중요한 교훈은 **부활하신 예수님은 성령으로 당신과 함께 계시며 능력으로 역사하신다는 것입니다.**

"주 예수께서 말씀을 마치신 후에
하늘로 올리우사 하나님 우편에 앉으시니라.
제자들이 나가 두루 전파할새
주께서 함께 역사하사
그 따르는 표적으로

말씀을 확실히 증거하시니라."(막 16:19, 20)

성령님은 모든 것을 통치하시고 다스리시는 만왕의 왕이시며, 만주의 주시며, 우주의 창조자이시고 주인이십니다.

이분은 당신의 마음 속에 당신의 삶 가운데 들어오십니다. 당신은 마음의 문을 활짝 열고 이분을 존중히 모셔야 합니다. 다윗은 노래합니다.

"문들아 너희 머리를 들지어다.
영원한 문들아, 들릴지어다.
영광의 왕이 들어가시리로다.
영광의 왕이 뉘시뇨.
강하고 능한 여호와시요,
전쟁에 능한 여호와시로다.
문들아, 너희 머리를 들지어다.
영원한 문들아, 들릴지어다.
영광의 왕이 들어 가시리로다.
영광의 왕이 뉘시뇨.
만군의 여호와께서 곧 영광의 왕이시로다."(시 24:7-10)

'여호와'라는 명칭은 하나님의 존재 이상의 의미를 갖고 있습니다. 그것은 곧 '하나님의 개인적이고도 실제적인 친밀한 임재'를 말하는 것입니다. '여호와'(나는 스스로 있는 자, I Am Who I am)는 "내가 실제로 너와 함께 있다. 나는 너를 구원하고 도와줄 준비가 되어있다."라는 뜻입니다. 성령님은 여호와의 신이십니다! 성령님은 영광의 왕이시며 강하고 능한 여호와시고 전쟁에 능한 총사령관이십니다. 성령님은 만군의 여호와이십니다. 영광의 왕이신 성령님의 임재하심을 사모하십시오.

내 안에 계신 그리스도

당신은 죄와 허물 속에서 태어나서 저주받은 인생으로 이땅에 태어났지만, 긍휼에 풍성하신 하나님께서는 당신을 그리스도와 함께 십자가에 못박으셨습니다. 또한 죄와 허물로 죽은 당신을 그리스도와 함께 살리셨습니다.

"너희의 허물과
죄로 죽었던 너희를 살리셨도다."(엡 2:1)

새 생명을 주신 하나님께서는 살리는 영이신 그리스도를 주셨습니다. 성령이 당신의 마음에 부은 바 된 것입니다. 부활하신 그리스도께서는 성령으로 지금 당신 안에 살아계십니다.

"이제 내가 육체 가운데 사는 것은
나를 사랑하사 나를 위하여 자기 몸을 버리신
하나님의 아들을 믿는 믿음 안에서 사는 것이라."(갈 2:20)

당신의 죄와 불순종으로 인해 대속의 죽음을 당하신 그리스도는 죄와 사망의 권세를 깨뜨리고 삼일 만에 부활하셨습니다. 그리고 지금은 당신 안에 영으로 살아 계십니다. 이것이 복음의 핵심이요, 비밀인 것입니다. 이 비밀은 만대로부터 감취었던 것입니다. 그러나 하나님의 경륜을 따라 이 비밀이 그의 성도들에게 나타난 바 되었습니다. 이 놀라운 사실에 대해서 바울은 골로새 교인들에게 편지하기를,

"이 비밀은 만세와
만대로부터 옴으로 감취었던 것인데
이제는 그의 성도들에게 나타났고

하나님이 그들로 하여금
이 비밀의 영광이
이방인 가운데 어떻게 풍성한 것을 알게 하려 하심이라.
이 비밀은 '너희 안에 계신 그리스도'시니
곧 영광의 소망이니라.
우리가 그를 전파하여 각 사람을 권하고
모든 지혜로 각 사람을 가르침은
각 사람을
그리스도 안에서 완전한 자로 세우려 함이니
이를 위하여 나도
내 속에서 능력으로 역사하시는 이의 역사를 따라
힘을 다하여 수고하노라."(골 1:26~29)

여기에서 하나님의 비밀은 '그리스도'라고 밝히 말씀하고 있습니다. 또한 이 비밀은 '우리 안에 계신 그리스도'라고 가르칩니다. 우리 안에 계신 그리스도는 누구를 가리킵니까? 부활하신 그리스도는 승천하셔서 하나님 보좌 우편에 계십니다. 우리 안에 계신 그리스도는 바로 '성령으로 오신 그리스도'를 말하는 것입니다. 절대로 다음 사실을 잊지 마십시오!!

"예수 그리스도께서
너희 안에 계신 줄을
너희가 스스로 알지 못하느냐."(고후 13:5)

예수 그리스도께서 어디 계신다고 하셨습니까?
성경은 밝히 말씀하기를 "우리 안에 예수님이 계시다."고 깨우쳐 주고 있습니다. 안타깝게도 이것을 주일학교를 다니는 어린아이들은 잘 알고 있지만 오히려 심오하다고 하는 사람들은 놓쳐버리거나 잘 믿으려 들지 않습니다.

　부활하신 예수님은 하나님 보좌 우편에 앉아서 당신을 위해 중보하십니다. 그리고 영으로 오신 예수님은 성령으로 당신 안에 내주해 계십니다.

　바울은 모든 성도를 그리스도 안에서 완전한 자로 세우는 비결은 오직 '그들 안에 계신 예수 그리스도'를 전파하여 성도들이 '자기 안에 계신 그리스도'가 누구신지를 확실히 알고, 그분께 사랑가운데서 깊이 뿌리를 박는 길밖에 없다고 말합니다.

　당신이 아무리 성경을 수백 번 읽고 공부하며 그리스도에 대한 지식을 많이 가지고 있다고 하더라도 당신 안에 계신 그리스도와 인격적인 교제에서 실패한다면 모든 것은 무용지물이 될 것입니다. 그러나 당신이 가진 풍요한 지식 위에 인격자 그리스도와의 관계가 매끄럽게 유지된다면 당신은 반드시 복음으로 세상을 정복하게 될 것입니다. **당신이 부르심을 받고 구원받은 이유는 임마누엘하신 그리스도와 '교제'하기 위함입니다.**

> "너희를 불러
> 그의 아들 예수 그리스도 우리 주로 더불어
> 교제케 하시는 하나님은 미쁘시도다."(고전 1:9)

　당신 안에 살리는 영이신 그리스도가 내주해 계시며 당신의 생활 속에 함께 동행하십니다. 그리스도는 성령으로 임재하신 것입니다. 그리스도는 영으로 지금 당신에게 오셨습니다. 하나님께서는 누구든지 그리스도의 영이 없으면 그리스도의 사람이 아니라고 말씀하셨습니다. 그리스도의 영은 곧 하나님의 영이십니다.

> "만일 너희 속에 하나님의 영이 거하시면
> 너희가 육신에 있지 아니하고 영에 있나니

누구든지 그리스도의 영이 없으면
그리스도의 사람이 아니라."(롬 8:9)

하나님의 영은 바로 성령님을 가리키는 것입니다. 그러므로 당신은 믿음의 눈을 떠서 당신과 함께 계신 하늘과 땅의 모든 권세를 가지신 그리스도의 영과 친밀한 인격적인 교제를 나누므로 사단을 밟고 세상을 이기며 기쁨이 넘치는 승리의 삶을 영위해야 합니다. 그리스도 예수님은 당신 인생의 주인이십니다. 당신은 머리되신 그리스도와 교제를 나눔으로 깊은 사랑이 자라나게 해야하며 이러한 사랑관계 속에 뿌리를 박고 세움을 입어야 하겠습니다.

"그러므로 너희가 그리스도 예수를 주로 받았으니
그 안에서 행하되
그 안에 뿌리를 박으며
세움을 입어
교훈을 받은 대로 믿음에 굳게 서서
감사함을 넘치게 하라."(골 2:6, 7)

이어서 바울은 골로새교회의 신실한 자들에게 편지하기를 "그리스도 이외의 다른 교훈에 속지 말라."고 철저히 경계하고 있습니다. 오늘날 주의 종들이 그리스도만 빼고 모든 것을 다 전하고 있는 경우가 있는데 이것은 성경과는 정반대의 사역을 하고 있는 것입니다.

"누가 철학과
헛된 속임수로 너희를 노략할까 주의하라.
이것이 사람의 유전과 세상의 초등 학문을 좇음이요,
그리스도를 좇음이 아니니라."(골 2:8)

바울은 말씀을 증거할 때 그리스도말고는 이야기할 것이 없었습니다. 왜냐하면 그에게 있어서 그리스도는 모든 것이었기 때문입니다.

죄인 중에 괴수였던 자신을 새로운 피조물로 만드셨고 새생명을 주신 그리스도!

자기와 함께 살고 계시는 하나님의 풍성한 영광인 그리스도 외에 그에게 더 이상 중요한 것이 없었던 것입니다. 그래서 그는 사람들에게 복음을 증거할 때에 말과 지혜의 아름다운 것으로 하지 아니하고 살아계신 그리스도를 증거하기 위해서 성령과 능력과 큰 확신으로만 복음을 선포했던 것입니다. 바울은 십자가에 못박히신 그리스도! 부활하신 그리스도! 영으로 오사 성도들 안에 능력과 영광으로 거하시는 그리스도 외에는 할 말이 없었습니다.

> "내가 너희 중에서
> 예수 그리스도와
> 그의 십자가에 못박히신 것 외에는
> 아무것도 알지 아니하기로 작정하였음이라."(고전 2:2)

당신은 끊임없이 '그리스도가 바로 지금 영으로 우리와 함께 계시다.'는 사실을 증거해야 합니다.

성령님과 함께 숨쉬다(Spiritual Breathing)

어느 날 저는 여러 시간을 기도했습니다. 그런데 기도를 마치고 여느때와 마찬가지로 일상 생활을 하고 있는데 갑자기 저는 이상한 사실을 깨닫게 되었습니다.

길거리를 걸으면서, 도서관에서 책을 읽으면서 조용하게 성령님과 교통하면서 저 자신의 호흡을 의식하게 되었습니다. 제가 숨을 내쉬고 들이마시곤 하는데, 그 가운데서 성령님의 임재하심을 느끼게 되었던 것입니다. 저의 호흡 속에서 제 안에 계신 성령님께서 저와 함께 숨을 쉬고 계시는 것이었습니다. 너무나도 이상한 일이었습니다.

저는 숨을 내쉬면서 성령님을 의식하고, 숨을 들이마시면서도 성령님의 임재하심을 인식하게 되었습니다. 한마디로 제 안에 계신 성령님과 함께 호흡하고 있었습니다.

그 이후로도 저는 종종 그와 같은 체험을 하면서 살아갑니다. 그러한 일은 보통 제가 많은 시간 기도를 끝내고나서 일상생활을 하는 도중에 저에게 다가오는데 그 때에는 제 안에 성령님이 살아 계시는 것을 저는 절실하게 느끼게 됩니다. 어떤 때는 정시기도를 하지 못할 때도 이러한 경지에 몰입할 때도 있습니다.

하나님께서는 인간을 창조하실 때 하나님과 함께 숨쉬는 자로 만드셨습니다.

"여호와 하나님이 흙으로 사람을 지으시고
생기를 그 코에 불어 넣으시니
사람이 생령이 된지라."(창 2: 7)

이 때부터 인간은 에덴 동산에서 하나님의 생기인 성령과 함께 숨쉬었다고 믿습니다. 그러나 불순종으로 말미암아 하나님과 단절되었고, 예수의 피로 인해 다시 회복된 것입니다.

이러한 영적호흡은 예수의 피로 말미암아 성령의 생기가 불어 새생명이 들어옴으로 가능해졌다고 믿습니다. "성령을 우리 구주 예수 그리스도로 말미암아 우리에게 풍성히 부어 주사"(딛 3:6) "내가 생기로 너희에게 들어가 살게 하리니 너희가 살리라!"(겔

37:5)

성령님과 함께 숨쉴 때 저는 제 안에 그리스도가 사신다는 것을 확실히 알게 됩니다. 이 때 저는 거의 제 자신을 의식하지 않습니다. 오직 성령님만이 저의 전부로서 살아 계심을 알게 됩니다. 저는 이것을 어떻게 표현할 수가 없습니다. 그러나 저는 바울의 표현은 빌릴 수가 있습니다.

"그런즉 이제는 내가 사는 것이 아니요,
오직 내 안에 그리스도께서 사신 것이라."(갈 2:20)

이와같이 그리스도께서 제 안에서 살아계심을 제 온몸으로 의식할 때는 언제 어디서나 성령님의 기름부으심이 나타난다는 것을 저는 깨닫게 되었습니다. 성령님과 함께 숨쉬고 있을 때는 이분의 임재하심이 저의 온몸에 가득 참을 느낄 수가 있습니다. 그것은 육체뿐만 아니라 저의 속 사람인 영혼까지도 흠뻑 적시는 성령의 임재하심입니다. 이렇게 성령님의 임재하심이 실제적이 되면 너무나 생생한 느낌으로 인해 저는 갑자기 담대해집니다. 이 때는 제가 말하면 그 말에 권세와 성령님의 임재하심이 있습니다.

저는 한 모임에 기도회를 인도하러 가게 되었습니다. 거기에는 10명 이상의 사람들이 모여 있었는데 다른 지방에서 온 사람들도 있었습니다. 저는 그들과 함께 성도의 교제로써 이야기를 나누며 여러 가지 신앙상담을 하기도 했습니다.

그렇게 대화를 나누는 중에 저는 갑자기 제 안에 계신 그리스도를 의식하게 되었고, 이분과 함께 숨쉬게 되었습니다. 어느 정도의 대화가 무르익어 갈 때 저는 성령님의 강한 임재하심을 느끼게 되었고, 곧 이어 기도회를 시작하게 되었습니다.

그 날 성령님께서는 강하게 역사하셨고, 성도들은 불과 성령으로 세례를 받아 알지 못하는 방언으로 기도가 터져나오기 시작했습니다. 모인 사람들은 모두 성령과 기쁨으로 충만함을 받았습니다. 마음이 상한 자들은 위로를 받고, 연약한 성도는 새 힘을 얻게 되었습니다. 저는 아무런 능력이 없는 부족한 자이지만 제 안에 넘치는 그리스도의 영이 역사하신 것이었습니다.

 당신도 이같은 사실을 체험할 수 있습니다. 먼저 죄를 회개하면서 하나님 앞에 엎드려 간절히 성령충만을 구하십시오. 처음에는 최소한 30분에서 1시간 정도 집중적으로 기도해야 합니다. 처음 이와 같이 성령님과 함께 숨쉬는 것을 알게 되려면 무엇보다도 성령충만한 가운데 쉽게 이루어집니다. 나중에는 꼭 이렇게 1시간씩 기도하지 않더라도 당신은 성령님과 함께 호흡할 수 있음을 알게 됩니다. 그러나 그 때에도 쉽지만은 않을 것입니다. 왜냐하면 정시기도가 없이 성령님과 역동적인 교제는 힘들다는 것을 저는 여러 번 겪었습니다. 정시기도를 통한 성령충만은 모든 영적사실을 자연스럽게 누리게 해 줍니다.

 성령충만을 위한 집중기도를 마친 후 코로 천천히 크게 숨을 들이마시면서 "성령님!"하고 마음으로 부르십시오. 그 다음 아무 생각없이 숨을 내쉬십시오.

 다음으로 반대로 그냥 숨을 들이마신 후 천천히 내쉬면서 또 "성령님!"하고 부르십시오. 마음으로 말입니다.

 이것을 몇 번 반복하십시오. 그 다음에는 좀더 자연스럽게 들이마시든지 내쉬든지 마음대로 하면서 "성령님!"하고 마음으로 계속해서 부르십시오.

 이제는 언제든지 이와같이 성령님과 함께 숨쉬면서 살아가십시오. 걸어갈 때나 책을 읽을 때나 커피를 마실 때도……

저는 이것이 어느 날 기도하고 나니 저도 모르게 자연스럽게 이루어졌는데 또한 누구나 성령충만한 가운데 의도적으로 실시하면 된다는 것을 알았습니다.

어떤 때는 정시기도를 하지 못했을 때 이렇게 영적 숨을 쉬면 시간이 흐름에 따라 성령충만이 다가왔습니다. 이같은 영적호흡으로 말미암아 저는 말 한마디 하지 않고도 기도하고 성령님과 교통하며 24시간 살아갈 수 있습니다. 이것을 배우고 익히면 벙어리나 귀머거리라 할지라도 성령님과 교통하며 살아갈 수 있습니다. 이렇게 함으로 저는 언제나 성령님을 의식하고 살아갑니다. 저의 온 마음은 성령님 외에는 아무것도 없게 됩니다. 오직 성령님만 제 안에 살아 숨쉬고 계십니다.

처음에는 이렇게 성령님과 함께 숨쉬는 일이 가끔씩 있었지만 지금은 그렇지 않습니다. 제가 조금만 성령님과 교제를 나누며 성령님을 바라보면 저는 금방 이분과 함께 호흡하고 있음을 알게 됩니다. "우리가 그를 힘입어 살며, 기동하며 있느니라."(행 17:28)

성령님과의 강력한 연합

우리는 성령님과 강력하게 연합해야 합니다. 성령님과 연합하여 함께 움직이는 사람만이 하나님이 보는 눈을 가지게 되며 하나님의 심장을 소유할 수 있게 됩니다. 이러한 사람은 하나님의 사업을 하나님의 방법대로 과감하게 밀고 나가게 되는 것입니다.

성령님과 연합한 삶을 사는 사람은 성령님과 함께 모든 사물과 문제를 보기 때문에 성령 하나님, 즉 하나님이 보시는 것처럼 보며, 하나님이 말씀하시는 것처럼 말하게 되며, 이것이 곧 하나님의 시야를 갖게 되는 것입니다.

예수님께서도 성령세례를 받으시므로 그분과 하나가 되었고 그 후에는 항상 성령님과 하나가 되어서 함께 다니셨습니다. 예수님께서는 완전한 인간으로 오셨습니다. 그러나 성령님께서 임하시므로 신적능력이 나타나게 되었고 성부 하나님의 뜻을 완전히 이루실 수 있었습니다. 예수님은 성령님과 함께 일어서고 앉으셨으며 사람들을 만나시고 물 위를 걸으시고 나사로의 집에 들어가셨습니다. 그리고 그분과 함께 병자를 고치시고 죽은 자를 살리시고 귀신을 쫓으셨습니다.

오늘날 우리는 성령님과 하나가 되어 모든 일을 그분과 함께 해야만 합니다. 성경에도 "주와 합하는 자는 한 영이니라."(고전 6:17)고 했습니다. 어떤 일이든지 성령님과 함께 일사불란하게 움직여야 합니다. 부부는 일심동체라고 했습니다. 마찬가지로 우리는 성령님과 한 마음, 한 뜻이 되어 매사에 함께 생활해야 하는 것입니다.

먼저 하루를 시작할 때, 당신은 날마다 당신 자신을 성령님께 양도해 드려야 합니다. 당신 안에 계신 성령님께서 당신을 통해서 하나님 아버지의 거룩하신 뜻을 이루시도록 완전히 맡겨 드려야 하는 것입니다. 하나님은 당신이 어떤 일을 하는 것보다, 어떤 소유를 바치는 것보다 당신 자신을 더욱 원하십니다. 하나님은 당신의 봉사만을 원하시는 것이 아닙니다.

1743년 미국 대각성 운동이 일어났을 때 주도적인 인물이었던 죠나단 에드워드는 회심하면서 선언하기를 "나는 아무것도 주장할 권리가 없습니다. 내 눈과 손과 발과 입술과 마음과 온 몸은 다 주님의 것입니다. 내 자신은 모두 죽었으므로 내 것이라고 주장할 수 있는 것은 아무것도 없습니다."라고 했습니다.

성령님께서 당신을 하나님이 원하시는 사람으로 만들 수 있도록 맡겨진 삶을 살아야 하는 것입니다. 당신의 모든 것을 성령님께 굴복시켜야 합니다. 그럴 때에만 성령님은 당신을 축복하시고 마음껏 사용하실 수가 있습니다. 그러므로 당신은 매일 아침에 성령님께 이렇게 말씀드려야 합니다.

"사랑하는 성령님, 저의 눈과 손과 발과 입술과 마음과 온몸과 의지를 성령님께 드립니다. 저의 생애와 저의 물질과 저의 모든 것을 성령님께 드립니다. 존귀하신 성령님, 저를 받으시고 저를 아버지의 영광을 위해서, 예수님의 이름을 위해서 사용해 주십시오. 저의 모든 것은 성령님의 것입니다. 성령님, 저는 성령님을 전적으로 의지합니다. 성령님은 저의 모든 것입니다. 오늘도 성령님과 모든 것을 함께 나누기를 원합니다. 저를 통치하시고 다스리시고 인도해 주십시오. 저를 도와 주세요. 성령님, 사랑합니다. 사랑합니다. 성령님, 오! 놀라우신 성령님."

이어서 이렇게 말씀드리십시오.

"놀라우신 성령님, 오늘도 성령님과 함께 말하고 보고 생각하고 듣고 행동하기를 원합니다. 성령님과 함께 일어서고 앉으며, 성령님과 함께 걷고 뛰기를 원합니다. 성령님, 저와 함께해 주시기를 바랍니다."

성령님께서 언제나 당신과 함께 계시면서 당신과 일치하게 움직이시는 것을 의식하면서 생활해야 합니다. 물론, 성령님은 하나님이시므로 사람에게 제한되시지는 않지만 인격이시므로 애정을 느끼시며 정에 매이시는 분이십니다.

하나님의 마음에 합한 사람이 된다는 것은 하나님을 첫째에 두는 것입니다. 매순간 성령님과 함께 동행하는 것입니다. 성령님께서 싫어하시는 것은 아무것도 하지 않는 것이요, 이분을 슬프게 하는 것은 아무것도 허락지 않는 것입니다. 성령님과 함께 실천적인 의와 거룩한 생활을 영위해야 하는 것입니다. 그러나 이것은 그렇게 쉽지만은 않습니다. 끊임없이 성령님을 의지하고 예수님을 일심전력으로 사랑할 때 이루어지는 것입니다. 성령님과 함께 동행하는 것은 지상에서 가장 행복한 일입니다.

"사람아!
주께서 선한 것이 무엇임을 네게 보이셨나니
여호와께서 네게 구하시는 것이
오직 공의를 행하며 인자를 사랑하며
겸손히 네 하나님과 함께 행하는 것이 아니냐?"(미 6:8)

여기서 '네 하나님'이란 바로 당신과 함께 계신 당신의 하나님, 즉 성령님을 가리키고 있는 것입니다.

최고로 가치있는 삶

오늘날 성령님은 인격자이시므로 당신은 이분을 인격적으로 존중히 모시고 대우를 해 드리며 섬겨야 합니다. 성령님은 하나님이시므로 소멸될 수 없지만 인격이시므로 무시당하시게 되면 가만히 침묵을 지키고 계시므로 당신이 성령님을 소멸한 것과 같은 결과를 가져오게 됩니다.

지금은 성령님의 시대입니다. 그러므로 성령님께서는 극존중을 받으셔야만 되며, 이것은 당신의 삶 가운데서 먼저 시작되어야 합니다.

당신은 매사에 당신과 함께 계신 성령님을 얼마나 존중히 모시고 있습니까? 당신은 범사에 이분을 존중히 모셔야 합니다. 성령님없이 당신의 자력으로 무엇을 해보겠다고 설치면 거기에는 곧 한계를 느끼게 될 것이며 심히 피곤하게 될 것이요, 만족할 만한 성과를 보지 못하게 될 것입니다.

믿음과 기도의 사람인 죠지 뮬러는 오직 하나님의 능력만을 의지하며 사명을 감당했으며 그의 일생동안 성령님과 인격적인 교제 가운데 생활 속에 하나님을 모신 사람이었습니다. 그는 궁지에 몰릴 때마다 자기와 함께 계신 하나님의 구원을 맛보았습니다. 많은 학문을 닦고 성경구절을 암송하기도 했던 그가 가장 중요하게 여겼던 것은 무엇일까요?

"내가 하는 매일의 일 중 으뜸가는 일은 주님과 교제하는 일이다."라고 뮬러는 말했습니다.

당신이 인간의 잡다한 경험들과 계획들을 접어두고 오직 하나님의 신이신 성령님을 전인격적으로 당신의 삶의 현장에 모실 때에 당신은 넘치는 결실을 가져오게 될 것입니다. 그러므로 당신은 집회에서나 개인생활에서 성령님을 모시는 생활이 습관화되도록 끊임없이 노력해야 합니다.

성령님을 모시는 생활이 당신의 생존의 절대적이고 필수적이라는 것은 아무리 강조해도 지나치지 않는 중대한 사실입니다. 성령님을 섬기면서 이분과 동행하는 것은 최고로 가치있는 삶이라 할 수 있습니다.

성령님은 당신의 삶의 전부이십니다. 성령님을 모시는 생활은 목숨을 이어가는 호흡과 마찬가지로 절대 필수적인 것이요, 계속되어져야 하는 것입니다. 일단 당신이 이것을 터득하기 시작하고 매순간마다 성령님께서 역사하시는 것을 받아들이는 것을 배우기만 한다면 오직 그 무엇보다도 성령님을 모시는 생활에 전념하게 될 것입니다.

성령님은 우리의 대장이십니다. 이분은 졸장부가 아니시며 쩨쩨하거나 모자라지 않습니다. 당신이 자랑하는 여러 가지 제도와 훌륭한 조직보다도 오직 성령님을 당신의 사역 가운데 대장으로 모셔야 합니다. 이분은 대장부 중의 대장부요, 만군의 여호와요, 천지와 만물을 창조하시고 관리하시고 다스리시는 우주의 주인이십니다.

이분은 가장 신사적이시며 포부가 크신 분이시며 존엄하시고 자비로우신 분이십니다. 물론 저능하거나 무기력하지 않습니다. 성령님께서는 완전한 지혜와 모략을 예비해 놓으시고 당신을 기다리시는 것입니다. 당신이 성령님을 전인격적으로 귀하게 모시기만 한다면 이분은 당신에게 엄청난 은혜와 복을 가져다 주실 것입니다.

당신은 성령님을 가장 존중히 모시고 이분이 일하시는 것을 지켜볼 수 있는 마음의 여유와 믿음의 기다림이 있어야 하겠습니다. 성령님의 마음속에는 당신이 상상치도 못한 놀라운 계획들이 들어 있습니다.

"주께서 강림하사
우리의 생각 밖에 두려운 일을 행하시던 그 때에
산들이 주의 앞에서 진동하였사오니"(사 64:3)

당신이 성령님을 제한하지 않도록 하십시오. 크신 하나님이시며 만왕의 왕이신 이분은 곧 우리의 아버지이십니다. 당신은 왕의 자녀입니다.

언제나 주역은 당신이 아니고 성령님이십니다!

당신은 인간의 생각이나 노력이나 열정에서 벗어나 전적으로 성령님을 모심으로 성령의 능력에 붙잡혀서 이분의 인도를 받으며 살아가야 합니다. 성령님의 미련한 것이 인간의 지혜보다 낫고 성령님의 약한 것이 사람의 강한 것보다 낫습니다.

대영 제국의 유명한 외과 의사인 모이니안 경은 여러 의사들이 모두 모여 지켜보는 가운데 아주 중요한 수술을 성공적으로 마쳤습니다. 어떻게 수술을 성공적으로 끝낼 수 있었냐는 한 의사의 질문에 그는 대답하기를 "나는 수술하러 들어가면서 하나님을 모시고 들어갔습니다. 그리고 그분과 함께 수술을 했습니다."(6)라고 했습니다.

당신이 끊임없이 성령님을 섬기며 의지하면, 전능하신 성령님께서는 당신에게 지혜와 총명과 모략과 재능과 지식과 여호와를 경외하는 마음으로 날마다 채워 주시는 것입니다.

"여호와의 친밀함이 경외하는 자에게 있음이여(시 25:14)"

성령님께서도 특별한 일이 없어도 당신과 교통하기를 원하십니다. 당신은 주위의 사람과 말을 하지 않는 수많은 시간들을 방언으로 기도하면서 성령님과 교통할 수 있습니다. 방언은 당신의 영혼을 소생시키며 당신의 속사람을 힘있게 하며 믿음을 북돋워 주는 훌륭한 은사이므로 최대한 활용하도록 노력하시길 바랍니다.

당신은 성령님을 진심으로 사랑하십시오. 그리고 성령님을 좋아하십시오. 이분은 알면 알수록 매력적이며 아름답고 멋있는 분이십니다. 타락한 인간은 아무리 좋은 사람이라 하더라도 사귄 지 얼마 안되어 단점과 실수가 드러나게 마련입니다. 그러나 성령님은 단점이 없고 오직 전체가 장점 그 자체이시므로 사귀면 사귈수록 당신의 마음을 매료시킬 것입니다.

그러므로 당신이 어떤 멋있고 유명한 사람을 만나는 것보다도 세상에서 가장 존귀하신 당신의 친구 성령님과 함께 걷기를 바랍니다. 당신은 여호와의 아름다움을 영원히 사모하십시오.

주님이 나와 함께 걸으시네

예수님의 제자훈련의 첫 번째 핵심원리는 '동행'이었습니다. "이에 열 둘을 세우셨으니 이는 자기와 함께 있게 하시고 또 보내사 전도도 하며"(막 3:14)

'함께 있는 것'이 예수님이 그들을 부르신 목적이었고 문제가 있을 때마다 제자들은 주님을 앞장세웠습니다. 그들은 무엇인가 남다른 특별한 무엇을 원한 적이 한두 번이 아니었습니다. 다른 사람들 눈에 띄는 위대하고 특출한 인물이 되려고 노력한 적도 많이 있었습니다. 그러나 주님은 가장 평범하면서도 가장 중대한 모든 사람들이 놓쳐버리기 쉬운 핵심을 말씀하셨습니다.

"너희들이 '어떤 것'을 섬기고 큰 일을 하는 것보다도 더 중요한 것은 '어떤 분'을 섬기는 방법을 배우는 것이다. 어떤 분은 바로 모세나 엘리야보다도 솔로몬보다도 더 위대한 하나님의 아들인 나 예수와 동행하며 나를 섬기는 법을 익혀야 한다. 이를 위해 앞으로 하루 24시간씩 3년 동안 나와 함께 먹고 마시고 자야 한다. 어디를 가든지 무엇을 하든지 누구를 만나든지 모든 것을 나와 함께 해야 한다."

이렇게 해서 3년 동안 생활하던 제자들은 예수님이 성령으로 오신 후에도 계속해서 이와 같이 눈에 보이지 않지만 눈에 보이는 육체보다도 더 실제적으로 임재해 계신 그리스도를 인격적으로 존중히 모시면서 섬기기 시작했습니다.

제자들은 어떠한 일이 있을 때마다 부족하고 나약한 자신들의 모습을 뒤로 하고 존귀하시고 능력이 많으신 성령님을 앞장 세우고 밀어 붙였습니다. 베드로와 요한을 비롯한 모든 제자들이 성령님을 모시고 다녔습니다.

"사람이 나를 섬기려면 나를 따르라.
나 있는 곳에 나를 섬기는 자도 거기 있으리니
사람이 나를 섬기면
내 아버지께서 저를 귀히 여기시리라."(요 12:26)

당신이 그리스도의 영이신 성령님과 함께 인생길을 걸으므로 오는 축복은 이루 말할 수 없을 정도입니다. 당신이 아무리 나약한 사람이라 할지라도 전능하신 주님과 함께 살아갈 때에 큰 용기와 담력을 얻게 됩니다.

로버트 슐러 목사님의 딸인 캐롤 슐러는 어릴 때의 오토바이 사고로 다리를 쓸 수 없게 되었습니다. 그러나 그녀는 의족을 한 채, 희망을 잃지 않고 꿋꿋이 그리스도와 동행하면서 멋있는 삶을 살아가고 있습니다. 소프트 볼 선수로 뛰는가 하면, 열여덟 살 때는 전국적인 스키 대표 선수로 뽑히게 되었습니다.

그녀는 어느 여름에 하와이에서 600여 명의 관객 앞에서 아주 긴 드레스를 입고 마이크가 있는 앞으로 걸어나와 말했습니다.

"저는 오토바이 사고를 당했어요. 거의 죽을 뻔했는데 여러분들이 계속 헌혈을 해주셨지요. 제 맥박이 되돌아오도록 해주신 거예요. 병원에서는 제 무릎 아래를 절단했어요. 그리고 후에는 무릎 위로 더 잘라냈어요. 저는 병원에서 일곱 달을 보냈어요. 그 일곱 달 동안 감염과 싸워가기 위해 정맥으로 계속 주사를 맞으며 지내야 했지요."

그녀는 계속 말했습니다. "저는 절름거리지 않고 걸어다니는 다른 아이들을 바라보며 나도 저렇게 걸을 수 있으면 하고 생각을 합니다. 그러나 제 힘으로는 그렇게 할 수가 없지요. 하지만 제가 깨달은 것은 바로 이것입니다. 여러분께도 이 말을 남겨 드리고 싶어요. 어떻게 걷느냐 하는 것은 문제가 되지 않습니다. 단지 누가 자기와 같이 걸어가고 있는지 또 자신이 어떤 분과 함께 걷고 있느냐가 정말 중요한 문제입니다."(7)

저는 항상 성령님을 제 생활 전반에 걸쳐 존중히 모셨습니다. 이렇게 매일 습관적으로 교제하며 귀빈 이상으로 존중히 모시는 일은 1992년부터 지금까지 5년 이상 계속되어 왔으며 이분과 함께 생활 속에서 뒹굴며 웃고 울기를 계속하니 아주 끈끈한 정이 생겨나게 되었으며, 깊은 애정이 자라게 되었습니다.

당신은 온 마음과 정성을 다해서 성령님을 사랑해야 합니다. 당신의 애인이신 성령님은 당신에게 사랑받기를 원하십니다. 또한 성령님도 당신을 너무나도 사랑하십니다. 그래서 당신과 함께 살고 싶어서 하늘 보좌를 버려두고 이 낮고 천한 세상에 내려 오신 것입니다. 성령님의 사랑이 당신의 피부 속으로 흘러 들어오게 하십시오. 당신은 진정 매순간 성령님의 사랑을 느끼십니까? 이에 대해 야고보 사도는 기록하기를

"너희가 하나님이 우리 속에 거하게 하신 성령이
시기하기까지 사모한다 하신 말씀을
헛된 줄로 생각하느뇨?"(약 4:5)

유일하게 당신의 마음을 만족시키실 수 있는 분이신 주님께서

는 자신이 알려지고 사랑을 받고 증명되어지기를 갈망하면서 지금 당신 곁에 서 계신 것입니다. 성령님은 당신을 사랑하고 그리워하며 끝까지 당신 곁에 서 계시는 것입니다.

당신이 성령님과의 친교에 익숙해진다면 부엌에서나 병상에서 그리고 어려운 환경과 어떤 특별한 일 속에서 계속적으로 성령님과 자연스럽게 친교를 유지할 수 있게 됩니다.

하루 24시간 성령님과 함께 사십시오.

하루종일 성령님과 함께 걸으십시오.

당신이 성령님을 사랑한다는 것은 당신의 애정을 성령님께 집중시키고 무슨 일이건 이분을 가장 먼저 구한다는 말입니다.

성령님을 항상 내 앞에 모심이여

당신은 항상 임마누엘하신 성령님을 존중히 모시고 이분의 임재하심을 의식하면서 살아야 합니다. 새벽에 눈뜰 때부터 잠잘 때까지 언제 어디서나 이분과 함께 움직여야 합니다.

다윗은 잠에서 깨면 성령님의 임재하심을 의식했습니다.

"내가 누워 자고 깨었으니
여호와께서 나를 붙드심이로다.
천만인이 나를 둘러치려 할지라도
나는 두려워 아니하리이다."(시 3:5, 6)

당신은 아침에 일어나면 먼저 당신 앞에 임재해 계신 여호와의 신이신 성령님의 얼굴을 보면서 이렇게 말씀드리십시오.

"성령님, 안녕하세요? 오늘도 참으로 좋은 날입니다. 오늘도 성령님과 함께 살기를 원합니다."

이순간부터 당신은 성령님의 임재하심을 의식하기 시작하며 계속적으로 생활 속에 이분을 존중히 모시고 살아가게 됩니다.

내 마음에 합한 자라고 하나님께 인정받은 다윗도 어릴 때의 목동시절부터 왕이 되어 바쁜 일정가운데 이와같이 그의 삶 속에 항상 여호와의 신이신 성령님을 존중히 모시고 다녔습니다. 제가 가장 즐겨 묵상하는 성경구절인 시편 16편 8절에서 이 사실을 단적으로 보여주고 있습니다.

"내가 여호와를 항상 내 앞에 모심이여
그가 내 우편에 계시므로
내가 요동치 아니하리로다."

저는 성령님의 도우심으로 다윗의 이러한 '여호와를 항상 내 앞에 모시는' 삶의 비결을 터득했습니다.

당신은 집에서 출발할 때 대문을 열고 나가면서 "성령님, 함께 나가실까요?"라고 말씀드리십시오.

또한 당신은 어디를 가든지 항상 성령님을 모시고 다니십시오. 이렇게 말씀드리면 됩니다.

"자, 성령님. 함께 가시지요."

건널목을 건널 때에도 "성령님, 함께 건너시지요."
사무실에 들어갈 때에도 문을 열면서 "성령님, 들어가실까요."
식사를 할 때에도 "성령님, 함께 드시지요."
차를 탈 때에도 "함께 타시지요."
계단을 오르 내릴 때에도 "자, 성령님, 함께 내려가실까요."
의자에 앉을 때에도 "귀하신 성령님, 함께 앉으시지요."
건널목을 건너면서도 "성령님, 가시지요."

친구를 만날 때에도 "함께 만나시지요. 그리고 제가 무슨 말을 해야 할지 도와주세요."

그리고 하루 생활하면서 수시로 "성령님!"하고 부르십시오.

특별한 용건이 없어도 당신이 성령님의 임재를 확실히 의식하면서 살기를 원한다면 순간마다 눈을 돌려서 당신 곁에 계신 성령님을 불러야 합니다. "성령님, 사랑하는 성령님!"

이 때마다 당신 앞에 계시며 당신의 우편에 서 계신 성령님을 인식하게 됩니다.

처음에는 어색할지도 모릅니다. 그러나 이것은 매우 중요하며 당신의 습관이 되어야 합니다. 습관은 인생의 형태를 만들어 나갑니다.

당신은 언제나 성령님을 인격적으로 존중히 모셔야 합니다. 식당이나 사무실에 갈 때에도, 버스를 탈 때에나 산책을 할 때에도, 도서관에 갈 때에나 집에 있을 때에 항상 성령님의 임재하심을 믿으면서 이분을 인격적으로 섬겨야 합니다.

이것은 당신 몸에 배인 습관이자 당신 삶의 완전한 하나의 방식이 되게 해야 합니다. 그 때서야 비로소 당신은 이러한 생활 방식을 부담스러워하거나 거추장스럽게 생각하지 않게 될 것입니다.

다윗도 전쟁에 출전할 때에 성령님께 물어보고 이분과 함께 움직였습니다. 다윗이 이스라엘의 왕이 되었다는 소문을 듣고 블레셋 사람이 쳐들어 왔을 때 다윗은 여호와께 물었습니다.

"하나님, 제가 블레셋 사람에게로 올라가리이까? 여호와께서 저희를 내 손에 붙이시겠나이까?"

여호와께서 다윗에게 말씀하셨습니다.

"올라가라! 내가 단정코 블레셋 사람을 네 손에 붙이리라."

여호와의 신과 함께 전쟁터에 나가 싸운 다윗은 큰 승리를 얻었습니다.(삼하 5:17~25)

"만군의 하나님 여호와께서 함께 계시니
다윗이 점점 강성하여 가니라."(삼하 5:10)

다윗은 회의를 할 때에나 산책을 할 때, 여러 가지 어려운 일이 닥쳐왔을 때 쉬지 않고 성령님을 자기 삶의 현장 속에 존중히 모셨고 이분의 도움을 구했습니다. 그에게도 어려움이 있었지만 그것을 이길 수 있는 힘을 성령님께로부터 공급받았고 문제가 있었지만 그것은 곧 해결되었습니다.

성령님을 모시는 그의 생활 전반을 그의 목자되신 여호와께서 인도하셨으므로 그에게는 무엇하나 부족한 것이 없었습니다. 그의 생활고백을 들어보실까요?

"여호와는 나의 목자시니
내가 부족함이 없으리로다.
그가 나를 푸른 초장에 누이시며
쉴 만한 물가로 인도하시는도다.
내 영혼을 소생시키시고
자기 이름을 위하여 의의 길로 인도하시는도다.
내가 사망의 음침한 골짜기로 다닐지라도
해를 두려워하지 않을 것은
주께서 나와 함께 하심이라.
주의 지팡이와 막대기가 나를 안위하시나이다."
(시 23:1~4)

이와같이 당신도 다윗과 함께했던 여호와의 신이신 성령님을 당신의 목자로 모신다면 모든 일에 부족함이 없게 될 것입니다. 성령님은 풍요로운 십자가 그늘 밑의 안식처에서 당신에게 하나님의 풍성한 생명을 누리게 하시는 최고의 목자이십니다. 이러므로 당신은 존귀하신 성령님을 인격적으로 섬기며 모시는 방법을 몸에 완전히 익혀야 합니다.

온종일 성령님과 함께 뛰어다닌 다윗은 성령님과 함께 잠자리에 들었습니다.

"내가 평안히 눕고 자기도 하리니
나를 안전히 거하게 하시는 이는
오직 여호와시니이다."(시 4:8)

당신도 하루일과를 마치고 잠자리에 누우면 이렇게 말씀드리십시오.

"사랑하는 성령님, 정말 수고하셨습니다. 오늘도 저를 도와주셔서 감사합니다. 참으로 멋진 하루였습니다."

성령님, 함께 가실까요

성령님을 존중히 모시는 데 있어서 가장 중요한 말은 "성령님, 함께 가시지요."입니다.

이 말은 절대 잊지 마십시오.

성령님을 모시고 다니는 가장 중요한 비결은 어디를 가든지 항상 잊지 않고 성령님께 이렇게 말씀드리는 것입니다.

"성령님, 함께 가시지요."

당신은 계속적으로 성령님을 모든 장소에 존중히 모시고 다녀야 합니다. 물론 당신이 성령님을 인격적으로 섬기며 모시지 않는다고 해도 이분은 절대로 당신을 떠나지 않고 함께 계십니다. 주님은 약속하셨습니다.

"볼지어다. 내가 세상 끝날까지
너희와 항상 함께 있으리라."(마 28:20)
"그가 친히 말씀하시기를
내가 과연 너희를 버리지 아니하고
과연 너희를 떠나지 아니하리라."(히 13:5)

당신의 감정이나 기분과는 상관없이 주님의 약속은 그의 택하신 자녀들에게 변치 않습니다. 임마누엘의 약속은 우리가 중요시 여기는 "느낌"과도 상관없습니다. 주님은 영원토록 당신과 함께 계십니다. 할렐루야!

어떤 이는 이 사실을 두고 이렇게 말합니다.

"주님이 나와 함께 계시는데 굳이 의도적으로 모실 필요가 있나? 어쨌든 주님은 나와 함께 계시는 걸."

그러나 오히려 존귀하신 주님이 당신과 함께 계시므로 더더욱 이분에 대한 예를 갖추어야 하는 것입니다.

"혼자서 하고 싶은 대로 하고 다만 나를 놓치지 말고 부지런히 따라오기만 하세요."

만약 어떤 귀중한 손님이 나와 함께 동행을 한다면 당신은 이렇게 말하면서 그 손님에 대해서 전혀 의식하지 않고 당신 혼자서만 아무렇게나 생활할 수 있겠습니까?

보혜사 성령님은 예수의 피로 구원받은 당신을 돕기 위해 높고 영화로운 하늘 보좌를 버려두시고 이땅에 내려오신 만왕의 왕이십니다. 이분은 세상에서 그 누구보다도 가장 존귀한 분이십니다. 이분은 귀빈 중에 귀빈이십니다. 그러므로 당신은 이분에 대해서 의도적으로 예의를 갖추어 인격적인 대우를 해드려야 하며 이분의 기분이 상하거나 근심시켜드리지 않도록 마음을 써야 합니다.

"성령님, 함께 가실까요."라고 말씀드리는 것은 성령님을 모시는데 있어서 당신이 할 수 있는 가장 최소한의 기본예의라는 점에서 저는 이것을 특별히 강조하는 바입니다.

당신은 어디를 가든지 항상 이렇게 말씀드려야 합니다.

"성령님, 함께 가실까요."

친구를 만나러 갈 때에나 여행을 갈 때에도 당신은 성령님을 모시고 함께 가야 합니다.

군복무시절에 휴가를 나와서 공원을 산책하는 중 하나님께서는 성령님과의 교제에 대해 제 눈을 열어 주셨습니다.

저는 군복무기간 중에 이러한 습관이 완전히 몸에 배이게 되었습니다. 군생활은 특별한 일이 없는 한 거의 매일의 일과가 반복되므로 생활이 단순합니다. 그래서 저는 2년 이상 성령님을 순간마다 습관적으로 모시므로 몸에 완전히 습관으로 익혀지게 되었습니다. 저는 빨리 제대를 하고 싶었습니다. 그러나 하나님께서는 제 발을 군에 묶어 두시고 성령님과 함께 살게 하셨습니다. 성령님은 완전히 제 삶의 일부가 되었으며 저의 가장 절친한 친구가 되셨습니다.

저는 어떤 사람보다도 흥미진진한 군생활을 했습니다. 날이 갈수록 성령님과 저는 가까워졌습니다. 그러는 사이에 남이 알지 못하는 깊은 우정의 감정이 자라나게 되었고 저는 매일 성령님을 사랑한다고 고백하지 않은 날이 없었습니다.

저는 성령님과 함께 군시절을 보냈습니다. 내무실을 나가면서 "성령님, 함께 나가시지요." 일과를 마치고 돌아오면서 반드시 "성령님, 수고하셨습니다."라고 말했습니다.

높은 지휘관을 만나러 갈 때 저는 성령님과 함께했습니다.

훈련을 할 때에도 성령님과 함께 갔으며, 행군을 할 때에도 성령님을 모시고 함께 걸었습니다. 작업을 할 때나 야간경계를 나갈 때에 성령님을 모시고 나갔습니다. 저는 군에서 남이 가질 수 없는 매우 값진 보화를 발견한 것이었습니다. 이것은 오직 하나님의 은혜였다고밖에는 설명할 길이 없습니다. 하나님을 찬양합니다.

이렇게 저는 군복무를 은혜롭게 마친 후 제대를 하게 되었고 마침내 꿈에 눈물로 그리던 가정과 사회로 복귀했습니다. 그런데 막상 생활환경이 달라지고 다양한 상황이 벌어지고 바쁘고 분주하게 되니 이러한 성령님과의 교제에 소홀해지게 되었고 제 눈에 적색신호가 보였습니다. 그러나 염려마십시오. 이미 성령님과의 인격적인 교제가 완전히 제 몸에 배여 생활방식이 되어버린 걸 어찌겠습니까? 금방 저는 다시 성령님과 함께 살게 되었습니다. 저는 집에서 나가면서 잊지 않고 저와 함께 계신 성령님께 이렇게 말씀드리고 있는 저자신을 보게 되었습니다.

"사랑하는 성령님, 함께 가시지요."

범사에 성령님을 인정하라

당신과 함께 계신 성령님은 가장 고상한 인격의 소유자이십니다. 사람을 지으신 성령님은 만왕의 왕이시므로 굉장히 강한 자존심을 가지고 계십니다. 사람도 자존심 하나로 먹고 살며 개인의 자존심을 건드리면 반드시 엄청난 대가를 치루게 된다는 것을 사람마다 잘알고 있습니다. 성령님의 자존심을 건드리는 사람은 살아남을 수 없습니다. 예수님께서도 누구든지 성령을 훼방하는 자는 이땅과 오는 세상에서도 사하심을 받지 못한다고 경고하셨습니다. 성령님의 자존심을 건드린다는 것은 성령님의 사역과 열매를 저주하고 이분을 인격적으로 존중해 드리지 않고 훼방하고 무시해 버리는 것을 말합니다.

성령님은 당신에게 인격적으로 극히 존중받기를 원하십니다. 성령님께서는 끊임없이 당신을 바른 길로 인도하고자 부르십니다. 당신은 성령님의 마음을 상하게 하는 거만을 버리고 성령님 없이도 무엇인가 할 수 있다고 생각하는 미련함에서 떠나야 합니다. 생활 속에서 성령님을 무시한 어리석은 자에 대해 성경은 경계하고 있습니다.

"내가 부를지라도 너희가 듣기 싫어하였고
내가 손을 펼지라도 돌아보는 자가 없었고
도리어 나의 모든 교훈을 멸시하며
나의 책망을 받지 아니하였은즉
너희가 재앙을 만날 때에 내가 웃을 것이며
너희에게 두려움이 임할 때에 내가 비웃으리라."
(잠 1:24~26)

이러한 재앙을 당하지 않도록 당신은 권능으로 임하신 성령님을 범사에 인정하므로 인격적으로 존중히 섬겨야 합니다.

당신은 이렇게 말할 수도 있습니다.

"성령님은 전지하신 분이시니 우리가 애걸복걸 안 해도 모든 것을 알아서 도와주셔야 하는 것이 아닙니까?"

그러나 그렇지 않습니다.

성령님은 인간의 의지를 아주 존중히 여기시기 때문에 당신의 동의없이 함부로 사생활과 사역에 침범하지 않으십니다. 하나님께서는 당신을 쇳덩이 기계처럼 만들지 않으셨습니다. 당신을 하나님의 형상을 닮은 지, 정, 의를 소유한 인격으로 지으셨습니다. 그러므로 당신의 인격을 결코 무시하지 않으십니다. 당신의 지식과 감정과 의지와 상관없이 혼자서 독단적으로 당신에게 침입하지 않으십니다. 그러한 자는 도둑과 같은 사단의 비인격적이고 파괴적인 소행입니다.

성령님은 사랑의 인격으로 당신이 초청하고 존중해 줄 때 부드럽게 다가오셔서 강력하게 역사하시는 분이십니다. 이러한 고귀한 인격이신 성령님이 당신 생애 속에 마음껏 운행하시며 그의 창조와 부활의 권능으로 일하시도록 당신은 이분을 범사에 인정해 드려야 합니다. 그리고 당신은 자신의 명철을 의지하지 말고 마음을 다하여 성령님을 의지해야 합니다. 그리하면 성령님은 기쁜 마음으로 당신에게 다가오셔서 당신을 귀중히 여기시며 인생길을 인도하실 것입니다. 성경 잠언 3장 6,7절에는 이것을 명확하게 가르치고 있습니다.

"너는 마음을 다하여 여호와를 의뢰하고
네 명철을 의지하지 말라.
너는 범사에 그를 인정하라.
그리하면 네 길을 지도하시리라."

그러면 당신이 어떻게 하면 성령님을 범사에 인정할 수 있을까요?

첫째로, 성령님께 자리를 만들어 드려야 합니다.

어떤 소중한 모임에 높고 귀한 손님이 오셨다면 그분을 반드시 소개함으로써 나타내는 것이 예의입니다.

보통 어떤 모임에서 유명인사가 오면 반드시 그를 소개하고 인사할 기회를 주며 자리를 만들어 드립니다. 그런데 그 단체의 대표가 이런 중요한 사람이 참석했을 때 만약 그 사실을 알고 있음에도 불구하고 깜박 잊고 그냥 넘어 가버렸다면 문제는 심각해집니다. 반드시 중요한 인물은 자리를 만들어 드리고 그에 어울리는 대접을 해드려야 합니다.

성령님은 만왕의 왕이십니다. 그 어떤 사람보다도 중요하고 위대하신 분이십니다. 귀빈 중에 귀빈이요, 하늘왕국에서 당신을 다스리고 돕기 위해 오신 영광의 왕이십니다. 그러므로 당신은 성령님에 대해서 특별한 예우를 해드려야 하며 가장 소중히 모셔야 합니다.

특히 당신은 기본적으로 이분에게 자리를 내어드려야 합니다. 곧 '성령님의 자리'를 만들어 드려야 한다는 것입니다. 이것이 어떻게 가능합니까? 성령님은 무소부재하신 하나님으로서 아니계신 곳이 없는 온 천지에 충만하신 분이신데 이분에게 당신의 삶과 일터 속에 자리를 만들어 드린다는 것이 도대체 가능할까요? 그것은 바로 당신이 인격자이신 성령님의 임재를 인정함으로 이루어집니다. 이렇게 말씀드리는 것이 필요합니다.

"여기에 성령님이 우리와 함께 계십니다!"

귀하신 목사님이나 시장님이 커다란 모임에 참석했으면 우리는 이렇게 말합니다.

"오늘 이 자리에 시장님이 오시므로 이 자리를 빛내 주셨습니다. 감사의 말씀을 드립니다."

그러면 모인 사람들은 시장님이 일어서신 자리를 향해 시선을 모으게 되며 박수로 환영을 합니다. 그리고 모든 순서는 시장님을 의식하면서 조심스럽게 진행되어집니다. 그 날의 행사는 중요하지만 시장님은 그 자리를 찬란히 빛낸 특별한 인물이었습니다.

이와같이 당신은 성령님을 극존중하여 모임 가운데 드러나게 해야 합니다. 모든 것은 말로 표현됩니다. 특별히 성령님은 왕중왕이시지만 영이시므로 사람들의 눈에 보이지 않습니다. 그러므로 성령님을 가장 잘 알고 이분과 친밀한 관계를 가진 당신이 다음과 같은 말로써 이분의 존재를 드러내어야 합니다.

"성령님께서 이 곳에 실제로 임재해 계십니다!"

이 때 사람들은 성령님이 그 곳에 임재해 계시다는 것을 의식하게 됩니다. 이 때부터 인격적으로 존중을 받으신 성령님은 신이 나서 기분좋게 마음껏 지치고 연약한 영혼들을 만지시며 자유롭게 역사하십니다.

몇 년 전 저는 한 대학의 기독서클에 친구와 함께 들르게 되었는데 거기에 모이는 대학생들과 대화를 나누면서 성령님에 대해서 이야기하다가 논쟁이 벌어졌습니다. 나름대로는 신앙생활을 잘하고 있다고 확신하는 그들에게 갑자기 제가 가서 그들의 신앙 바닥을 뒤흔들어 놓은 것입니다. 저는 성령을 받은 사건들을 기록한 '사도행전 2장, 8장, 10장, 19장'을 그들에게 읽어 주면서 성령을 받아야 되는 이유에 대해서 분명히 설명했습니다. 저는 붉어져 있는 그들의 얼굴을 보면서 신념에 찬 목소리로 말했습니다.

"여러분은 반드시 성령을 받아야 합니다. 무기력한 120문도들이 오순절 마가의 다락방에서 기도할 때 성령이 임했고 그들은 담대하게 예수 그리스도를 증거하고 한 시대를 뒤엎었습니다. 이방인 고넬료 가정에 베드로가 설교할 때 성령이 임하시므로 그들이 방언을 하며 하나님을 높였습니다. 빌립이 사마리아에 복음을 전했을 때 베드로와 요한이 가서 성령받기를 기도하였습니다.

그 때 놀라운 표적이 있었습니다. 아볼로 선생에게 그리스도에 대해서 잘 배운 에베소 교인들에게 사도 바울이 가서 성령받기를 위해서 기도했습니다. 바울은 그들에게 "너희가 믿을 때에 성령을 받았느냐?"고 물었습니다. 그들은 "우리는 성령이 있음도 듣지 못했다."고 대답했습니다. 바울이 그들에게 성령 받기를 기도하매 그들 모두 성령이 임하시고 방언도 하고 예언도 하니 열두 사람쯤 되었다고 말합니다. 오늘날 우리의 모든 신앙생활의 감동스러운 체험들과 과정들을 주님께서는 인정하십니다. 그러나 부활의 주님을 만난 제자들에게 예수님께서는 아버지의 약속하신 성령을 기다리라고 말씀하셨습니다. 예수님께서는 "성령을 받으라!"고 명령하셨습니다(요 20:22). 예수님께서는 불을 땅에 던지러 오셨습니다. 요한은 물로 세례를 주었으나 예수님은 불과 성령으로 세례를 주신다고 약속하셨습니다. 그러므로 여러분은 지금 이 시간에 성령을 받아야 권능있는 하나님의 자녀로서 대학을 살릴 수 있고 성결한 삶을 살아갈 수 있습니다."

기독서클 회장이 벌떡 일어나면서 말했습니다.

"아니, 그러면 당신이 바울이란 말입니까? 지금 같이 기도하면 우리가 성령을 받을 수 있단 말입니까?"

궁지에 몰린 저를 안스럽게 생각한 듯 친구가 긴급히 말을 꺼냈습니다.

"지금이 아니고. 나중에 우리가 기도할 수 있는 기회를 만들어 보는 게 좋을 것 같습니다."

저는 그 때 집에서 나오기 전에 여러 시간을 기도로 준비하여 성령으로 충만해 있었기 때문에 자신감에 넘치는 눈빛으로 그들을 바라보며 외쳤습니다.

"그렇소! 바로 지금입니다! 저는 바울은 아니지만 바울과 함께 계셨던 성령님은 지금 저와 함께 계시기 때문에 우리가 지금 당장 기도하면 모두 다 성령의 충만함을 받게 될 것입니다. 지금 이 곳에 성령님이 임재해 계십니다. 기도합시다!"

그 때 성령님이 크게 저를 감동시키셨고 모두가 입을 열어 기도하기 시작했습니다.

저는 예수 그리스도의 이름으로 사단의 세력을 묶고 성령님께서 강력하게 역사해 달라고 기도했습니다. 그런데 갑자기 맞은편에서 기도하던 한 자매의 입에서 큰소리로 방언이 터져나왔습니다. 그 옆에 있던 형제는 눈물을 흘리며 회개했고 다른 자매는 간절히 성령의 은사를 사모하며 간구하였습니다.

형식적인 신앙의 청년이 진실로 예수님을 자신의 구주로 영접하는 기도를 하며 그 자리에서 거듭났고 한 형제는 담배와 라이터를 주머니에서 끄집어 내놓았습니다. 기도 중에 들어온 자매들도 함께 땀을 흘리며 기도하며 은혜를 받았고 거기에 모인 10명이 넘는 기독서클회원들이 모두 다 성령의 충만함을 받고 방언으로 기도하게 되었습니다. 저는 다른 일이 있어서 회장에게 지금부터 꼭 1시간 이상 기도하라고 당부하고 그 자리를 빠져나왔습니다.

저는 이 모든 일을 성령님과 함께했습니다. 그 자리에서 성령님의 존재와 능력을 인정하며 기독학생들에게 드러냈습니다.

"성령님이 지금 저와 함께 계시기 때문에 지금 당장 기도하면 역사가 일어납니다!"라고 말하므로 저의 동업자이신 성령님께 자리를 내어 드렸습니다.

"성령님이 지금 이 곳에 계십니다!"라고 말하므로 저의 친구이신 성령님의 자리를 만들어 드렸습니다. 다시 말씀드리지만 성령님은 인격자이십니다. 그러므로 당신이 인격적으로 존중해 드리면서 이분의 자리를 만들어 드리는 것이 참으로 중요합니다.

당신은 성경공부나 설교하는 중에 반드시 "여기에 성령님이 우리와 함께 계십니다."라고 말씀드리므로 성령님의 자리를 만들어 드려야 합니다. 차 안에서도 아내에게나 함께 타고 가는 사람들에게 "이 차 안에 성령님이 임재해 계십니다."라고 말씀드리십시오! 바깥 경치를 보든지 차 안에 있는 사람들은 자기들끼리 이야기 하느라고 정신없겠지만 당신은 차 안에 당신과 함께 계신 성령님을 의식하면서 운전을 해야 합니다. 순간 순간 당신 앞에 임재해 계신 성령님의 얼굴을 보면서 은밀한 대화를 나누십시오. 만약 당신 혼자 운전을 하고 있다면 당신 옆에 계신 성령님께 말을 거십시오.

"사랑하는 성령님."

당신은 어느 모임에서나 어떤 장소에서나 성령님을 소중히 여기며 이분께 인격적으로 대우를 해드리며 자리를 만들어 드려야 합니다. 성령님은 당신이 참석한 모임에서 존중받기를 원하십니다.

둘째로, 사람과의 대화 속에 성령님을 인정해야 합니다.

당신은 친구를 만나든지 아내나 다른 그리스도인들을 만날 때 그들과 대화하면서 말로써 순간순간 성령님을 인정하고 성령님에 대해서 이야기해야 합니다. 당신과 함께 계신 귀하신 성령님을 빼놓고 다른 사람들과만 재미있게 이야기를 나눈다면 성령님은 그 대화 속에 무시를 당하고 계신 것이 됩니다. 그러므로 당신은 사람과의 대화 속에 성령님을 인정하는 말을 해야 합니다.

"여기 계신 성령님이 가장 아름다우신 분이야."

"지금 여기 계신 이분은 나의 가장 좋은 친구야."라고 손으로 당신의 오른쪽 옆을 가리키며 성령님을 소개하도록 하십시오. 성령님을 이와같이 인정하면 당신은 사람과만 사귀는 것이 아니라 모든 만남 속에 성령님과 함께하게 되는 것입니다.

성령님과 속삭이면서 개인적으로 대화를 나누는 것이 중요하듯 이분을 여러 친교 모임에서 함께 모시고 대우를 해드리며 말로써 성령님에 대해서 이야기하며 이분의 존재를 드러내는 것은 더더욱 중요합니다. 대부분의 경우 성령님은 왕이셔서 그런지 입이 무거우시며 많은 말씀을 하시지는 않으실 것입니다. 그러나 무엇인가 꼭 중요한 때는 항상 당신을 감동시키시고 건드리십니다. 당신은 모든 것이 가하나 어떤 부분은 반드시 성령님의 제재를 받으며 절제를 해야 합니다. 성령님은 당신의 입술에 파수꾼을 세우시고 당신의 발걸음을 옮기시며 당신의 마음에 울타리를 치시고 모든 시험과 악한 자에게서 지키십니다.

당신과 함께 계신 성령님은 당신이 가는 곳에는 어디든지 동행하시기를 좋아하시며, 당신과 은밀히 교제하시며 친구들과의 대화 속에 드러나시기를 원하십니다.

당신이 친구를 데리고 어떤 모임에 갔다면 거기에서 그 친구를 소개하고 모든 일을 함께 나누는 것이 예의가 아니겠습니까? 그렇지 않고 혼자서만 즐거움을 누린다면 그 친구는 께씸하게 여길 것이며 다시는 그런 자리에 함께하길 원치 않을 것입니다.

당신의 성령님은 많은 경우 우리의 무관심으로 인하여 완전히 무시를 당하실 때가 많습니다. 그럴 때에도 인자하신 성령님은 떠나가시지 않으십니다. 그러나 성령님은 근심하시며 소멸된 것처럼 침묵을 지키며 전혀 역사하지 않으십니다. 하나님께서는 "나를 존중히 여기는 자를 내가 존중히 여기겠다."(삼상 2:30)고 말씀하십니다. 그러므로 당신은 수시로 자신이 성령님을 무시하지 않는지 살펴보고 여러 모임과 주위 사람과의 대화 속에 성령님을 존중히 드러내도록 노력해야 합니다.

제4장
성령님의 도움을 구하라

성령님은 전지 전능하신 절대 주권자이십니다. 창조주 여호와의 신이시며, 부활의 권능으로 오신 그리스도의 영이십니다. 성령님이 엄청난 지혜와 권능을 가지고 구원받은 왕의 자녀들을 돕기 위해 오셨습니다. 앞에서 우리는 인격이신 성령님의 얼굴을 보고 대화를 나누며 존중히 모시고 다니며 친교를 나누는 것의 중요성과 그 방법에 대해서 자세히 알아보았습니다. 이제 마지막으로 보혜사로 오신 성령님께 도움을 구하고 이분과 함께 동업하는 비결에 대해서 살펴보고자 합니다.

약속하신 능력은 어디에

고등학생 때부터 저는 하나님께서 믿는 자에게 약속하신 능력이 어디에 있는지를 간절히 찾고 있었습니다. 성경 전체를 볼 때 하나님께서는 그의 능력을 신자들에게 나타내 주실 것을 거듭 약속하고 있었습니다. 그 대표적인 경우가 예수님께서 부활하시고 승천하시기 직전에 약속하신 말씀입니다. 예수님께서는 지상 대명령을 말씀하셨습니다.

"너희는 온 천하에 다니며 만민에게 복음을 전파하라.
믿고 세례를 받는 사람은 구원을 얻을 것이요,
믿지 않는 사람은 정죄를 받으리라."

곧이어 예수님께서는 권세와 능력을 약속하셨습니다. 이것은 어떤 특정인에게만이 아닌 '모든 믿는 자들'에게 주신 약속이었습니다.

"믿는 자들에게는 이런 표적이 따르리니
곧 저희가 내 이름으로 귀신을 쫓아내며
새 방언을 말하며
뱀을 집으며
무슨 독을 마실지라도 해를 받지 아니하며
병든 사람에게 손을 얹은즉 나으리라."(막 16:15~18)

많은 사람들이 이것을 믿지 않고 예수님을 떠나 일상생활로 돌아가버렸습니다. 그러나 이 약속을 붙든 120명의 제자들은 마가의 다락방에 모여 성령이 오시기를 간절히 기도하며 기다렸고 오순절이 되자 그들은 모두 성령의 충만함을 받게 되었고 그 때부터 하늘의 권능이 나타나기 시작했습니다. 그들은 담대하게 복음을 전하는 권세있는 일꾼들이 된 것입니다. 이것을 마가는 계속해서 아주 생생하게 기록을 하고 있습니다.

"주 예수께서 말씀을 마치신 후에
하늘로 올리우사 하나님 우편에 앉으시니라.
제자들이 나가 두루 전파할새 주께서 함께 역사하사
그 따르는 표적으로
말씀을 확실히 증거하시니라."(막 16:19, 20)

무기력했던 제자들, 두려움과 불안 속에 떨고 있던 그들이 주께서 영으로 오사 그들 속에서 역사하심으로 죽음도 불사하고 복음을 외치는 확신있고 담대한 그리스도의 대사가 된 것입니다.

이와같이 주님께서는 분명히 능력을 약속하셨건만 저는 그것을 어디에서 찾아야 할지 모르고 크게 고민하였습니다.

저는 하늘을 바라보면서 마음속으로 미친 듯이 외쳤습니다.

'하나님, 도대체 당신이 약속하신 그 권세와 능력은 어디에 있습니까? 왜 저에게는 그것이 없습니까? 왜 능력을 보장하는 수많은 언약들이 저하고는 상관이 없는 것처럼 느껴집니까?'

나도 방언만 받았으면

그러던 어느 날, 저는 가까운 교회에서 열리는 부흥집회에 참석하게 되었습니다. 강사 목사님의 열띤 설교가 끝나고 모든 성도들이 큰 소리로 합심해서 기도하였습니다. 저도 목이 터져라 부르짖었습니다.

"하나님, 저의 죄를 용서해 주세요. 저에게 성령충만 주시고 능력을 주세요."

그렇게 한참을 기도하다가 저는 이상한 소리에 눈을 뜨고 앞을 보았습니다. 앞자리에 앉은 한 여성도님이 방언으로 크게 기도하고 있는 것이었습니다. 신기했습니다.

저는 속으로 생각했습니다.

'저분은 어떻게 해서 저렇게 방언기도를 유창하게 할까? 나도 저렇게 방언을 받기만 하면 소원이 없겠다.'

그분은 아마도 그날 말씀듣고 기도하면서 성령이 임하고 방언을 받은 것 같았습니다. 그분의 방언으로 기도하는 소리는 유난히 크게 제 귀를 울렸습니다. 너무나도 부러웠습니다만 저에게는 아득한 미래의 일을 보는 것처럼 느껴졌습니다.

저는 십대의 고등학생 시절, 모태 신앙이라는 간판을 달고 학생부에서 여러 가지 임원직을 맡으면서도 연약하고 무력한 저의 신앙 상태에 대해서 염증을 느끼고 있었습니다. 갈급한 저는 신앙서적을 탐독하면서 그 능력을 발견하려고 애를 썼습니다. 이미 강력한 성령의 권능을 체험하고 누리다가 지나간 시대적인 믿음의 거성들의 행로를 추적해 나가기 시작했습니다.

그 결과, 저는 우리의 신앙 선배들이 성령의 능력으로 화려한 인생을 장식한 것을 보게 되었습니다. 그들은 모두 힘있게 살았습니다. 초자연적인 성령님의 강한 역사를 통해 온세상의 불신자들에게 하나님의 살아계심을 증명해 주었습니다. 지친 성도들에게 생기를 찾아 주었습니다. 그러나 저는 너무나 초라하고 한편으로는 비참해 보이기도 했습니다. 그러면서도 저는 한줄기 희망을 가지게 되었는데 그것은 얼마 안되어 하나님께서는 나에게도 반드시 성령의 권능을 나타내실 것이라는 작은 그러나 확고한 기대감이었습니다.

저는 거울을 보면서 혼자서 소리내어 외쳤습니다.

"김열방! 너는 하나님의 자녀이다. 너는 말씀으로 전세계를 뒤흔들 것이다. 하나님께서 너를 붙드시고 너를 세워 힘과 능을 주실 것이다. 하나님께서 너에게 지혜의 말씀, 지식의 말씀, 병고치는 은사, 믿음, 예언, 영분별, 능력행함, 방언, 방언통역의 은사를 풍성히 채워 주실 것이다."

계속해서 제가 똑똑히 들을 수 있을 정도로 소리내어 믿음의 고백을 했습니다.

"김열방! 너는 병든 자를 고치며 죽은 자를 살리며 문둥이를 깨끗하게 하며 귀신을 쫓아내게 될 것이다. 성령님께서 다이나믹한 능력으로 네가 상상도 못할 기적을 일으키실 것이다!"

그 때부터 저는 몇 개월을 이러한 고백을 거울 앞에서 했습니다. '오늘은' '오늘은 틀림없이'하면서 매일 매일을 큰 기대감 속에서 설레이는 마음으로 지냈습니다.

우주적인 대혁명!

1989년 11월. 저는 또 죄를 짓고 마음이 어두워졌습니다.

저는 나름대로 교회 생활을 한다고 생각했었습니다. 모태신앙이라는 자부심과 많은 교회 봉사로 최선을 다해 종교생활을 했었습니다. '이 정도면 나는 천국에 들어갈 수 있어.'라고 생각했었고 무엇하나 부족한 것이 없는 것처럼 보였습니다. 그러나 성경을 읽어도 깨달음이 없었고 찬송을 불러도 감동이 없었으며 기도를 해도 응답은 오지 않았습니다. 저는 하나님을 섬길 수 있는, 또한 진정 하나님 앞에서 올바르게 살아갈 수 있는 '능력'이 없다는 것을 알게 되었습니다.

그러던 중, 저의 형이 하루는 이렇게 말하는 것이었습니다.

'너 아무나 천국에 가는 것이 아니란다. 진정 물과 성령으로 거듭나지 않으면 그 누구도 천국에 들어갈 수 없단다."

그 때 저는 마음 속으로 '누가 뭐래도 나는 천국에 갈 수 있어.

내 목에 칼이 들어와도 나만큼은 확실해.'라고 대꾸를 했지만 그 때 저는 형이 말하는 것의 진정한 의미를 몰랐습니다.

"예수께서 대답하여 가라사대
진실로 진실로 네게 이르노니
사람이 물과 성령으로 나지 아니하면
하나님 나라에 들어갈 수 없느니라."(요 3:5)

그 당시 저는 크고 작은 습관적인 죄 가운데서 빠져나올 줄 몰랐고 어떻게 해야 나를 휘어잡고 있는 죄문제를 해결할 수 있는지 도무지 알 길이 없었습니다. 자책감과 정죄의식에 눌려 있던 제가 또 죄를 짓고 힘들게 생활하다가 집으로 오는 길에 버스에서 내려서 교회로 발걸음을 옮겼습니다.

'아 나는 안돼, 나같은 죄인이 어떻게 하나님께 나아갈 수 있단 말인가. 이제는 도저히 안되겠어. 하나님은 나를 받아 주시지 않을거야.'라고 생각을 하면서도 제 연약한 마음과는 달리 발걸음은 하나님께로 나아가고 있었습니다.

"여호와께서 말씀하시되
오라, 우리가 서로 변론하자!
너희 죄가 주홍같을지라도 눈과 같이 희어질 것이요,
진홍같이 붉을지라도 양털같이 되리라."(사 1:18)

한걸음 한걸음 천천히 무거운 발걸음을 떼고 있을 때 갑자기 저의 온 가슴은 마음과 온몸을 얼룩지게 한 죄로 인하여 뭉클함과 함께 걷잡을 수 없으리만큼 슬퍼졌습니다. 제 영혼은 하나님께 나아가면서 깊은 슬픔에 잠겨 있었습니다. 드디어 교회에 도착해서 저는 마룻바닥에 무릎을 꿇었습니다. 거룩하신 하나님 앞에 조아려 고개를 떨군채 제 눈에선 굵은 눈물의 줄기가 한없이 흘러 내렸습니다.

"하나님, 저를 용서해 주세요. 저를 긍휼히 여겨 주세요. 저는 죄인입니다. 이제는 도저히 저도 어떻게 할 수가 없습니다. 제 힘으로는 아무것도 할 수가 없고 올바르게 살아갈 수가 없습니다. 제발 저를 도와 주세요. 살려 주세요. 하나님!"

저의 지은 죄로 심히 슬퍼하면서 하나님께 어린아이와 같이 용서를 빌었습니다.

"제가 잘못했습니다. 저를 용서해 주세요."

그 날 저는 교회에 엎드려서 통회하며 하나님 앞에서 제 죄를 자복할 때 진정으로 거듭나게 되었습니다.

죄를 회개하던 그 날 저는 못난 자아, 죄로 상처받은 자아를 골고다 언덕에 내려놓고 피묻은 십자가를 붙들었습니다. 십자가를 온 맘으로 부둥켜안고 하염없이 울었을 때 거기에서 죄를 사하고 새생명을 부어주는 예수의 보혈이 흘러내려 제 온 가슴을 적셨고, 저는 거듭나서 새로운 피조물이 되었습니다.

공허하고 허무한 제 인생에 영적인 거대한 변화가 다가온 것이었습니다. 완전히 새로운 피조물이 된 것입니다.

이전과는 완전히 달라진 새로운 피조물! 제 운명이 바뀌었습니다. 우주적인 대 혁명이 제 영혼에 다가왔던 것입니다. 저는 그 날을 결코 잊을 수가 없습니다. 제 생애 최고의 날! 가장 큰 기적의 날!

이제 저는 더 이상 죄만 짓는 쓰레기같은 인생이 아닙니다. 저는 예수의 피로 하나님과 화목되었고, 죄 사함받고 거듭나서 하나님의 자녀가 되었습니다. 하늘과 땅의 창조주, 만왕의 왕이신 하나님의 자녀가 된 것입니다!

생수의 강이 흘러나리라

그리고 저는 계속해서 기도했습니다. 두 손을 높이 들고 외쳤습니다.

"하나님 아버지, 저는 제 힘으로 살아갈 수 없습니다. 저에게 능력을 주십시오. 위로부터 내려오는 하늘의 능력을 주십시오. 저 혼자서는 거룩하게 살려고 아무리 애써도 도저히 할 수 없습니다. 제 손을 하나님께 바칩니다. 눈과 입술과 마음과 온몸과 의지를, 제 머리끝부터 발 끝까지, 제 인생 전체를 하나님께 드리오니 저를 받아 주시고 다스려 주십시오. 성령을 부어 주세요. 힘을 주세요. 저를 도와 주세요."

"나의 책망을 듣고 돌이키라!
보라, 내가 나의 신을 너희에게 부어 주며
나의 말을 너희에게 보이리라."(잠 1:23)

그 순간, 저에게 이상한 일이 벌어졌습니다. 제 얼굴이 붉어지면서 갑자기 제 혀가 떨리고 안으로 말려들어가면서 지금까지 제가 한 번도 해 보지 못한 이상한 말이 한마디씩 한마디씩 흘러 나오기 시작했습니다. 방언이 터져 나온 것입니다.

저는 너무나도 큰 감격과 감동에 기뻐서 어쩔 줄을 몰랐습니다. 저에게 거룩한 하나님의 신이 임하셨고 제 혀를 다스리기 시작한 것이었습니다. 성령께서 내 대신 말할 수 없는 탄식으로 기도를 도와 주시므로 그 동안 제 마음에 쌓였던 모든 근심과 염려와 상처를 다 하나님께 아뢰게 해 주셨습니다. 제 속에서 생수의 강물이 흘러나오고 있었던 것입니다.

"누구든지 목마르거든 내게로 와서 마시라!
나를 믿는 자는 성경에 이름과 같이
그 배에서 생수의 강이 흘러나리라."(요 7:37-38)

몇 시간이 지나갔는지 모르지만 저는 잠자리에 들었습니다.

왕의 자녀로 다시 태어나다

다음 날 아침 눈을 떴을 때 제 인생은 완전히 바뀌어졌습니다. 저는 길거리를 걸으면서 하나님의 사랑의 숨결을 느꼈습니다. 쌀쌀히 부는 바람 속에 하나님의 포근한 사랑이 배어 있음을 알게 되었고 길거리의 돌에도 나무에도 지나가는 사람의 모습 위에 하나님의 넘치는 사랑이 이 모든 것을 감싸고 있는 것이 느껴졌습니다. 길을 걷고 있을 때 갑자기 제 속에서 이전에는 들어보지 못했던 부드럽고도 세미한 음성이 들려왔습니다. 저는 그것이 성령님의 음성임을 알 수 있었습니다.

'사랑하는 내 아들아, 내가 너를 얼마나 사랑하는지 아니? 너는 나의 소중한 아들이란다. 강하고 담대하라! 나는 네가 항상 기뻐하기를 원한단다. 내가 너를 진심으로 사랑한다. 내가 너와 함께 있단다. 이제는 아무것도 염려하지 말아라."

만왕의 왕이신 창조주 하나님께서 저에게 "사랑하는 아들아!"라고 부르신 것이었습니다. 거지같은 제가 예수의 보혈로 말미암아 하나님의 자녀가 된 것입니다. '왕의 자녀' 말입니다.

전능하신 하나님께서는 저의 죄만 용서하신 것이 아니라 신분까지 완전히 바꾸어 주셨습니다.

"영접하는 자, 곧 그 이름을 믿는 자들에게는
하나님의 자녀가 되는 권세를 주셨으니
이는 혈통으로나 육정으로나
사람의 뜻으로 나지 아니하고
오직 하나님께로서 난 자들이니라."(요 1:12, 13)

저는 새 사람이 되었습니다. 이 글을 쓰고 있는 지금도 하나님은 제 곁에 계시고 저는 하나님의 세미한 사랑을 느끼고 있습니다.

저를 새로운 피조물로 만드시고 만왕의 왕이신 하나님의 자녀로 낳으시기 위해 예수님께서는 해산의 고통을 치루셨습니다. '골고다'라는 산부인과에서 제 대신 피를 쏟으며 해산의 고통을 다 받으시고 저를 성령의 능력으로 하나님의 자녀로 낳으신 것입니다. 만왕의 왕이신 '하나님의 씨'가 제 속에 거하고 있으며 저는 왕이신 예수의 피가 흐르고 있으므로 '왕족'이 된 것입니다.

"하나님의 사랑이 우리에게 이렇게 나타난 바 되었으니
하나님이 자기의 독생자를 세상에 보내심은
저로 말미암아 우리를 살리려 하심이니라.
사랑은 여기 있으니
우리가 하나님을 사랑한 것이 아니요,
오직 하나님이 우리를 사랑하사
우리 죄를 위하여 화목제로 그 아들을 보내셨음이니라."
(요일 4:9, 10)

죄의 종으로 습관적으로 죄를 먹고 마시며 살던 불쌍한 인생,

영혼이 하나님의 생명에서 떠나서 사망의 그늘에서 어둡게 살던 제 인생, 우상을 숭배하며 육체적인 쾌락만을 탐하던 서글픈 제 인생, 하나님과 원수가 되어서 영원히 멸망받을 수밖에 없었던 이 죄많은 인간을 하나님은 사랑하셨습니다. 그 크신 하나님의 사랑으로 저를 사랑하시고 기다리신 하나님은 저를 구원하시기 위해서 그의 하나밖에 없는 아들 예수 그리스도를 보내셨습니다.

사랑의 하나님께서는 제가 죄인이었을 때, 즉 제가 의도적으로 불순종하며 반역을 일삼았을 때 저를 사랑하셨습니다.

> "우리가 아직 죄인되었을 때에
> 그리스도께서 우리를 위하여 죽으심으로
> 하나님께서 우리에게 대한
> 자기의 사랑을 확증하셨느니라."(롬 5:8)

부족하고 벌레만도 못하고 지렁이만도 못한 저, 꺼져가는 등불의 심지와도 같이 겨우 살아 있었던 저를 큰 죄악에서 건지시기 위해 예수님께서는 제 대신 십자가에 못박히신 것이었습니다. 죄인 중에 괴수인 제가 당해야 하는 모든 멸시와 천대를 죄없는 하나님의 아들 예수님께서 제 대신 십자가에서 죄의 대가를 치루시고 못박혀 피 한 방울 물 한 방울 남김없이 다 흘리셨던 것입니다.

죄없는 예수님께서 저의 죄를 지고 가는 어린양으로서 제 대신 모든 저주와 죄의 짐을 지셨습니다.

제가 죄의 값으로 하나님의 진노와 심판을 받아야 함에도 불구하고 하나님의 아들 예수님께서 제 대신 죄값을 지불하셨습니다.

죄 지은 제가 당해야 되는데 제 대신 예수님께서 정죄를 받으시고 묶이시고 채찍에 맞고 침뱉음을 당하시고 발에 채이고 수염이 뽑히고 온갖 멸시와 천대와 조롱과 놀림과 욕을 당하셨습니다.

벌거벗기운 채로 제 대신 나무에 달리셔서 6시간 동안 물과 피를 쏟으시며 제 죄를 담당하신 예수님! 그 예수님은 죄와 사망의 권세를 깨뜨리고 삼 일만에 부활하셨습니다.

내게 다가온 거대한 변화

저는 예수의 피로 정결케 되었습니다.
저는 예수의 피로 하나님의 심판을 면하게 되었고 의롭다 함을 받았습니다.
저는 예수의 피로 마귀의 종에서 해방되어 하나님의 백성이 되었습니다.
저는 예수의 피로 내 온몸과 영혼이 치료되었고 건강과 생명을 누리고 있습니다.
저는 예수의 피로 저주에서 해방되어 하나님의 복을 누리고 있습니다. 제 장래는 그리스도 안에서 보장되어 있습니다.
예수의 피로 사망의 두려움에서 벗어나 부활의 생명이 넘쳐나고 있습니다.
저는 예수의 피로 말미암아 외로움과 소외감에서 빠져나와 하나님이 저를 보호하고 계심을 믿습니다.
저는 예수의 피로 사단과 죄와 운명의 매임에서 해방되어 자유를 누리고 있습니다.
저는 예수의 피로 메마르고 갈했던 제 가슴에 지금 성령의 생수의 강물이 넘쳐 흐르고 있습니다.
저는 버림받고 쓸모없는 자였지만 이제는 하나님과 세상에서 존귀한 자가 되었습니다.
저는 거지와 같이 살았으나 이제는 무엇하나 부족함이 없는 부요한 자입니다.
예수님은 저를 살리셨습니다!
예수님은 당신도 살리십니다!
오늘이 바로 기적의 날입니다.
바로 지금!
이 세상에서 가장 큰 기적은 당신의 영혼이 죄사함 받고 거듭나 하나님의 자녀가 되는 것입니다.

"예수께서 이르시되
건강한 자에게는 의원이 쓸데 없고
병든 자에게라야 쓸데 있느니라.
내가 의인을 부르러 온 것이 아니요,
죄인을 부르러 왔노라."(요 1:12, 13)

당신이 만약 하나님의 사랑을 받아들이고 예수님을 구주로 믿고 새생명을 얻기를 원하신다면 이 기도를 소리내어 따라 해 주십시오.

"사랑하는 하나님.
저는 부족한 죄인입니다.
저는 변화받고 싶습니다.
저의 모든 죄를 용서해 주시고
제 마음의 상처를 치료해 주십시오.
예수님께서 제 대신 십자가에 못박혀 죽으시고
부활하신 하나님의 아들이신 것을 믿습니다.
저를 구원해 주십시오.
저를 받아 주시고 용서해 주셔서 감사합니다.
저는 이제 하나님의 자녀가 되었습니다.

저는 이제부터 하나님만 섬기고 예수님만 따르겠습니다.
저에게 성령을 부어 주옵소서.
예수님. 사랑합니다.
예수님의 이름으로 기도합니다. 아멘."

성령님을 힘입어 귀신을 쫓아내다

죄를 회개하면서 성령으로 세례를 받고 기도생활을 한 지 1년이 지난 1990년도에 저는 계속해서 능력을 위한 기도를 집중적으로 하나님께 드렸습니다. 그 기도는 사도행전 4장 29, 30절의 내용이었습니다.

"주여, 이제도 저희의 위협함을 하감하옵시고 또 종으로 하여금 담대히 하나님의 말씀을 전하게 하여 주옵시며 손을 내밀어 병을 낫게 하옵시고 표적과 기사가 거룩한 종 예수의 이름으로 이루어지게 하옵소서."

성령을 받고 방언으로 몇 시간씩 기도하면서도 저는 더 큰 능력을 사모했던 것입니다.

그 당시 매주일마다 우리 집에서 주일학교 아이들과 청년들, 교사들이 모여 성령충만을 위한 기도회를 하고 있었습니다. 참석한 사람들은 어린아이이건 노인이건 할 것 없이 성령의 충만함과 은사를 체험하고 두세 시간을 기도하다가 돌아가곤 했습니다.

저와 함께 계신 성령님께서는 아주 강하게 역사하셨고 사람들은 은혜를 받아 얼굴에 기쁨이 가득했습니다. 먼 곳에서 다른 교회 선생님이 자기 반 아이들을 여러 명 데리고 와서 회개하며 성령의 은사를 받았습니다.

그 당시 겨울방학 기간이어서 중·고등학생들이 매일 교회에 와서 탁구를 치고 공부를 하고 있었는데 저는 그들을 모두 불러 모으고 함께 기도했습니다.

"모두 모여라! 교회는 기도하는 집이다. 교회에 오면 무엇보다도 기도에 힘을 써야 한다."

합심해서 성령의 충만함을 받기 위해서 기도하는데 간구의 영이 임하셔서 간절한 마음으로 부르짖기 시작했습니다. 모두에게 성령이 임하셨고 방언을 말하며 하나님을 높였습니다. 어떤 여학생은 등에 불이 붙었다며 뜨거워서 뒹굴기도 했습니다. 내 안에 계신 불과 성령으로 세례를 주시는 그리스도께서 역사하심으로 모인 사람들은 누구나 회개하고 성령으로 충만케 되었습니다. 하나님을 찬양합니다!

하루는 이상한 일이 벌어졌습니다. 손뼉을 치며 30분 정도 뜨겁게 찬양을 드린 후 모두가 성령충만을 위한 합심기도를 하고 있었습니다. 한참을 열심히 기도하고 있는데 한 자매가 갑자기 소리를 지르는 것이었습니다. 고통가운데 몸부림치며 눈을 질끈 감고 괴악한 인상을 쓰면서 "안 가! 안 가!"라고 말하는 것이었습니다. 그녀 속에 있는 귀신이 정체를 드러내며 발작을 하는 것이었습니다. 아마 그 자리가 성령으로 충만한 자리이므로 그녀에게 붙어있던 귀신이 견딜 수가 없었나봅니다. 어쨌든 저는 이런 일은 처음이라 무척 당황스러웠고 어떻게 해야 할지를 몰랐습니다. 순간 내 안에 계신 성령님께서 담력과 지혜를 주셨습니다. 저는 벌떡 일어나 큰 소리로 귀신을 향하여 꾸짖으며 쫓아내는 명령을 하였습니다.

"이 더럽고 저주받은 귀신아! 내가 예수 그리스도의 이름으로 명하노니 이 딸에게서 지금 즉시 묶음을 놓고 나가라!"

그러나 더욱 소리지르며 주먹을 불끈 쥐고 발작을 하는 것이었습니다.

"안 간다. 안 가!"

저는 용기를 내어 더욱더 강하고 담대하게 그녀의 머리에 손을 얹으면서 단호하게 명령을 내렸습니다.

"예수님의 이름으로 명하노니 나가!" 그 순간 그 자매를 괴롭히던 귀신은 그녀를 넘어뜨리며 즉시로 떠나갔습니다. 그리고 눌림에서 자유를 얻은 그녀는 마음의 평강과 기쁨이 임했고 그 자리에 모인 모든 사람들과 함께 우리는 살아계신 하나님을 찬양했습니다.

이와 같이 귀신을 쫓아내는 일은 반드시 많은 기도를 요구합니다. 기도 외에 다른 것으로는 이런 유가 나갈 수 없습니다. 저는 그 전날 밤새도록 5시간 이상 철야기도를 했었습니다. 그 이유는 지난번 기도회 때 귀신들린 남자 청년이 참석했었는데 저는 그에게서 귀신을 쫓아내지 못했습니다. 아무리 노력을 해도 그 귀신은 꿈쩍하지 않고 그 속에서 버티고 있었던 것입니다. 저는 그를 도와줄 수 없었고 이는 제 마음에 커다란 영적 격동을 불러일으켰습니다. 그래서 이번에는 어떤 예상치 않은 상황이 벌어진다 하더라도 승리할 수 있도록 미리 많은 기도를 준비했던 것입니다. 저는 밤새도록 부르짖고 간절히 기도했습니다.

"하나님, 왜 저는 귀신을 쫓아내지 못했습니까? 저에게 능력이 나타나게 하옵소서. 예수님의 이름으로 손을 얹을 때에 성령이 임하고 새 방언이 터지며 귀신이 쫓겨나가며 병든 자가 고침받게 하옵소서."

변화산상에서 내려오신 예수님께서는 벙어리되고 귀먹은 귀신 들린 아이를 고치신 후, 이 문제를 해결하지 못한 제자들의 심각한 질문에 대답하셨습니다.

"집에 들어가시매 제자들이 종용히 묻자오대
우리는 어찌하여 능히 그 귀신을 쫓아내지 못하였나이까
이르시되 기도 외에 다른 것으로는 이런 유가 나갈 수 없느니라 하시니라."(막 9:28, 29)

정시기도를 무시하지 말라

우리는 집중적인 정시기도를 통해서 성령님께 도움을 구할 수 있습니다. 이 때 성령님의 기름부음이 넘쳐나게 되는 것입니다. 우리 영혼이 비어 있으면 아무 일도 할 수 없습니다.

제가 주일학교 교사로 교회를 섬기고 있었을 때 저는 성령으로 세례받은 지 얼마 되지 않았을 때였는데 하루에 1시간 이상 매일 쉬지 않고 기도생활을 하고 있었습니다. 성령의 충만함을 사모하며 목이 쉬지 않는 날이 거의 없을 정도로 간절히 하루에도 몇 시간씩 기도하고 부르짖었습니다. 그 때 제 마음을 강하게 붙들고 있었던 말씀은 예레미야서 33장 2,3절이었습니다.

"일을 행하는 여호와
그것을 지어 성취하는 여호와
그 이름을 여호와라 하는 자가 이같이 이르노라.

너는 내게 부르짖으라.
내가 네게 응답하겠고
네가 알지 못하는 크고 비밀한 일을
네게 보이리라."

저는 이 말씀에 사로잡혀 모든 정열을 바쳐 하나님께 부르짖고 또 부르짖었습니다. 저는 성령의 충만하지 않은 상태에서 무기력하게 생활한 날이 거의 없었습니다. 저는 무기력한 것을 철저하게 싫어했기 때문에 굳은 결심을 하고 집에서, 교회에서 꼭 하루에 최소한 한 시간 이상 하나님께 간절히 기도했습니다.

수많은 날들을 여러 시간을 기도에 바치며 살았습니다. 저는 그것을 결코 시간을 허비하는 것이라고 생각해 본 적이 없었습니다. 오히려 기도시간은 저에게 가장 중요하고 보석과 같은 귀중한 시간들이라고 의심없이 믿었고 제가 지금 이렇게 기도로 제 장래를 위해 심어 놓으면 하나님께서는 반드시 응답하신다고 확신했습니다.

그리고 기도생활을 쉬지 않고 계속 할 수 있도록 강한 동기를 부여한 것은 이엠 바운즈의 『기도의 능력』이란 책이었는데 그 책을 저는 열 번도 더 읽었습니다. 이 1500원짜리 조그만 소책자가 저의 기도생활에 불을 붙여 놓았고 기도가 식지 않도록 도와 주는 데 엄청난 가치를 발휘하였습니다.

지금도 저는 '기도'에 대해 흔들리지 않는 분명한 신념을 가지고 있습니다. 살아 숨쉬는 사람은 누구나 할 것 없이 기도를 해야 합니다. 당신이 사정과 형편에 따라 다른 것은 못하더라도 기도만큼은 무조건 해야 합니다. 당신은 기도함으로 성령님을 의지할 수 있습니다. 기도의 열정은 기도할 때에 계속 유지됩니다. 당신 스스로가 결단을 하고 무릎을 꿇지 않으면 어디에 가도 기도의 불이 활활 타오르게 할 수는 없습니다.

당신은 끊임없이 성령으로 재충만함을 받기 위해 시간을 내어 간절히 기도를 해야 합니다. 이것이 바로 성령님의 기름부음이 흘러내리게 하며 성령님께 도움을 구하는 중요한 방법인 것입니다. 구약에도 끊이지 말고 등잔불을 밝히기 위해 성막의 등잔에 매일 새로 기름을 갈아 넣는 것이 매우 중요한 일이었습니다(렘 24:2, 3). 오순절 날 성령의 부어 주심이 있은 지 얼마 지나지 않아서 성도들은 다시 기도하기 위해 모였습니다. 그리고 소리높여 간절히 기도하매 그들에게 성령의 충만함이 임하여 담대히 말씀을 증거하게 되었습니다.

"빌기를 다 하매 모인 곳이 진동하더니
무리가 다 성령이 충만하여
담대히 하나님의 말씀을 전하니라."(행 4:31)

이와 같이 우리는 성령님께 도와 달라고 빌기를 다하는 기도를 드려야 합니다. 빌기를 다하는 기도는 집중기도입니다. 생명을 불태우는 기도요, 피를 토하는 기도입니다.

당신이 아무리 성령님과 함께 동행하고 있다고 할지라도 매일 정시기도를 통해 성령의 재충만을 받지 아니한다면 점차 영적으로 메말라가게 될 것입니다. 성령님께서 당신을 계속적으로 기도의 골방으로 이끌고 계시는 이유가 바로 이것입니다. 성령님께서 무릎꿇도록 당신을 인도하실 때 뒤로 미루지 말고 순종하십시오! 여러 가지 기도하지 못하는 데 대한 핑계를 대고 있다면 당신은 분명 마귀에게 속고 있다는 사실을 알아야 합니다. 왜냐하면 성경에 나오는 어떤 인물을 보아도 하나님께서 기도할 수 없는 지경까지 몰아가신 적이 없습니다.

사자굴 속에서나 광야에서도, 홍해 앞에서나 감옥이나 마른 우물 속에서도 기도할 수 없는 조건이란 존재하지 않습니다. 문제는 당신에게 있습니다. 마귀에게 속고 있는 것입니다. 당신은 어떤 이유 여하를 불문하고 위대한 결단을 내리고 기도하기 위해서 시간을 내어 무릎을 꿇어야만 합니다.
  어떤 사람은 기도가 잘 되지 않는다고 말합니다. 그러면 기도가 잘 될 때까지 엎드리고 있어야 합니다. 누구나 무릎만 꿇으면 기도가 잘 되고 말이 저절로 나오는 사람은 없습니다. 단지 한 가지 기억해야 할 것은 당신의 육신은 성령을 거스리고 기도하기를 싫어한다는 것입니다. 기도하면 육이 죽습니다. 기도는 영적인 작업입니다. 그러므로 기도를 시작할 때 당신의 영과 육이 싸우는 것입니다.
  기도할 때 누구나 육을 죽이는 시간을 반드시 거친다는 것을 알아야 합니다. 어떤 때는 30분, 또 다른 때는 1시간 정도가 지나야 육을 가라앉히고 당신의 영이 마음껏 살아 움직이며 기도의 바다를 헤엄치고 있음을 알게 될 것입니다.
  저의 반복된 경험과 여러 기도하는 사람들의 이야기를 들어 볼 때 보통 40분에서 1시간 정도는 흘러야 한다고 생각합니다. 많은 사람들이 종종 여기서 실패를 하고 포기를 해버립니다. 이 때를 견디고 당신의 영이 이겨야 기도의 문이 열리기 시작하는 것입니다.
  저는 10년 동안을 기도훈련을 쌓으며 매일 1시간 이상 10시간까지 기도해 왔지만 아직도 기도가 쉽지만은 않습니다. 그러나 이제는 이런 육을 죽이고 성령이 충만해지는 단계에 들어가는 것이 어느 정도 익숙해져 있습니다. 그리고 하루에 수시간씩 기도하기로 결심하고 무릎을 꿇기 때문에 이러한 육을 죽이는 단계는 별로 어렵다거나 길게 느껴지는 시간이 아닙니다.

성령님과의 인격적인 교제는 쉬지 않고 기도하는 것이라 할 수 있습니다. 그런데 매일 이러한 생생한 교제가 이뤄지게 하려면 당신은 반드시 시간을 내어서 무릎을 꿇고 정시기도를 해야 합니다. 정시기도와 무시기도 중 어느 것도 무시할 수가 없습니다.

저는 하루에 최소한 1시간 이상 엎드려 기도함으로 성령의 충만함을 입지 않은 상태에서 얼마간 지나면 저도 모르게 성령님의 임재하심에 대해 서서히 눈이 어두워짐을 알게 됩니다. 분명히 성령님은 변함없이 저와 함께 계시건만 제 영혼이 무감각해지고 육이 살아 움직이므로 성령님과 교제는 소홀해지고 둔해지고 맙니다. 이 때 제 마음은 답답해서 견딜 수 없을 지경입니다. 멍청하게 무의미한 시간들을 흘려보내게 됩니다. 가슴이 허전하고 얼굴은 힘을 잃고 온몸에 맥이 빠져 생기가 없이 하루종일 허우적거리며 삽니다. 이러한 상태에 처하면 제 스스로가 비참하게 느껴지고 남을 돕는다는 것을 꿈도 꿀 수 없고 오히려 다른 사람을 만나는 것조차 두렵게 느껴집니다.

저는 성령충만하지 않은 상태에서 하루종일 지낸다는 것을 무섭게 생각합니다. 제가 집중적으로 몇 시간 기도함으로 성령으로 충만한 상태에서는 누구를 만나든지, 무슨 일을 하든지 자신감이 넘쳐나고 믿음이 가득해져 당당해집니다. 이러한 성령충만을 가져오는 여러 가지 방법이 있지만 그 중에서 '정시기도'가 가장 쉽고 빠른 첩경이라고 저는 확신합니다. 그래서 저는 어디를 가면 먼저 기도할 장소를 찾아보고 없으면 어디서나 기도합니다.

당신이 정시기도를 무시하고 바쁘고 분주하게 돌아다닌다면 큰 실수를 범하고 있다는 것을 알아야 합니다. 그것은 곧 성령님의 도움없이 혼자 힘으로 하루를 살아갈 수 있다는 교만입니다. 당신은 자신의 얼굴에 대해 책임질 수 있을 만큼 확실한 성령충만을 받을 때까지 골방에서 엎드려 기도해야 합니다. 정시기도 없이는 성령님과의 교제도 점차 힘들어진다는 사실을 잊지 마십시오.

성령님께 도움을 구하는 집중적인 기도를 통해 성령님의 기름부으심이 흘러내리도록 하십시오. 그 때 당신의 얼굴은 힘을 얻고 천상의 빛을 발하게 될 것입니다. 당신은 "우리의 방패이신 하나님이여! 주의 기름부으신 자의 얼굴을 살펴 보옵소서!"(시 84:9)라고 담대히 말할 수 있을 정도로 기도하고 움직여야만 합니다.

당신은 오늘부터 매일 시간을 내어 최소한 하루에 한 시간 이상씩 반드시 기도하도록 노력하십시오! 그러면 성령으로 충만한 가운데 성령님과 부드러운 관계를 유지하며 이분의 확실한 임재하심을 의식하며 신나게 살아갈 수 있을 것입니다.

기도할 수 없다는 말은 핑계

하나님께서는 우리에게 많은 것을 주셨습니다. 가정, 돈, 시간, 재능 등을 우리에게 맡겨 주셨습니다. 우리는 이 모든 것의 청지기입니다. 부요하신 하나님께서는 우리가 이땅에서 살면서 하나님의 뜻을 이룰 수 있도록 충분한 시간 또한 주셨다고 믿습니다. 하나님은 당신에게 기도할 수 있는 시간을 분명히 주셨습니다! 문제는 기도하기를 싫어하는 당신의 육체와 잘못된 습관이 당신으로 하여금 기도하지 못하게 만든 것입니다.

아무리 바쁜 직장인이나 3~4시간 자는 수험생에게도 하나님은 기도할 시간은 주셨습니다. 사실 당신이 시간을 아끼지 않고 기도하려면 하나님과 함께 있는 기도의 시간이 그 무엇보다 우선적이며 중요하다는 신념을 가져야 합니다. 그렇지 아니하면 당신은 멍청하게 TV 앞에서나 잡지책을 붙들고 아니면 낮잠자는 데 많은 시간을 흘려보내고 말 것입니다.

예수님은 이 세상에서 가장 유명하셨고 바쁜 스케줄 속에 움직이신 분이셨습니다. 그러나 기도할 수 없을 만큼 바쁘게 다니지는 않으셨습니다. 아니, 예수님은 기도를 가장 중요한 사역으로 여기셨고 그 무엇에도 기도를 양보하지 않으셨습니다. 마가는 새벽 오히려 미명에 예수께서 일어나 나가 한적한 곳으로 가사 거기서 기도하셨다고 기록했고(막 1:35), 마태는 예수님께서 무리를 떠나신 후 기도하러 따로 산에 올라가셨다고 기록했습니다(마 14:23). 주님은 때로는 밤이 새도록 기도드리셨고 중요한 일이 있을 때마다 무릎을 꿇었습니다.

예수님께서는 항상 성령으로 충만한 가운데 움직이셨고 아버지와 긴밀한 관계를 유지하고 계셨습니다. 이러한 이유로 병자를 치료하거나 귀신들을 쫓고 죽은 자를 살리실 때 성령님과 함께 움직이며 정확한 인도를 받으며 아버지께서 하라고 하신 일을 이루어 낼 수 있었습니다. 성령님의 권능이 마음껏 역사할 수 있었습니다.

당신은 어떤 중요한 사람을 만나는 것보다도 기도하는 시간을 중요시 여기도록 하십시오! 많은 일을 하기 위해 분주히 돌아다니는 것보다도 기도하기 위해 무릎을 꿇는 시간을 소중히 여겨야 합니다. 아름답고 값비싼 옷으로 자신을 장식하는 것보다도 기도의 눈물과 땀으로 얼룩지게 하는 것이 더욱 보배롭고 가치있는 일이라는 신념을 가지십시오.

당신이 예수님을 구주로 영접했을지라도 매일 시간을 내어서 기도하므로 성령의 충만함을 받지 않으면 성령님과 실제적으로 교제하며 이분의 인도와 보조를 맞추고 죄를 멀리한다는 것은 거의 불가능해진다는 것을 잊지 말아야 합니다.
 하나님의 사람인 당신에게 있어 사실 다른 것은 좀 부족하고 모자라도 괜찮습니다. 그러나 기도의 골방에서 하나님과 단 둘이 보내는 비결은 잘 터득하고 있어야 합니다. 모든 것을 잘 하고 재주가 뛰어나도 골방에서 실패한다면 당신은 사명을 감당할 수 없을 뿐 아니라 영적으로 심히 방황하게 될 것입니다. 그러나 당신이 매일의 가장 좋은 시간을 정해서 기도로 하나님께 매달려서 성령님께 붙들린 바 된다면 그 날 하루의 성공은 보장될 것이요, 이러한 날이 연속된다면 당신은 일생을 성령님의 능력으로 화려한 생애를 장식하게 될 것입니다. 이것은 반드시 대가를 치루고자 하는 확고한 결심이 있어야 합니다.
 "우리는 기도하는 것과 말씀전하는 것을 전무하리라."(행 6:4)
 이러한 하나님 중심의 사람을 하나님께서 귀중히 여기십니다. 순간적으로 당신이 무릎꿇고 있을 때 남이 더 빨리 달려가는 것처럼 보일지 모르지만 전능하신 하나님께서는 반드시 당신에게 상상할 수 없는 첩경으로 인도하셔서 복을 누리게 하실 것입니다. 당신의 생애에는 하나님의 이름으로만 설명되어질 수 있는 위대한 증거가 있게 될 것입니다.
 당신은 이유여하를 막론하고 기도해야 합니다. 시간을 정해놓고 무조건 무릎을 꿇으십시오! 무엇을 기도하냐고요? 특별한 일이 없는 한 당신은 다음과 같이 기도하면서 간절히 성령님께 도움을 구하십시오.

    첫째로, 성령의 충만함을 위해 기도하십시오.
    둘째로, 전도의 문이 열리게 해달라고 기도하십시오.
    셋째로, 권능이 나타나게 해달라고 기도하십시오.
    넷째로, 성령님의 인도하심을 기도하십시오.

『다시 태어나도 이 길을』이라는 고시 합격 수기를 적어놓은 두꺼운 책을 나는 여러 번 읽어보았습니다. 그들은 저마다 동키호테와 같은 환상속에 독한 마음을 품고 하루에 잠자는 시간 외에는 거의 공부에 몰두한 사람들이었습니다. 그들은 자기가 선택한 피할 수 없는 '외길'이라는 결심을 굳히고 자립하지 않으면 아무 데고 의지할 데 없다는 절실한 현실 앞에 죽기 살기로 공부한 독종들이었습니다.

당신은 '다시 태어나도 예수님을 영접하고 성령님과 함께 동행하는 좁은 길'을 택한 사람들입니다. 그렇다면 당신이 세상 사람들보다 마음이 약해야 되겠습니까? 세상 사람들은 먹고 살기위해서 목숨을 걸고 쟁투합니다. 좋은 직장에 취직하기 위해, 좀 더 좋은 것을 먹고 마시고 누리기 위해 그들은 어떠한 대가라도 당당히 치루며 원하는 것을 소유합니다. 그렇다면 반석 위에 흔들리지 않는 집을 지은 삶의 의미와 목적이 뚜렷한 당신이 왜 성령님께 붙들리기 위해 노력할 수 없습니까? 왜 그들은 공부한다고 하루에도 13~17시간씩 앉아서 책을 읽는데 당신은 기도하기 위해 1시간도 무릎을 꿇지 못한다는 말입니까?

저는 매일 기도하고자 굳은 결단을 내리고 다른 바쁜 일을 접어두고 골방으로 들어갑니다. 바쁜 일보다 중요한 일에 시간을 투자해야 합니다. 무릎을 꿇고 기도일지를 펴면서 오늘은 몇 시간 기도하겠다고 결심합니다. 그리고 시계를 맞춰놓고 무식하게 기도하는 것입니다. 이것 저것 다 따지고 신경쓰면 기도할 수 없습니다. 저는 오늘도 3시간을 기도했습니다.

한번은 집회를 인도하기 위해 7시간까지 엎드려서 기도한 적이 있었습니다. 그 때 저는 제 자신이 완전히 죽어있다는 것을 알았습니다. 그냥 평범하게 말씀을 전하는 중에 성령님께서 사람들에게 임하셨습니다. 어떤 이는 말씀을 듣다가 성령을 받고 방언이 터져나왔고 모두들 강한 기도의 영에 사로잡혔습니다.

당신은 전심전력을 다해서 기도하므로 성령님께 도움을 구하고 응답을 받아야 합니다. 어떤 기도는 한 번만에 즉각 응답이 옵니다. 그러나 때로는 여러 번을 부르짖어야 합니다. 엘리야가 바알 선지자와 대결할 때 하늘에서 불이 떨어진 것은 한 번의 기도로 가능했습니다. 그러나 비를 내리게 하는 것은 일곱 번을 간구했습니다.

엘리야가 3년 6개월 동안 오지 않던 비를 내리게 하기 위해 머리를 가랑이 사이에 집어넣고 일곱 번을 간절히 기도했을 때 큰비가 오고 하나님의 능력이 그에게 임했던 것처럼 우리도 이를 악무는 강인한 의지와 확고한 목표를 가지고 목숨바쳐 기도해야 하겠습니다.

"영어는 꾸준히 해야 된다."는 말이 있듯이 당신은 무엇보다도 기도를 꾸준히 하기로 결심하십시오! 사람이 무엇인가 꾸준히 한다는 것이 쉽지 않습니다. 비가 오나 바람이 부나 변함없이 살아간다는 것이 말처럼 간단하지 않은 것은 사실입니다. 이를 위해서 당신은 확실한 가치관과 목표, 그리고 이를 자극해 주는 정신적인 무장이 절대적으로 필요합니다.

다른 것은 몰라도 당신이 기도하기 위해서는 특별한 성령님의 인도를 기다릴 필요가 없습니다. 당신 스스로가 결단을 내리고 무조건 무릎을 꿇어야 합니다. 중대한 시험을 앞둔 수험생이 공부가 잘 되고 안 되고 하는 것은 배부른 소리에 불과합니다. 기도가 잘 안 되면 될 때까지 자리를 지키고 있어야 합니다.

생 쥐스트는 "내 자신을 지배할 줄 아는 사람만이 남을 지배할 수 있다!"고 말했습니다.

우리의 하나님은 대대로 성실하신 분이시며 어제나 오늘이나 영원토록 동일하신 분이십니다. 하나님의 형상을 따라 지음받은 당신도 성실히 기도생활에 임해야 합니다. 게으르고자 하는 유혹을 뿌리치고 일어나 골방으로 들어가 무조건 무릎을 꿇으십시오!

저는 서울대 나온 사람이라고 해서 하나님께 쓰임받는다고는 믿지 않습니다. 그러나 그 사람들을 무시할 수 없는 것은 그들의 인내와 성실함입니다. "자신의 목적을 바로 알고 그것을 성취하기 위해 최선을 다하는 자만이 위대한 일을 할 수 있다."는 격언처럼 그들의 열심이란 대단합니다.

그들이 이러한 성실과 열심으로 하나님의 말씀을 연구하고 성령님께 붙들리고자 확고하게 결심하고 하루에 몇 시간씩 골방에 엎드려 기도한다면 무서운 일이 벌어질 것입니다. 당신은 이러한 비장의 각오로 기도해서 하나님의 응답을 받아 그의 나라를 위해서 무엇인가 뚫어내야 합니다. 당신이 오랜 시간의 기도로 인한 하나님과의 깊고 지속적인 교제를 가진다면 이는 말할 수 없는 영광을 가져다 줄 것입니다. "세계에서 가장 열심히!" 이 지구상에 존재하는 인류 중에서 가장 열심히 기도하는 '기도인'이 되어보지 않겠습니까?

성령님의 인도를 받는 삶이 참된 성공

당신은 보혜사이신 성령님과의 교제를 통해서 당신의 인생을 향한 하나님의 깊은 뜻을 발견함으로 이분의 인도를 받을 수 있어야 합니다. 당신이 인간적으로 볼 때 아무리 잘나가고 성공을 거두는 것처럼 보인다 하더라도 성령님의 정확한 인도를 받지 않고 자신의 야망을 위해서 달려왔다면 당신은 성공한 자같으나 실패한 것입니다.
　진정으로 참된 성공이 무엇인지 예수님의 고백을 들어보십시오.

　　"아버지께서 내게 하라고 주신 일을 내가 이루어
　　아버지를 이 세상에서 영화롭게 하였사오니."(요 17:4)

　예수님은 우리와 똑같은 인간으로 오셔서 전적으로 성령님의 인도를 받으며 짧은 생애 동안에 아버지께서 하라고 시키신 일을 이루심으로 성공적인 삶을 사셨습니다. 당신도 철저하게 성령님의 인도를 받으며 성령님을 통해서 아버지께서 보여 주시고 그분이 하라고 시킨 일만 해야 합니다.
　모든 그리스도인은 그들의 일상적인 삶과 특별한 사역 속에 적극적인 성령님의 인도를 받아야 합니다. 성령님의 인도하심을 놓치고 혼자서 인생을 달려가는 사람은 자기 생각의 한계를 넘지 못하고 주저앉게 됩니다.
　예수님께서는 성령님이 오시면 우리에게 장래 일을 알려 주시고 우리를 인도하실 것이라고 약속하셨습니다(요 16:8~13). 우리는 육의 요구를 좇지 말고 성령님의 인도를 따라 살아야 합니다. 성경은 우리가 다른 것은 좀 부족하더라도 결단코 성령님의 인도만큼은 확실히 받아야 한다고 말씀합니다.

　　"무릇 하나님의 영으로 인도함을 받는 그들은
　　곧 하나님의 아들이라."(롬 8:14)

　우리는 다시는 무서워하는 종의 영을 받지 아니하였고 양자의 영을 받았습니다. 그래서 창조주 하나님을 향하여 "아바 아버지"라고 부를 수 있게 된 것입니다. 성령님이 친히 우리가 하나님의 자녀인 것을 증거하고 있습니다.

우리는 고난을 받든 영광을 얻든 반드시 성령님의 인도를 받으며 나아가야 합니다. 성령님께서는 날마다 순간순간마다 하나님의 뜻대로 살도록 우리의 연약함을 도우시며 우리가 마땅히 빌 바를 알지 못할 때도 말할 수 없는 탄식으로 우리를 도우십니다.(롬 8:26)

우리가 성령님의 인도 가운데 살아가면서 사명을 감당해 나간다면 아무리 어렵고 힘든 시기가 와도 우리를 사랑하시는 애인이신 성령님의 도우심으로 이 모든 것을 넉넉히 이길 수 있습니다. 환난이나 핍박이나 기근이나 위험이나 적신이나 칼도 성령님께서 도우시면 아무것도 아닌 것처럼 되어 버릴 것입니다.

성령님은 우리의 마음을 감찰하실 뿐만 아니라 하나님의 마음 속 깊은 것까지라도 통달하십니다. 그러므로 성령님의 인도를 받아야 정확하게 법대로 경기하여 하나님의 뜻을 성취하게 되므로 영광스러운 승리의 면류관을 받게 되는 것입니다. 담대하게 성령님께 나아가서 당신을 인도해 달라고 부탁을 드리십시오. 오늘 밤 사이에 당신의 인생에 무슨 일이 벌어질지 누가 알 수 있겠습니까?

기도의 무릎을 더욱 강하게 하라

"나는 기도할 시간이 없다."고 말하지 마십시오!

당신이 만일 매일 텔레비전 보는 시간을 하나님께 기도하는 시간으로 드린다면 과연 당신의 인생에 무슨 일이 일어나겠습니까?

도슨 트로트맨은 잠을 자지 않고는 일을 할 수 있어도 충분한 기도가 없이는 아무것도 할 수 없는 사람이었습니다.

말년에 그는 젊은이들로부터 얼마나 많은 시간을 주님께 기도하는 일에 보냈느냐는 질문을 받고 이렇게 대답했습니다.

"시간의 길이가 하나님의 응답여부를 결정짓는다고는 생각지 않습니다. 그러나 전능하신 하나님 아버지와 함께 보내는 시간이 하루 중에서 30분, 즉 48분의 1도 채 못되는 사람에게 하나님께서 무슨 큰 일을 일으켜 주시리라고 생각합니까? 하나님께서 그러한 당신을 위해 무슨 일을 하실지 의심스럽습니다. 기도하십시오. 좀 더 열심히 기도하십시오."(11)

기도하는 것은 힘이 듭니다. 저는 많은 날들을 땀으로 옷을 흠뻑 적시며 기도했습니다. 어떤 때는 너무 많은 땀을 흘려서 옷을 짜면서 기도하기도 했고, 옷을 홀랑 벗고 기도한 적도 여러 번 있었습니다. 기도는 반드시 응답이 옵니다. 기도해야 삽니다.

기도는 인간의 힘으로 되지 않습니다. 성령님이 도와 주셔야 하늘보좌를 움직이며 하나님의 마음을 감동시키는 기도를 할 수 있습니다. "이와 같이 성령도 우리 연약함을 도우시나니 우리가 마땅히 빌 바를 알지 못하나 오직 성령이 말할 수 없는 탄식으로 우리를 위하여 친히 간구하시느니라."(롬 8:26)고 말씀합니다. 기도는 당신의 의지로 시작하지만 반드시 성령님께서 도와 주셔야 합니다. 그러므로 당신이 기도하기 위해 무릎을 꿇었다면 제일 먼저 "성령님, 저의 기도를 도와 주세요."라고 말씀드려야 합니다.

성령님이 도와 주시면 주일학교 아이들도 성령의 충만함을 받고 방언으로 3시간, 4시간씩 뜨겁게 기도하게 되는 것을 저는 많이 보았습니다. 주일학교 교사 시절 저는 여름성경학교 기간 중에 다른 선생님들과 함께 20명의 어린이들을 집으로 데리고 와서 성령을 받기 위해 기도를 했습니다. 재밌는 인형극과 과자를 준다고 처음으로 교회나온 아이들도 있었는데 이들에게 예수님을 영접시키고 모두가 소리내어 기도하는 가운데 성령의 충만을 받고 방언을 했습니다. 유치부 아이들도 땀을 뻘뻘 흘리며 무릎을 꿇고 한 시간 이상을 부르짖으며 기도했습니다. 간구의 영이신 성령님께서 강하게 역사하셨고 회개의 눈물이 쏟아졌습니다. 저는 어떻게 이와 같은 일들이 일어나는지 다 이해하지 못합니다. 하지만 어린아이들도 성령님이 도와 주시면 얼마든지 오랜 시간 생명을 다해 기도하게 되는 것입니다. 우리는 기도의 무릎을 더욱 강하게 만들어야 합니다.

영국 브리스톨에 세계 최대의 고아원을 세우고 죽을 때까지 15만 명의 고아들을 돌보고 세계 42개국 300만 명에게 복음을 전파한 죠지 뮬러는 그의 일생 동안 5만 번의 기도응답을 받았습니다. 이는 성령님께서 그의 기도를 도와 주셨기 때문입니다. "마음을 감찰하시는 이가 성령의 생각을 아시나니 이는 성령이 하나님의 뜻대로 성도를 위하여 간구하심이니라."(롬 8:27)는 말씀처럼 성령님께서는 성도들이 하나님의 뜻대로 구할 수 있도록 기도를 도와 주시고 하나님 아버지께서는 우리를 도우시는 성령님의 생각을 감찰하시므로 우리는 정확하게 응답받게 됩니다.

당신은 성령님의 도우심을 힘입어 기도하기에 힘써야 합니다. 기도는 오직 예수님의 보혈로 구속함받은 하나님의 자녀들만이 누릴 수 있는 특권입니다. 구원받고 생명있는 자들은 누구나 기도해야 합니다. 기도의 무릎을 더 강하게 하십시오!

절대기도와 성령충만

절대적으로 기도해야 성령의 충만함을 받습니다. 저는 조금 전에도 성령충만이 서서히 사라지는 것이 느껴져서 하던 일을 멈추고 방으로 들어가 무릎을 꿇고 1시간 30분 동안 집중적으로 아내와 함께 기도했습니다. 제 마음은 성령충만으로 힘을 얻고 든든해졌습니다. 저는 성령충만이 사라지면 얼굴에 힘이 없어집니다. 생기가 사라지고 시무룩해지는 것이지요. 이 때가 저에게 있어서는 하나님의 기도하라는 적신호입니다. 그러면 저는 만사를 제쳐놓고 기도해야 합니다. 제가 기도하지 않고 "기도중단!"이라는 표지를 세워놓고 인내심을 발휘한다면 오래가지 않아 아이들이 아프든지 무슨 일이 일어납니다. 저는 기도하지 않고 악착같이 겨우 살아갈 수 없음에 감사드립니다.

하나님께서는 다른 것은 몰라도 성령충만을 위한 기도는 한 번도 응답하시지 않은 적이 없습니다. 제 자신을 위한 성령충만이든, 사역을 위한 성령충만이든, 남을 위해서 기도하든 성령충만을 위한 간구는 언제나 응답하십니다. 성령은 가장 좋은 것입니다.

> "너희가 악할지라도 좋은 것을 자식에게 줄 줄 알거든 하물며 너희 천부께서 구하는 자에게 성령을 주시지 않겠느냐"(눅 11:9~13)

어느 주일 오후에 9명의 청년들이 집에 기도하기 위해 왔습니다. 둥그렇게 모여 앉아서 손뼉을 치며 신나게 찬양을 부르고 있을 때 주일학교 아이들이 들이닥쳤습니다. 16명이 "주여!"하는 소리와 함께 부르짖는데 내 옆에 오늘 성령을 받으러 온 한 자매의 입에서 방언이 터져나왔습니다. 모두가 미친 듯이 살아계신 아버지를 찾으며 목에서 피가 나도록 부르짖었습니다. 미사여구를 쓰지 못하는 아이들도 성령님의 도우심으로 어느 누구 못지 않게 간절히 진심으로 기도합니다. 저는 모두에게 성령을 부어달라고 기도했습니다.

"살아계신 하나님 아버지, 모든 죄를 예수의 피로 씻으시고 성령님께서 불같이, 바람같이 임하여 주시옵소서. 이들의 머리끝부터 발끝까지 다스려 주옵소서. 예수님의 이름으로 기도합니다."

이어서 하나님의 자녀의 권세로 모든 어둠의 영들을 결박했습니다.

"예수 그리스도의 이름으로 명하노니 악한 마귀, 사단의 권세는 묶음을 받을지어다! 악의 영들과 미혹의 영들과 더럽고 저주받은 귀신들은 떠나갈지어다!"

성령을 받지 못한 사람에게 "예수께서 기도하실 때에 하늘이 열리고 성령이 강림하신"(눅3)것처럼 모두에게 성령이 부어지며 한 명도 빠짐없이 방언을 받고 온 얼굴을 땀으로 덮으며 4시간 동안 간절히 기도했습니다.

지금 우리는 개인적으로, 가정적으로, 국가적으로 큰 위기를 맞고 있습니다. 우리에게는 무엇보다도 간절한 부르짖음의 기도가 요구되고 있습니다. 어린 아이로부터 교계 지도자에 이르기까지 모두 엎드려 기도해야 할 때가 왔습니다. 하나님의 능력은 참된 기도자에게 부어지는 것입니다. 하나님은 살아계셔서 밤낮 부르짖는 그의 자녀들의 기도에 응답하십니다. "그러므로 우리가 긍휼하심을 받고 때를 따라 돕는 은혜를 얻기 위하여 은혜의 보좌 앞에 담대히 나아갈 것이니라."(히 4:16)

오직 인격이신 성령님이 임하시면

"오직 성령이 너희에게 임하시면

너희가 권능을 받고
예루살렘과 온 유대와 사마리아와 땅끝까지 이르러
내 증인이 되리라."(행 1:8)

당신이 승리하는 삶을 살고 온 세상을 살리는 방법은 오직 성령의 권능으로 충만할 때 이루어지는 것입니다. 다른 프로그램과 방법으로는 조금의 유익과 도움을 가져오기는 하지만 예수 그리스도의 지상명령을 이루지는 못하며 이땅에 진실로 하나님의 나라를 가져오지는 못하는 것입니다.

오직 천지를 창조하실 때 운행하셨던 하나님의 신, 오직 성령님만이 죄와 저주로 물들어 지옥으로 달려가고 있는 이 세상을 구원할 수 있는 능력이요, 하나님의 계획인 것입니다.

사단의 세력을 꺾으신 분은 오직 예수 그리스도 한 분 외에는 없습니다. 그의 부활의 능력만이 사단과 온갖 미혹의 영과 귀신의 세력에 묶여 종 노릇하는 세상에 희망을 줄 수 있습니다. 예수님께서는 삼 년 동안의 인류를 위한 대속의 삶을 완벽히 사신 후에 부활 승천하셨습니다. 그 때 예수님께서는 제자들에게 놀라운 새 언약을 주셨습니다.

"나와 똑같은 한 인격이신 성령님이 오실 것이다. 요한은 물로 너희에게 세례를 주었지만 나는 너희에게 성령으로 세례를 줄 것이다. 다른 보혜사 성령님이 오시면 너희를 진리가운데로 인도하실 것이다. 그뿐 아니라 삶의 전반에 걸쳐 너희를 인도하실 것이며 능력을 부어 줄 것이다. 그러므로 너희는 예루살렘을 떠나지 말고 아버지의 약속하신 성령이 오실 때까지 기다려라! 성령님은 좌절 가운데 있는 너희에게 승리를 줄 것이며 하늘 나라의 기쁨을 회복시킬 것이다. 너희는 세상을 권능으로 정복하게 될 것이다."

제자들은 마가의 다락방에 모여 이 약속의 말씀을 붙들고 간절히 기도하였습니다. 그러자 예수 그리스도의 인격과 성품을 가지신 하나님의 신이 하늘의 횃불을 가지고 강림하셨습니다.

"오순절 날이 이미 이르매 저희가 다 같이 한 곳에 모였더니 홀연히 하늘로부터 급하고 강한 바람같은 소리가 있어 저희 앉은 온 집에 가득하며 불의 혀같이 갈라지는 것이 저희에게 보여 각 사람 위에 임하여 있더니 저희가 다 성령의 충만함을 받고 성령이 말하게 하심을 따라 다른 방언으로 말하기를 시작하니라."(2:1~4)

이 때의 사건들을 보면서 사람들은 권능이나 방언, 또는 불이나 바람의 모습을 충격적인 성령님의 현현으로 받아들입니다. 물론 그것은 하나님의 강한 임재를 표현하는 것으로 무시해서는 안될 중요한 표적입니다. 그러나 가장 중요한 것은 불같은 성령, 바람같이 임하신 성령님이 인격으로 제자들에게 임하셨다는 것입니다. 자기들의 삶 속에서 모든 것을 다 버리고 좇았던 한 인격이신 예수 그리스도께서 승천하시고 다른 보혜사이신 성령님이 예수님과 같은 인격으로 자기들에게 오셨다는 감격적인 사실이었습니다.

여기서 '다른 보혜사'라는 것은 예수님과 똑같은 자리에서 똑같은 능력과 권세로, 예수님의 인격과 성품을 가지고 오셨다는 말입니다.

주위의 사람들은 눈에 보이는 현상들을 보고 느끼고 있었지만 베드로를 비롯한 120명의 제자들은 자기의 생애에 얼마나 엄청난 기적이 일어났는지를 잘 알고 있었습니다. 자기들과 3년 동안 먹고 마시며 함께 생활했던 예수님은 올라가셨지만 다른 보혜사, 곧 성령님께서 예수님과 똑같은 지,정,의를 가지신 인격으로 오셨다는 것을 깨달아 알게 된 것입니다. 이것은 눈에 보이지 않는 조용한 것이었습니다. 예수님의 약속의 말씀이 이루어진 것이었습니다.

"조금 있으면 너희가 '나'를 보지 못하겠고
또 조금 있으면 '나'를 보리라."(요 12:16)

그 때부터 세미한 성령의 음성이 들려오기 시작했고 그들은 이분과 부드럽고 친밀한 사랑의 속삭임을 나누면서 살게 되었습니다. 인격으로 오신 성령님과 대화를 나누면서 새롭게 그리스도를 알아갈 때 제자들에게 있어서 성령님의 인도를 받는다는 것은 그리 어려운 일이 아닙니다. 성령님과 함께 살아가는 것을 점차적으로 배워나가면서 그들은 정확한 성령님의 인도하심과 역사하심에 눈을 뜨게 되었으며 온 마음을 다해서 이분을 인격적으로 사랑하게 되니 자아는 죽고 그들 안에 오직 영이신 그리스도만이 살게 된 것이었습니다.

그 대표적인 예로 사도 바울의 생활 방식을 우리는 잘 알고 있습니다. 그는 온 마음을 다해서 영으로 임재하신 그리스도를 사랑했기 때문에 삶 속에서 자신은 없고 그리스도만이 살아 계신다고 고백했습니다.

"내가 그리스도와 함께 십자가에 못박혔나니
그런즉 이제는 내가 산 것이 아니요,
오직 '내 안에 그리스도'께서 사신 것이라.
이제 내가 육체 가운데 사는 것은
나를 사랑하사 나를 위하여 자기 몸을 버리신
하나님의 아들을 믿는 믿음 안에서 사는 것이라."(갈 2:20)

바울은 복음 전파 사역을 할 때에도 전적으로 성령님의 인도하심을 받았으며, 모든 일에 성령님과 동행하면서 이분을 인정하고 도움을 구했습니다. 그 결과 그는 절망적인 로마감옥의 어두운 현실 속에서도 전세계를 복음으로 정복할 수 있는 지혜와 계시를 얻게 된 것입니다.

성령님, 저를 도와 주세요

오늘날 가장 음란하고 죄 많은 세대를 살고 있는 당신은 그 무엇보다도 당신의 삶 가운데 임재해계신 성령님의 도움을 구하면서 살아가야 할 것입니다. 성령님의 절대적인 도우심이 없이는 당신이 성결한 그리스도인의 삶과 복음으로 세상을 정복하는 일은 절대 불가능합니다.

당신은 기도하기 위해 엎드릴 때마다 성령님의 기름부음을 위한 간구를 해야 하며, 걸어가면서나 사람을 만날 때에도 순간 순간 성령님의 인도하심을 구해야 합니다. 아무도 당신을 돌아 보는 이 없을 때에도 보혜사 성령님께서는 당신을 돕기 위해 당신 곁에 부름받고 서 계신 것입니다. 당신이 잠시만 눈을 돌려 성령님을 바라보면서 "성령님, 저를 도와 주세요. 저에게 성령과 능력으로 기름부어 주세요."라고 말씀드리면 친절하신 성령님께서는 당신의 길을 인도하시고 큰 능력으로 도움을 주시리라 믿습니다. 당신은 성령님과 함께 일해야 합니다.

사도 바울은 "우리는 하나님과 함께 일하는 자"라고 했습니다(고후 6:1). 요나단도 하나님과 함께 일하는 자였으며, 다윗도 하나님과 함께 전쟁터에 나갔습니다(시 18:29). 요셉이 그러했으며, 다니엘도 마찬가지입니다. 당신은 언제, 어디서, 무엇을 하든지 성령님을 전적으로 의지하며 이분과 함께 뛰어야 합니다. 당신은 매순간 이렇게 말씀드여야 합니다.

"성령님, 저를 도와 주세요."

그림을 그릴 때나 글을 쓸 때, 운동을 할 때에나 기도를 할 때 성령님과 함께 해야 합니다. 주부들은 특히 요리를 할 때에 성령님을 의지해야 합니다. 시장에 가서 물건을 고를 때에, 백화점에서 쇼핑을 할 때 성령님께 도움을 구해야 합니다. 특히 설교를 할 때와 전도를 할 때는 더욱 전폭적으로 성령님께 매달려야 합니다. 우리는 언제나 보혜사이신 성령님을 의지해야 합니다.

"지혜의 신이신 성령님, 제가 전도, 공부, 요리를 잘 할 수 있도록 지혜를 부어주세요."

"총명의 신이신 성령님, 성경을 잘 깨닫게 하시고 하나님과 그분의 뜻을 깨달을 수 있도록 총명을 주세요."

"모략의 신이신 성령님. 저의 문제를 해결해 주시고, 어려운 사람에게 상담을 잘 할 수 있도록 모략을 주세요."

"재능의 신이신 성령님. 저에게 각양 은사를 주시고, 사업을, 그림을, 운동을 잘 할 수 있도록 재능을 주세요."

"여호와를 경외하는 신이신 성령님. 신령과 진정으로 예배를 잘 드리고 성령님과 동행하며 경건히 살 수 있도록 도와 주세요."

성령님은 당신을 돕기 위해 부름을 받아 곁에 와 계신 보혜사이십니다. 당신의 약함을 돕기 위해 부름을 받아 곁에 와 계신 거룩한 하나님의 영이십니다. 그러므로 당신은 적극적으로 도움을 청하고 매달려서 성령님께 도움을 구해야 합니다.

> "내가 아버지께 구하겠으니
> **그가 또 다른 보혜사를 너희에게 주사**
> 영원토록 너희와 함께 있게 하시리니
> 저는 진리의 영이라.
> 세상은 능히 저를 받지 못하나니
> 이는 저를 보지도 못하고 알지도 못함이라.
> 그러나 너희는 저를 아나니
> 저는 너희와 함께 거하심이요,
> 또 너희 속에 계시겠음이라.
> 내가 너희를 고아와 같이 버려 두지 아니하고
> 너희에게로 오리라."(요 14:16~18)

하늘과 땅의 모든 권세를 가지신 통치자 예수 그리스도가 영으로 당신 안에 임재해 계십니다. 바울이 말한 "너희 안에 계신 그리스도"(골 1:27)는 바로 죽음을 이기고 승리하신 부활의 주님이십니다. 예수님은 이미 그의 피로 사단의 정사와 권세를 깨뜨리시고 승리하신 분이십니다. 예수님은 사단과 모든 어두움의 세력을 제압하시는 주권자이십니다. 예수님은 만왕의 왕이시며 만군의 주이십니다. 전 우주를 다스리시는 분이십니다.

이분은 당신과 함께 계십니다. "예수께서 우리를 위하여 죽으사 우리로 하여금 깨든지 자든지 **자기와 함께 살게 하려 하셨느니라.**"(살전 5:10) 이분은 당신 안에 계십니다. "예수 그리스도께서 너희 안에 계신 줄을 너희가 스스로 알지 못하느냐?"(고후 13:5)

이분은 당신 속에서 능력으로 역사하시는 분이십니다. "내 속에서 능력으로 역사하시는 이"(골 1:29)라고 말씀합니다.

전지 전능하신 능력으로 역사하시는 이가 당신 속에 계시는데 왜 당신은 모든 것을 혼자 해결하려고 합니까? 자세히 살펴보면 우리 자신은 무엇하나 제대로 해낼 수 없는 연약한 존재임을 알게 됩니다. 그리고 세계 모든 민족 위에 뛰어나려면 당신 혼자의 힘으로 불가능합니다.

당신은 어떤 일을 하든지 마음을 다하여 성령님을 의지해야 하며 자신의 명철을 의지하지 말아야 합니다. 모든 일에 성령님을 인정해야 합니다. 그리하면 지혜로우신 성령님께서 당신의 모든 길을 지도하실 것입니다. 그렇다고 당신의 명철과 재능을 완전히 무시하라는 말은 아닙니다. 그것을 의지하지 말라는 것입니다. 자신을 부인하고 전적으로 성령님을 의지할 때 늦은 것처럼 보이지만 가장 빠른 첩경입니다. "그러나 먼저 된 자로서 나중되고 나중 된 자로서 먼저 될 자가 많으니라."(마 19:30)고 주님께서 말씀하셨습니다. 하나님은 교만한 자를 물리치시고 겸손한 자에게는 은혜를 주시는 분이십니다.(약 4:6)

하나님의 역사하심은 거의 동일합니다. 하나님은 당신을 선택하시고, 당신에게 '언약'(그리스도와 개인적사명)을 주시고, 당신이 믿고 순종할 때 하나님의 전능하신 능력과 절대 주권적인 섭리로 당신이 품고 있는 그 '언약'을 이루어 나가십니다. 이것이 바로 성령님의 인간 역사속에서의 운행하심입니다. 그러므로 당신은 하나님께서 부르실 때 응답하고, 성경을 읽고 묵상하며 기도하면서 '레에마'를 받으므로 언약을 붙들어야 합니다. 그 다음에 어떠한 어려움이 오더라도 성령님께서 말씀하시면 순종해야 합니다. 그리고 끊임없이 성령님을 의지할 때 성령님께서 창조와 부활의 능력으로 당신에게 주신 이 언약을 이루시는 것입니다.

하나님께서는 당신에게 무엇을 하기를 요구하시기 이전에 하나님께서 친히 당신을 '통해' 무엇인가를 하시겠다고 말씀하십니다. 이렇게 해서 하나님의 '언약'을 받고 나서 인간 편에서 순종으로 담대한 믿음의 거보를 내딛게 될 때, 하나님께서는 전능하신 능력으로 역사의 새로운 장을 열어 나가시는 모습을 우리는 성경에서 발견하게 됩니다. "너희 안에서 행하시는 이는 하나님이시니 자기의 기쁘신 뜻을 위하여 너희로 소원을 두고 행하게 하시나니"(빌 2:13)

언약을 가슴에 품은 당신이 성령님을 전적으로 의지하고 순종할 때 성령님께서는 당신에게 놀라운 지혜와 모략을 베푸시고 길을 여셔서 상상조차 할 수 없는 일들을 당신의 생애 속에 이루어 나가십니다. 그러므로 당신은 "우리 가운데서 역사하시는 능력대로 우리의 온갖 구하는 것이나 생각하는 것에 더 넘치도록 능히 하실"(엡 3:20) 성령님을 생생하게 삶의 현장 속에 모셔서 전적으로 매달려 의지하며 동역해야 합니다.

하나님의 자녀인 당신은 모든 일에 "일을 행하는 여호와 그것을 지어 성취하는 여호와"이신 성령님을 의지하고 당신의 모든 행사를 이분께 전폭적으로 맡겨야 합니다. 그러면 성령님이 이루십니다. 성령님께서 당신에게 특별한 지혜와 총명과 건강과 능력을 주셔야만 당신의 생애 속에 하나님의 영광을 드러낼 수 있습니다. 그렇지 않고 당신이 우두머리가 되어서 독단적으로 무엇인가 해내려고 할 때 항상 실패를 거듭하게 됩니다. 당신편에서 하나님을 위해서 인본주의적인 방법으로 무엇인가 해내겠다고 앞장서서 설치게 될 때 언제나 죄와 실패의 얼룩진 발자국만 남기게 된다는 사실을 잊지 마십시오.

하나님은 부지런히 자기를 찾는 자들에게 상 주시는 분이십니다(히 11:6). 당신이 하나님께서 주신 사명을 감당함에 있어 부지런히 성령님을 구하고 이분을 의지한다면 반드시 성공할 것입니다. 당신에게 주어진 '언약'은 정확히 성취될 것입니다.

크고 위대하신 성령님이시여!

모든 것을 성령님과 먼저 의논해야 하며 이분의 인도하심을 받아야 합니다. 성령님은 그분의 자녀인 당신을 정확하고 섬세하게 인도하시며 기적을 베푸실 것입니다.

당신은 성령님의 세미한 음성에 귀를 기울여야 하며 성령님께 모든 것을 내어드려야 합니다. 성령님을 당신의 삶과 사업터의 주인으로 모셔야만 하는 것입니다. 이렇게 말씀드리면 되겠지요.

"성령님. 저는 성령님의 것입니다. 저를 받아 주십시오. 저를 사용해 주십시오."

그리고 상점이나 공장, 회사에 성령님과 함께 출근하면 이렇게 말씀드리십시오.

"만유의 주이신 성령님. 이 모든 것이 제 것이 아니라 성령님의 것입니다. 성령님께서 직접 운영해 주시고 다스려 주십시오. 자, 함께 일하시지요."

성령님을 모든 삶의 자원으로 삼고 이분의 인도를 받으며, 전적으로 성령님을 인정하고 존중하며 모든 것을 내어 드리면 천지를 창조하실 때 운행하신 성령님께서는 당신의 가정과 사업터에 역사하셔서 무에서 유를 창조하시고 오병이어의 기적을 베풀어 주실 것입니다.

저는 이렇게 말하기를 좋아합니다.

"크게 생각하십시오!
크게 말하십시오!
크게 행동하십시오!
크게 기도하십시오!
우리에게 크신 하나님이 계시기 때문입니다."

보혜사 성령님이 삶의 현장에서 전지 전능하신 능력으로 당신을 도와 주시면 못할 일이 없는 것입니다. 성령님께서 도와 주시면 망하던 사업은 일어서고, 썩어져 가는 육체는 건강과 생명으로 충만케 되며, 마음에는 기쁨과 평강이 넘치게 되는 것입니다.

당신의 생활 전반을 도우시는 보혜사 성령님께서는 왕의 자녀들의 사업이 흥왕하게 하셔서 나눠주며 살게 하시고 모든 착한 일을 넘치게 할 수 있게 하십니다. 지역 사회에 하나님의 영광스러운 이름을 드러내게 하시며 온 천하에 복음을 전하는 데 당신을 사용하실 것입니다.

크고 위대하신 성령님께서는 지금도 당신 곁에 서 계시며 당신을 돕기를 원하십니다. 모든 일에 전적으로 성령님을 의지하십시오. 죽도록 성령님께 매달리십시오. 매순간 이렇게 말씀드리십시오.

"성령님, 저를 도와주세요.
성령님, 저와 함께 일하시지요.
성령님, 저에게 기적을 베풀어 주세요."

학문의 주인이신 성령님

잠언에는 여호와를 경외하는 자는 진정한 지혜자라고 말씀합니다. 우리 그리스도인들은 무식한 자처럼 보일지라도 결코 무식하거나 어리석은 자가 아닙니다. 여호와께서 지혜로 땅을 세우셨으며 명철로 하늘을 굳게 펴셨고 그 지식으로 해양이 갈라지게 하셨으며 공중에서 이슬이 내리게 하셨습니다.(잠 3:19, 20)

우리가 세상 만물의 일부분에 대해서 깊은 연구를 하여 지식자가 되었다고 하더라도 모든 것을 안 것은 아닙니다. 먼저 천지 만물을 지으신 하나님을 만나고 이분을 인격적으로 사귀며 개인적으로 알아나갈 때에야 비로소 진정한 학문 연구가 시작되는 것입니다.

"여호와를 경외하는 것이 지식의 근본이어늘"(잠 1:7)

인간과 천지만물을 지으신 창조주 여호와 하나님을 만나지 못한 사람은 아무리 그가 학위를 많이 가지고 있어도 그는 무식한 사람입니다. 그러나 하나님을 만난 사람은 그에게 지식과 지혜의 문이 열린 것입니다. 우주를 창조하신 하나님의 신이신 성령님과 사는 사람은 비록 영어단어, 수학공식 몇 개가 부족해도 그는 우주만물의 근본원리를 알고 있으며 학문의 뿌리를 가지고 있습니다. 그리고 이런 사람은 지혜와 총명의 신이신 성령님께서 그 안에서 도와 주시므로 조금만 노력하면 해박한 자가 되는 것입니다.

학생들은 학업에서 승리하므로 수업시간이 재미날 것이며 예술가들의 작품 속에는 하나님의 숨결이 스며들게 될 것입니다. 전세계 언어의 주인도 하나님이시므로 선교사로 나가려고 준비하는 사람들은 언어분야에 있어 더욱 적극적으로 성령님을 의지해야 합니다. 그럴 때 이해와 기억력이 탁월해지고 어학에 재능이 생겨 쉽게 말문이 트이게 될 것입니다.

"모든 학문의 주인은 창조주 성령님이십니다."

저는 신학교 4학년 때 어느 장로교회에서 학생회와 청년부를 맡아 섬기고 있었습니다. 그 때 교회 안의 사택에 있으면서 새벽 기도회를 인도하고 바쁠 때에는 일주일에 설교를 열두 번 한 적도 있었습니다. 졸업논문에 많은 과제물로 쉴 새가 없었습니다. 아내와 같이 아이들을 어머니께 맡겨놓고 수업을 듣고 돌아올 때 아기를 다시 집으로 데리고 왔습니다.

설상가상으로 암담한 상황 속에서 저는 성령님의 인도로 개척하겠다는 결심으로 갑작스레 짐보따리를 싸들고 경기도 안산으로 이사를 오게 되었습니다. 이 곳으로 와서도 낯선 환경과 개척한다는 설레는 마음에 교회 장소를 알아보러 돌아다녔습니다. 그러는 가운데 총신 대학원 시험날짜는 다가왔고 공부를 거의 못했으므로 제 마음은 긴장되었습니다.

안산은 신도시라서 집 근처를 살펴봐도 도서관이 없었고 독서실조차 눈에 띄지 않았습니다. 겨우 찾아 낸 곳이 안산전문대학 도서관이었는데 한 달 앞둔 시험에 처음부터 공부를 해야 했습니다. 제 친구가 시흥으로 이사를 왔는데 그는 거의 정리를 끝내고 마지막으로 점검해 나가고 있었으며 그의 해박한 철학과 성경지식에 저는 기가 죽을 수밖에 없었습니다. 저는 용기를 잃고 겨우 책상에 앉아 공부하는 시늉만 내다가 급기야는 기독서점에 가서 책을 열 권 정도 사서 정신없이 탐독했습니다. 그런데 성령님께서 저를 감동하시고 시편 1편 3절을 제 마음에 심어 주셨습니다.

"복 있는 사람은 그 행사가 다 형통하리로다!"는 말씀이 제 영혼을 사로잡았습니다. 제 연약한 마음은 힘과 용기를 얻고 대학원에 합격하는 것이 저를 향한 하나님의 뜻이요, 저는 반드시 합격할 것이라는 새 희망이 제 마음을 휘감았습니다.

사실 저는 몇 달 전에 꿈을 꾸었는데 그 내용은 총신합격자 발표 명단에 제 이름이 없는 것이었습니다. 저는 제가 잠자는 사이에 잠재의식 속에 심겨진 그 꿈의 내용으로 의욕을 많이 잃어버린 상태였습니다. 나중에 저는 사단도 우리가 잠자는 사이에 가라지를 뿌리므로 파괴적이고 부정적인 이미지를 심을 수 있다는 사실을 알게 되었습니다.

그러나 "복 있는 사람은 그 행사가 다 형통하리로다!"는 말씀을 통해서 그 꿈의 이미지를 박살내 버리고 저는 새로운 환상을 가지게 되었으며 그 말씀을 온 마음을 다해 꽉 붙들었습니다. 공부가 잘 안되고 졸리면 밖에 나와서 커피를 마시며 거울을 보면서 다시 "복 있는 사람은 그 행사가 다 형통하리로다!"는 말씀을 입술로 고백했습니다. 저는 걸어가면서, 차 안에서 일어나면서 항상 그 말씀을 입으로 시인하면서 제 인생의 방향을 '총신 합격'으로 고정시켰습니다. 그리고 저와 함께 계신 지혜와 총명의 신이신 성령님께 끊임없이 도움을 구했습니다. 책을 찢어 복잡한 내용과 생소한 철학자의 이름들을 확실히 외웠고 성경을 정립하기 시작했습니다.

"성령님, 저를 도와 주세요!
지혜와 총명의 신이신 성령님!"

저는 생각하기를 '이것은 학교에서 치루는 학기말 시험과 다를 바가 없고 기본적인 수학능력을 테스트하는 것이므로 바짝 공부하면 충분히 합격할 수 있다.'는 믿음으로 공부를 했습니다. 시험치는 전날까지 핵심적인 뼈대와 줄거리를 점검하며 완전히 시험공부

위주로 준비했는데 성령님께서는 제 속에 있는 잠재능력을 끄집어 내셨고 저는 80%정도만 이해되면 계속 진도를 나갔습니다. 시험 전날까지 정말 공부답게 해본 것은 보름 정도밖에 되지 않았습니다.

저는 '학문의 주인이신 성령님의 도우심'으로 비록 많은 문제에서 틀리고 실수했지만 합격의 영광을 얻었습니다. 저는 아내와 함께 기뻐서 뛰었고 어떤 사람은 어이가 없다는 듯이 고개를 갸우뚱거리면서도 축하해 주었습니다.

최권능 목사님이 하신 "성령님도 시험에는 맥을 못 추신다."라는 재미있는 말이 시험기간만 되면 학생들 사이에서 옮겨지고 있는데 저는 그것을 적극 부인합니다. 그 목사님이 무식하거나 어리석은 것도 아닙니다. 오직 최고의 하나님의 지혜인 예수님을 증거하는 데 열심하느라 공부에 신경쓰지 않고 시간을 투자 하지 못했을 뿐입니다. 성령님은 우리의 현실 속에 임하셔서 구체적이고 실질적으로 우리가 당하고 있는 일을 도우십니다.

"학문의 세계에서 불가능한 일을 가능케 하시는 성령님을 초청하고 의지하십시오."

당신과 함께 계신 성령님은 모든 학문의 주인이십니다. 과학은 말할 것도 없고 예술과 문학의 주인이십니다.

당신은 성령님을 인정하고 의지해야 합니다. 그리고 부지런하고 맡겨진 일에 최선을 다해야 합니다. 성령님이 시험에 맥을 못 추는 것이 아니라 게으른 자를 싫어하시는 것입니다.

게으른 자는 하나님 앞에 얻을 것이 없습니다. 게으른 자는 꿈이 없는 자요, 이런 사람은 기도도 하지 않고 시도 때도 없이 잠만 자게 되는 것입니다. 당신이 성실하고 성령님을 의지하면 이분은 반드시 당신이 천직이라고 여기는 일 속에 찾아오셔서 모략과 재능으로 도와 주셔서 하나님의 이름이 빛나게 해주시는 것입니다. 지금 당장 이렇게 말씀드리십시오.

"성령님, 저를 도와 주세요!
모략과 재능의 신이신 성령님!"

사명과 성령님의 도우심

우리 그리스도인들에게는 두 가지 사명이 있습니다.

그 첫째로는 '일반사명'인데 이것은 예수님의 지상 명령을 가리키는 것입니다. 먼저 구원받은 우리 그리스도의 대사들은 세상 끝날까지 온 천하에 다니며 만민에게 복음을 증거해야 합니다.

다음은 '특별사명'으로 개개인에게 주어지는 달란트로서 그 사람만이 가야 하는 천직의 길을 가리킵니다. 하나님께서는 우리가 살고 있는 사회에서 재물을 얻을 수 있는 능을 주셨고 직업을 가지므로 그 속에서 하나님의 영광을 드러내기를 원하시며 하늘나라 사역 중에서 특별히 개인에게 독특한 은사를 주셔서 사역하게 하십니다.(교사, 목사, 전도사, 찬양리더, 선교사, 사업가, 예술가, 건축업…….)

사도바울은 이 사실을 명확하게 구분하면서 생명까지 바쳐서 이 두 사명을 감당하겠다고 결심했습니다. 그의 굳은 결심이 귀에 쟁쟁하게 들리지 않습니까?

"오직 성령이 각 성에서 내게 증거하여
결박과 환난이 나를 기다린다 하시나
나의 달려갈 길과

주 예수께 받은 사명, 곧 하나님의 은혜의 복음 증거하는
일을 마치려 함에는
나의 생명을 조금도 귀한 것으로 여기지 아니하노라."
(행 20:23, 24)

바울에게 있어서 나의 달려갈 길은 '이방인의 사도'였으며 주예수께 받은 사명은 모든 신자에게 동일하게 주어진 '복음전파'였습니다.

바울은 이 두 가지 막중한 사명을 '성령님의 능력과 큰 확신'으로 이루었다고 고백하고 있습니다. 성령님의 나타남과 능력만이 사명을 감당하는 원동력이 될 수 있습니다(고전 2:4). 당신은 먼저 자신의 달려갈 길인 당신의 전문분야에 성령님의 도우심을 받으면서 최대한 소질을 살리고 천직의식을 가지고 성실히 노력해야 합니다. 그럴 때 당신에게 주어진 각 분야에서 세계 모든 민족 위에 뛰어난 자가 될 수가 있습니다.

또한 당신은 주 예수께 받은 사명인 온 천하에 다니며 복음을 전하는 이 지상명령도 인간의 지혜가 아니라 성령님의 도우심을 전적으로 의지하여 이분의 나타남과 권능으로 감당해야 하는 것입니다.

"나는 포도나무요, 너희는 가지니
저가 내 안에, 내가 저 안에 있으면
이 사람은 과실을 많이 맺나니
나를 떠나서는 너희가 아무것도 할 수 없음이라."(요 15:5)

바울은 많이 배우고 온갖 구색을 다 갖춘 실력있는 사람이었지만 그리스도를 위하여 모두 배설물로 여겼습니다. 그는 사람들 앞에 설 때에 오직 예수 그리스도와 그의 십자가에 못박히신 것외에

는 알지 않기로 작정했고 실제로 그렇게 했습니다. 그리고 모든 성취한 일에 대해서 "오직 나와 함께하신 하나님의 은혜"라고 사명을 이루게 하신 보혜사 성령님께 영광을 돌렸습니다.(고전 15:10)

당신이 인간의 잡다한 잔재주를 들먹이기 시작한다면 성령님께서는 기분 나빠서 당신과 함께 일하기를 꺼리십니다. 부족하고 연약한 당신에게 '사명'을 주신 이도 성령님이시며, 이룰 수 있도록 능력을 주시는 분도 성령님이십니다. 성령님께서는 단순히 능력만 공급하시는 분이 아니라 실제로 당신과 함께 계시면서 친히 당신을 도우십니다. 그러므로 순간순간 단순히 이렇게 말씀드리므로 당신은 보혜사 성령님께 도움을 청해야 합니다.

"사랑하는 성령님, 저를 도와 주세요."

성령님이 교회에 운행하시도록 하십시오

특별히 성령님과 교회 성장은 뗄레야 뗄 수 없는 불가분의 관계를 맺고 있습니다. 교회의 생명되시는 성령님의 역동적인 역사하심이 없으면 교회는 잠자는 거인과도 같습니다. 아무리 좋은 프로그램과 훌륭한 사람들이 많이 있어도 성령님의 생기의 능력이 운행하지 않으면 교회는 잠자는 용장과도 같습니다. 지옥으로 달려가는 세상을 건질 수 없으며, 온 천하를 복음으로 정복할 수도 없습니다.

하나님의 엄청난 재력은 어디 있습니까? 성령님을 통해서 당신에게 주어지는 것입니다. 성령님께서 당신을 변화시키고 당신의 개인적인 필요를 채워 주신다면 당신이 섬기고 있는 교회의 필요는 말할 것도 없지 않겠습니까?

당신과 함께 계시는 성령님은 무한한 자원을 가지고 계신 전능자 하나님이십니다. 당신이 만약 자신의 재력과 한계에만 의지한 계획을 세우고 교회를 움직여 나간다면 당신은 성령님을 무시하고 있는 것입니다. 성령님은 지금 이 순간에도 당신의 부족한 것을 채우시는 그의 한이 없으신 자원을 보이시기를 원하십니다. 당신이 섬기는 교회가 성령님의 능력을 보지 못하고 사람들의 머리에만 제한되게 사역하고 있다면 당신이 주님께서 교회에 대한 '주님 되심'(Lordship)을 인정하지 않았기 때문일 것입니다. 당신이 그리스도인이 된다는 것은 성령님의 주권에 복종하며 살아가야 한다는 것을 말합니다.

당신은 성령님이 교회 안에 운행하셔서 당신의 필요를 채우시고 하나님의 원하시는 것들로 넘치도록 채우실 것을 믿어야 합니다. 당신은 성령님과 함께 믿음으로 행해야 합니다.

성령님께서 당신에게 꿈과 환상을 주심으로 일을 시작하게 하시고 능력으로 일을 이루어 나가시면 당신은 순종함으로 열매를 맺으면 됩니다. 이와 같이 성령님과 당신 사이에 독특한 동역 체계를 이루어 이분과 함께 일해 나갈 때 성령님께서는 당신의 교회에 초자연적으로 개입하심으로 교회를 건강하게 하시고 성장시켜 나가십니다. 당신이 성령님을 의지하고 함께 동역하는 방법을 배울수록 하나님은 교회의 현재 모습에서 더욱 풍성하게 축복하실 것입니다.

저는 언젠가 여의도순복음교회를 섬기고 있는 조용기 목사님의 설교를 읽은 적이 있습니다. 그 내용은 참으로 저에게 있어 감동적이었습니다. 저는 그것을 여러 번 읽고 또 읽었습니다.

"제가 성령님께서 인격자이심을 확실히 깨달은 것은 1964년도였습니다. 그 때 저희 교회 성도가 2400명이었는데 더 이상 성장을 하지 않는 것이었습니다. 저는 새벽마다 하나님께 이 한계의 벽을 무너뜨려 주십사고 기도했습니다. 그러다 어느 겨울날 새벽, 하나님께서 계시해 주셨습니다. 그것은 성령님을 단지 하나의 체험적인 대상으로 여길 것이 아니라 인격적인 분으로 모셔야 한다는 것이었습니다. 그 때부터 저는 성령님을 인격적으로 모시기 시작했습니다. "성령님, 오늘 하루도 지켜 주옵소서." "성령님, 지금 설교하러 가오니 함께 가시죠." "성령님, 지금 성경을 읽으려 하니 깨달음을 주옵소서."

제가 성령님을 이처럼 인격적으로 모셔들이자 제 목회에는 놀라운 변화가 생기기 시작했습니다. 교인들의 영혼이 살아나는 것을 감지할 수 있었습니다. 제가 성령님과의 깊은 교제를 나누게 되자 오직 성경만이 참다운 목회방법이라는 깨달음이 왔습니다. 또한 성령님께서 함께 계시니 경건함이 생겨 성결한 생활을 할 수 있게 되었습니다. 나아가서 전에 없던 용기가 제게 생겼습니다. 어떤 일이 닥쳐와도 저는 용기와 배짱을 갖게 되었습니다. **성령님을 인격적으로 모시지 않는 사람은 결코 생동하는 믿음을 가질 수가 없습니다.**

저에게 많은 분들이 신앙상담을 하러 옵니다. 그분들을 만나면서 저는 성령님께 "성령님, 지금 이 상담을 듣고 계시지요. 성령님, 대신 상담해 주시지요." 그리고나서 상담을 하면 저도 모르게 명쾌한 말들이 나옵니다.

설교를 할 때도 마찬가지입니다. 설교하기 전 언제나 "성령님, 설교하러 가시지요."라고 말합니다. 성령님께서 함께 계신다는 사실을 제가 인식하고 있는 한 저는 언제나 담대하고도 생명력있는 메시지를 선포할 수 있습니다.

성령님께서는 저의 연약함을 도와 주시는 분이십니다. 언제나 성령님을 인정하고 환영하고 모셔들이고 의지하십시오. 그러면 위대한 성령의 역사가 목회현장에 나타나게 될 것입니다."(8)

당신은 교회에 성령님의 탁월한 기름부으심이 임하도록 반드시 기도해야 합니다. 도시마다 강한 성령님의 임재와 역사하심을 위해 간구하십시오. 당신이 이와 같이 기도할 때 성령님이 늦은 비와 같이 임하시므로 죄인들은 회개하고 타락한 자들은 주께로 돌아오게 될 것입니다.

성령님을 제쳐두고 당신 혼자서 마음대로 모든 일을 처리해 버리는 것은 참으로 위험합니다. 당신은 인격이신 성령님을 무시하는 과오를 저지르지 않도록 조심해야 합니다.

설교자를 도우시는 성령님

특별히 설교자는 메시지에 성령님의 감동하심이 있도록 완전히 깨어져 성령님의 지배를 받으며 강단에 서야 합니다. 성령의 충만함 없이 앞에서 아무리 멋있게 폼을 잡아도 그것은 빈 껍데기에 불과하며 자신을 속이는 것이나 마찬가지입니다.

저는 설교하기 전에 반드시 충분한 기도를 준비하고 나갑니다. 성령으로 충만하지 않으면 말씀을 증거할 담력을 잃어버리게 됩니다. 새벽기도를 인도하기 전에도 3시쯤에 일어나 집중적으로 1시간 정도를 기도한 후에 강단에 섭니다. 아니면 그 전날 밤 자기 전에 1시간을 미리 기도해 둡니다. 그러면 다음날 새벽에 5분 정도만 무릎을 꿇고 성령님의 도움을 구하면 저는 성령의 충만하심과 감동하심을 의식하게 됩니다.

주일 낮예배나 저녁에는 설교 직전에 3, 4시간 집중적으로 기도를 준비한 후 성령의 기름부으심이 흘러 넘칠 것에 대한 믿음이 꽉 들어차고 마음이 든든해지면 양복을 걸치고 교회로 발걸음을 향합니다.

설교 원고를 준비하는 것도 철저하게 기도의 골방을 의지해야 합니다. 영생하도록 위하여 있는 양식을 성도들에게 공급하는 것은 인간의 지혜와 힘으로 절대로 안된다는 것을 저는 절실하게 느끼고 있습니다.

하루는 새벽기도 설교 원고를 준비하기 위해 밤늦게까지 성경 전체를 훑으며 몇십 권의 책을 다 뒤지고 주석을 펼쳐봐도 한편의 설교가 나오지 않았습니다. 저는 지쳐서 정말 매일 새벽기도를 인도한다는 것이 보통 일이 아니라는 것을 절감하게 되었고 그 때 내일 일은 내일 염려하자는 생각에 모든 것을 접어두고 잠자리에 들었습니다. 그리고 새벽 3시에 일어나 무릎을 꿇고 간절한 마음으로 기도하며 성령님을 의지했습니다.

"성령님, 오늘 새벽에 무슨 말씀을 전해야 합니까?"

시간이 얼마나 빨리 지나가는지 마음은 불이 붙은 것같이 타들어갔습니다. 감사하게도 성령님께서는 제 마음속에 성경본문을 주셨고 어떻게 설교해야 할지 자세히 보여 주셨습니다. 어떤 날은 갑자기 설교해야 할 때가 생겼는데 성령님을 모시고 단상에 올라가서 즉시로 성령님께서 말씀을 기억나고 생각나게 하셔서 담대하게 전하기도 했습니다.

설교는 사람의 영혼을 살리는 하나님의 아이디어인데 성령님께서 도와 주시지 않으시면 절대로 할 수 없습니다. 저는 이 사실을 뼈저리게 느끼고 있습니다.

저는 설교가 말씀대로 사는 한 사람의 생활이 언어로 표현되어 나타나는 것이라고 생각합니다. 한편의 설교를 준비하기 위해서는 일주일 동안 성경을 많이 읽고 묵상하며 제 가슴에 와닿는 생활을 변화시키는 구절은 완전히 암송함으로써 제 몸에 배이게 만듭니다. 평소에 제 믿음을 북돋워 주는 신앙서적을 꾸준히 읽으면서 제 신앙을 발전시켜 나갑니다. 또한 생활하면서 성령님께서 여러 가지 방법으로 저를 감동시키신 것을 기억합니다.

그리고 결정적으로 저는 매일 최소한 한 시간 이상씩 하루에도 몇 시간을 기도하면서 성령충만함으로 제 영혼을 강하게 만든 다음 토요일과 주일에는 집중적으로 설교만을 위해서 충만한 기름부음을 간구합니다.

평일에는 기도하고 성경을 묵상할 때 성령님께서는 제 마음과 생활을 변화시키는 말씀을 주심으로 저를 감동시키십니다. 그러나 설교 준비를 위해 집중 기도할 때는 성령님께서 말씀을 증거할 수 있도록 제 머리를 움직여 나가시고 엄청난 아이디어를 주십니다.

저는 과거에 몇 년 동안 지혜의 말씀의 은사를 간절히 사모하며 구했었습니다. 그런데 어느 때인가 이 기도가 응답이 온 것을 저는 알 수 있었습니다. 성경을 펴놓고 빈 설교 원고를 앞에 두고 기도할 때 성령님께서는 설교본문을 주십니다. 그러면 저는 이 말씀을 붙들고 계속해서 기도합니다. 그 때 성령님께서 제 생각 속에서 말씀을 서론, 본론, 결론으로 나누게 하시고 합당한 예화를 기억나게 하십니다.

성령님께서 지혜와 모략을 주시기 시작하면 비어있던 원고가 가득히 차는 데는 몇 분 걸리지 않습니다. 그 다음 저는 제가 해야 할 부분을 합니다. 그것은 주석을 참조하면서 역사적 상황과 지리적 배경, 그리고 참고되는 성경사전의 명확한 의미와 중요한 성구를 보충하면 마무리가 됩니다. 이 모든 것을 성령님의 도우심이 없이 혼자의 머리를 짜내어 하려면 며칠이 걸려도 제대로 되지 않습니다. 하지만 골방에서 집중적으로 기도하면 성령님께서 보여주시고 제 마음을 인도하시는데 이 때 솔직히 저는 20~30분 내로 모든 작업이 끝나 버립니다. 저는 절대로 어리석게 저 혼자서 설교를 짜내지 않습니다. 이것은 너무나도 힘들며 사실 거의 불가능합니다. 보혜사 성령님은 설교자를 도우시기 위해 곁에 서 계십니다. 우리는 컴퓨터나 온갖 자료 이전에 성령님을 의지하는 습관을 들여야 합니다.

성령충만으로 설교 준비가 끝나면 이젠 성령님을 모시고 움직입니다.

"자, 성령님. 함께 가실까요?"

교회에 도착하면 저는 이렇게 말씀드립니다.

"성령님, 들어가시지요."

그 이후로 설교하는 순간까지 저는 끊임없이 성령님과 기쁜 마음으로 친밀한 교제를 나눕니다. 그리고 마지막으로 제 순서가 오면 이렇게 말씀드립니다.

"놀라우신 성령님, 함께 올라가시지요. 성령님과 함께 설교하기를 원합니다. 저를 도와 주세요."

그리고 설교를 시작하면서 이렇게 선포합니다.

"사랑하는 성도 여러분, 지금 이 곳에 성령님이 실제로 임재해 계십니다!"

설교 중간 중간에 저는 끊임없이 성령님을 의지하는 말을 마음

속으로 속삭입니다. 설교가 막히거나 내용이 연결이 잘 되지 않을 때 마음속으로 재빨리 이렇게 말씀드립니다.

"성령님, 저를 도와 주세요!"

늦은 비를 주시리라!

제가 청소년들을 섬기고 있을 때 1996년 7월에 여름수련회를 "늦은 비를 주시리라!"는 주제 아래 경남 거창의 어인초등학교에서 가지게 되었습니다.

저는 이 수련회를 열기 전에 한 달 동안 매일 성령님께서 강하게 임해 주시라고 준비기도회를 가졌었습니다. 이 기간 동안 학생 회원들과 교사, 선생님들 거의 모두가 성령으로 세례를 받게 되었고 은사를 체험하게 되었습니다. 이미 성령님께서 불과 같이 임하셨고 기도의 열기는 점점 뜨거워졌습니다.

드디어 수련회가 시작되었고 강사인 저를 비롯한 찬양인도자, 반주자, 사회자 등 모두가 성령님을 전적으로 의지하며 크게 감동되어 은혜롭게 진행해 나갔습니다. 한 마음으로 성령에 젖어 찬양을 드리며 모두가 성령이 충만하여 말씀을 아멘으로 기쁘게 받아들였습니다.

인생에 큰 획을 그으며 말씀의 불이 청소년들의 가슴을 불타오르게 했습니다. 그들의 인생관과 가치관이 새로워지는 결정적인 순간이었습니다.

저는 성령이 충만한 가운데 전폭적으로 성령님을 의지하며 예수 그리스도가 누구신지에 대해 말씀을 증거했습니다.

"사랑하는 여러분, 예수 그리스도는 우리의 죄를 대속하는 죽음을 당하셨습니다. 예수님은 그리스도시며, 살아계신 하나님의 아들이십니다.

예수님은 우리를 큰 죄악에서 건져내어 만왕의 왕이신 하나님의 자녀로 삼으신 '**구원자**'이십니다!

예수님은 우리 대신 채찍에 맞으신 후 부활의 권능으로 우리의 생활과 영혼과 육체를 고치시는 '**치료자**'이십니다!

예수님은 부활승천하셔서 모든 만물을 다스리시며, 지금 영으로 우리 안에 계시며 우리 인생을 다스리시는 '**통치자**'이십니다!

예수님은 우리에게 지혜와 총명을 주시는 '**필요자**'이십니다. 우리 안에 지혜와 지식의 모든 보화가 되시며 온갖 구하는 것이나 생각하는 것에 넘치도록 채우시는 그리스도가 계십니다!

예수님은 "내가 불을 땅에 던지러 왔노니 이 불이 이미 붙었으면 무엇을 더 원하리요."라고 말씀하셨습니다. 세례요한은 물로 세례를 주었지만 예수님은 지금 불의 강물에 서서 우리에게 불과 성령으로 세례 주시는 '**세례자**'이십니다!(요 1:33, 행 1:6)

지금 이 곳에 예수님이 임재해 계십니다. 여러분, 예수님을 온 마음을 다해 사랑하십시오!"

모세의 가시덤불을 밝히던 성령님의 불이 절정을 더해가며 삼일째 밤이 되던 날, 그날 온 한 여선생님이 찬양가운데 감동되어 얼굴이 붉어지며 눈물을 쏟기 시작했습니다. 불을 토하듯 온 정열을 다해 말씀을 선포하고 있는 중에 갑자기 성령님께서 그녀에게 강하게 임하시며 온몸과 영혼을 어루만지셨습니다.

고넬료 가정에서 베드로가 '부활하신 그리스도'를 외치고 있을 때 모든 식구가 성령이 임하시므로 방언을 하며 하나님을 높인 것처럼 그녀가 말씀을 듣고 있는 도중에 성령이 임하신 것이었습니다. 말씀을 듣고 있던 그녀에게 갑자기 이상한 느낌과 함께 턱이 떨리고 입술이 움직여지며 생전 처음으로 방언이 주체할 수 없이 흘러나왔습니다. 그녀는 흐느껴 울면서 거룩하신 하나님의 임재하심 앞에서 떨었습니다.

저는 너무나도 강한 성령님의 임재로 계속 설교를 할 수가 없어서 멈추고 그녀를 앞으로 나오라고 했습니다. 그녀는 흐느끼면서 걸어나왔고 더 큰 소리로 방언을 하면서 격동하며 울었습니다. 이 모습을 생생히 보고 있던 학생들은 신기해 하는 한편 다소 거룩한 경외감이 임했습니다.

저는 주님의 임재하심을 의식하며 모두들 무릎을 꿇고 기도하라고 말했습니다.

"여러분, 이 곳에 성령님이 계십니다. 거룩하신 하나님 앞에 모두 무릎을 꿇으세요! 성령이 임하고 있습니다. 모두 회개하고 성령의 충만을 구하세요!"

충만한 성령님의 기름부으심 속에 귀신들은 소리를 지르며 떠나갔고 하나님의 나라가 권능으로 임하여 모두들 성령 안에서 의와 평강과 희락이 넘쳐났습니다. 저와 학생들에게 많은 의미를 준 96여름수련회는 저와 함께 계신 '성령님의 날들'이었습니다.

다가오는 21세기는 하나님의 마지막 추수기입니다.

정하신 하나님의 심판의 때가 눈앞에 가까워왔습니다.

하나님께서는 말세에 늦은 비를 부어 주신다고 약속하셨습니다. 이 늦은 비는 오순절 마가 다락방에 임한 이른 비와 같습니다. 그 때 마당에는 밀이 가득하고 독에는 새 포도주와 기름이 넘치게 될 것입니다. 자비로우신 하나님께서는 사단에게 당한 모든 신자들의 원한을 갚아 주실 것입니다.

하나님의 자녀들은 예수님의 피에 젖은 십자가의 군기를 높이

들고 부활의 권능이신 성령님의 힘으로 빼앗긴 것들을 다시 찾게 될 것이며 먹되 풍족히 먹게 되므로 우리를 기이히 대접한 하나님께 감사를 드리게 될 것입니다. 또한 하나님께서 우리 가운데 임하시므로 우리의 하나님이 되심을 자랑하며 우리는 결단코 영영히 수치를 당치 않게 됩니다.

그 후에 하나님께서 성령을 만민에게 부어 주시므로 우리의 자녀들이 장래 일을 말할 것이며 늙은이는 꿈을 꾸며 젊은이는 이상을 보게 될 것입니다.(욜 2:21~28)

한 집사님은 오랫동안 은혜를 사모하다가 주일학생들과 청소년들이 성령충만을 받고 기도에 힘쓰고 있다는 소문을 듣고 가까운 집사님에게 "어떻게 하면 나도 은혜를 체험하고 방언을 받을 수 있겠어요?"라고 물었습니다.

"전도사님한테 가서 같이 기도해 보세요."

그 집사님은 기도한 지 몇 분 안되어 입에서 유창한 방언을 말하기 시작했고 성령의 충만함을 받았습니다.

"기도하는 것이 이렇게 즐거운 줄은 미처 몰랐어요. 너무너무 기뻐요."

그리고 며칠 후에는 남편 집사님을 모시고 왔습니다. 이분은 주위 사람들에게 인간관계를 통해서 마음의 깊은 상처를 많이 받고 어렵게 교회를 출석하고 있었습니다. 병으로 대수술을 하고나서 마음은 더욱 약해져 있었습니다.

성령을 받기 위해 기도하는 순간 이내 입에서 계속 방언이 흘러나오고 온몸에 땀을 비오듯 쏟으며 2시간 이상을 기도했습니다. 기도가 끝나자 굳었던 얼굴이 성령의 충만으로 부드럽고 환히 빛나고 있었습니다. 성령님께서는 온갖 상처받은 심령을 만져 주셨고 그 집사님은 새 힘을 얻고 기쁨이 넘쳐나게 되었습니다.

"우리 남편 집사님이 변화된 것이 세상에서 가장 큰 기적이예요. 이런 기적은 있을 수가 없어요."

저는 가장 큰 성령의 부어 주심이 아직 남았다고 믿고 있습니다. 우리는 이제라도 금식하며 울며 애통하고 마음을 다하여 여호와께로 돌아가야 합니다.

크고 두려운 여호와의 날이 가까워오고 있습니다. 대저 물이 바다를 덮음같이 온 세계에 성령이 부어질 것입니다. 이러한 때에 하나님께서는 전세계를 운행하시며 다스리시는 보혜사 성령님과 인격적으로 교제를 나누며 전적으로 이분을 의지하며 하나님의 뜻을 이룰 자들을 찾고 계십니다.

마지막 영적 전쟁은 단순히 영력과 은사를 받아서 이루어지는 것이 아닙니다. 전쟁에 능하신 만군의 여호와의 신이신 성령님의 직접적인 임재와 싸우심이 절대적으로 필요합니다. 창조의 권세인 말씀과 그 말씀을 이루시는 창조의 신이신 성령님께서 손을 잡고 마음껏 역사하시도록 완전히 그리스도 안에서 죽임당한 자들이 필요합니다.

이것은 나는 죽고 내 안에 성령님만이 살고 있는 사람을 통해서 이루어질 것입니다. 온 마음을 다해 성령님을 사랑하고 의지함으로 자기가 전혀 없는 사람이 되도록 우리는 성령님께 도움을 구해야 합니다.

"존귀하신 성령님, 제가 온 마음을 다해 성령님을 사랑합니다. 저를 도와 주세요!"

우리들의 의장님은 백만장자입니다.

그리스도의 대속을 통한 '자존감의 회복'이라는 신학으로 전세계인들에게 새로운 희망을 심어 준 미국의 로버트 슐러 목사님은 **성령님과 동업을 하는 것이야말로 성공의 문을 여는 열쇠**라고 말합니다. 그는 하나님과 한 조를 이루고 신성한 동업의 계약을 맺게 된다면 모든 사람이 통찰력과 영감, 현명한 아이디어와 앞으로 나아가야 할 때 돌진할 수 있는 용기를 얻게 된다고 확신있게 주장합니다.

교회의 미래 성장을 위한 사업토론회 때 사람들로부터 "당신들은 어떻게 그토록 엄청난 사업과 계획안을 감히 생각할 수 있었습니까?"라는 질문을 받았을 때 로버트 슐러 목사님은 "당신네 이 사회의 의장이 백만장자라면 당신들은 제도판에 어떠한 계획들을 작성할 것이며, 어떠한 안건들을 토의하시렵니까? 우리들의 의장님이 바로 백만장자입니다."라고 대답해 주었습니다.

그는 강력하게 주장합니다.

"내가 우리 교회를 예수님께 맡기고 그분께서 직접 교회를 운영해 주시기를 부탁한 이후부터 우리 교회 이사회의 가운데 의자는 비어 있습니다. 내가 이사회의 의장과 교회 법인의 대표로서 앉던 자리가 비어 있는 것입니다. 우리 이사회의 이사들은 예수님께서 그 곳에 앉아 계시다는 것을 잘 알고 있습니다. 우리들은 우리 교회 사업은 주의 사업이라고 믿고 있으므로 주께서 직접 사업을 위한 영감과 현명한 아이디어와 용기를 주시리라 기대하고 있습니다. 언덕 위를 뛰어다니는 수많은 가축떼와 아직까지 발견되지 않은 광산은 누구의 것이며, 보잘 것 없는 시골뜨기 소년을 백만장자로 만들려고 기다리고 계신 분은 누구십니까? 그리스도를

동업자로 맞으시고, 그분께 그가 약속하신 기적을 이루시게 하는 기회를 드리십시오."(9)

당신이 한계점에 봉착하기 전에 산더미같은 문제들을 대신 져 주실 만유의 주님이신 성령님을 사업의 동업자로 모셔야 합니다. 실제로 지나칠 정도로 극적인 행동같이 느껴질지 모르지만 당신은 회전의자에서 일어나서 그 자리를 손으로 가리키면서 실제로 당신과 함께 계신 성령님께 이렇게 말씀드리십시오.

"사업터의 주인이신 성령님, 이제부터는 성령님께서 이 자리에 앉아 주십시오. 저는 이제 성령님께 전적으로 순종하고 따르겠습니다. 제 가슴에 심어 주신 언약과 꿈은 이제 성령님의 손에 달려 있습니다. 성령님께서 모든 것을 인도해 주시고 다스려 주십시오! 성령님, 제가 무엇을 하기를 원하시나요? 저에게 말씀해 주세요."

성령님은 우리의 동역자

"성령과 우리는… 하는 것이 가한 줄 알았노니"(행 15:28)
예루살렘교회에서 열린 최초의 회의에서 결정한 사항을 공식적으로 발표하는 모습입니다. 사도들과 장로들은 까다로운 의식주의 문제를 의논한 후 최종적인 판결을 전하는 공문서를 보내면서 담대하게 '**성령님을 그들의 동역자**'로 인정하고 있는 것입니다.

마치 성령님께서 그들과 함께 앉아서 숙고하고 모사가로서 상담하고 공식적인 의견에 함께 가담하여 그 결론을 동의하고 인치신 장면을 보는 듯합니다. 성령님의 임재하심과 교통하심이 생생하게 있는 것처럼 표현하고 있습니다.

성령님은 하나님의 사업을 하는 당신의 실제적인 동역자이십니다. 성령님께서는 당신의 사역현장에 실제로 임재하시고 모든 것을 주재하십니다. 이분은 자신을 인정하고 존중하는 자리에 실제로 모든 것을 인도하시고 다스리십니다.

당신은 성령님의 활동과 인도하심에 대해 무지해서는 안됩니다. 성령님은 우주의 주재자로서 당신과 동역하기를 원하십니다. 성령님은 스스로 계신 영원하신 분이십니다.

천산의 생축이 다 만물의 주인이신 성령님의 것입니다(시 50:10). 성령님은 당신의 온갖 구하는 것이나 생각하는 것에 더 넘치도록 능히 채우시는 분이십니다.(엡 3:20)

성령님은 여호와의 신이시며 창조적인 권능을 가지고 당신을 도우시기를 원하십니다. 많은 그리스도인들은 성령님을 특별나게 의지하려고 하지 않습니다. 그 이유는 그들이 필요로 하고 소원하는 것들 중에 많은 것들이 자기 스스로의 힘과 단순한 노력으로 얻어질 수 있기 때문입니다.

당신은 안일한 사람이 되어 편안하고 조용하게 살기만을 원해서는 안됩니다. 성령님께서는 당신을 때때로 당신 혼자서는 감당할 수 없는 상황에 처하도록 인도하십니다. 불행하게도 이런 불가능한 상황에 처하면 어떤 사람은 몹시 힘들어 하고 싫어합니다. 그러나 성령님께서는 당신이 눈에 보이지 않는 이분을 보는 것처럼 하여 믿음으로 함께 살게 하신 것같이, 하나님의 사업도 당신이 "믿음으로 행하고 보는 것으로 하지 않도록"(고후 5:7)인도하십니다.

당신은 자신에게 없고 부족한 것에 대해서 감사하며 이러한 사실을 오히려 하나님이 주신 신앙모험의 기회로 알아야 합니다. 전적으로 성령님을 모시고 다니며 의지하고 도움을 구하십시오. 그러면 당신과 함께 계신 성령님께서 기적적으로 일을 처리하실 것입니다. 당신은 성령님의 명령을 받고 오직 믿음으로 달려가야 합니다. 미가처럼 겸손하게 "오직 나는 여호와의 신으로 말미암아 권능과 공의와 재능으로 채움을 얻고"(미 3:8) 하나님의 사업을 담대하게 추진해나가야 하는 것입니다.

'이 일은 내 힘으로는 불가능하다. 오직 하나님만이 하실 수 있고 일이 성취된 후에도 하나님의 이름으로만 설명되어질 수 있는 일이다.'라는 생각이 정상적인 생각입니다. 일을 시작하신 성령님께서 그리스도 예수의 날까지 마치실 것입니다.

당신은 낭패와 두려움에 싸여있습니까?

"주님의 교회는 하늘과 땅의 모든 권세를 가지신 주님이 세우신다."는 믿음 안에 다시금 내적확신과 평안을 찾아야만 합니다. 그리고 **당신은 성령님과 동역자이므로 모든 일을 혼자서 감당하려고 애쓸 필요가 없다는 것을 기억해야 합니다. 당신은 오직 성령님께서 인도하시는 만큼만 일을 추진해 나가면 되는 것입니다.**

당신은 계속해서 내 앞에 계신 동업자 성령님을 바라보며 기뻐할 수 있어야 합니다. 하나님께서는 "너의 길을 여호와께 맡기라. 저를 의지하면 저가 이루시고"(시 37:5)라고 말씀하셨습니다.

지금도 당신 안에 계신 성령님은 일하고 계십니다. 당신은 이제껏 모든 것을 결코 당신 혼자서 해 온 것이 아니고 앞으로도 그럴 필요가 없다는 것을 믿으십시오.

당신이 교회를 세우고 당신의 힘으로 부흥시키는 것이 아닙니다. 당신이 일을 성취하는 것이 아니라 성령님을 의지하면 '저가' 이루시는 것입니다. 전적으로 성령님을 바라보고 의지하며 이분에게 당신의 길을 맡기는 것이 당신이 해야 할 일의 전부인 것입니다. 당신과 함께 계신 성령님은 정확하십니다. 완벽하게 일을 처리하십니다. 아주 섬세하고 전체적으로 일을 이루어가십니다. 이분은 당신의 동역자이시며, 당신 안에 살아 계시고 실제로 함께 계십니다.

당신 곁에 동역자가 서 계시다는 사실을 기억하십시오.
 만일 우리가 보지 못하는 것을 바라면
 참음으로 기다릴지니라.
 이와 같이 성령도 우리 연약함을 도우시나니
 우리가 마땅히 빌 바를 알지 못하나
 오직 성령이 말할 수 없는 탄식으로
 우리를 위하여 친히 간구하시느니라.

당신은 성령님을 끝까지 신뢰해야 합니다.
 마음을 감찰하시는 이가 성령의 생각을 아시나니
 이는 성령이 하나님의 뜻대로
 성도를 위하여 친히 간구하심이니라.

당신은 성령님을 온 마음을 다해서 사랑해야 합니다.
 우리가 알거니와 하나님을 사랑하는 자, 곧
 그 뜻대로 부르심을 입은 자들에게는
 모든 것이 합력하여 선을 이루느니라.

이분은 최상의 것을 주시며 당신을 끝까지 사랑하십니다.
 …그런즉 이 일에 대하여 우리가 무슨 말하리요?
 자기 아들을 아끼지 아니하시고
 우리 모든 사람을 위하여 내어 주신 이가
 어찌 그 아들과 함께 모든 것을
 우리에게 은사로 주지 아니하시겠느뇨?(롬 8:25~32)

 지금 당신은 친히 그의 능력과 권세로 교회를 세우시고 모든 필요를 채워 주시며 일을 행하시는 성령님, 그것을 지어 성취하시는 성령님에 대한 기대와 흥분으로 가득 차 있습니까?

"만군의 여호와께서 맹세하여 가라사대 나의 생각한 것이 반드시 되며 **나의 경영한 것이 반드시 이루리라**… 만군의 여호와께서 경영하셨은즉 누가 능히 그것을 폐하며 그 손을 펴셨은즉 누가 능히 그것을 돌이키랴"(사 14:24, 27) 하나님께서 성령님을 통해서 당신에게 무엇을 하실 것인지를 보여 주셨다면 그 일은 벌써 성취된 것이나 다름이 없습니다. 당신의 '온전한 순종'과 '인내의 시간'이 그것을 해결할 것입니다. 당신은 성령님께 자리를 내어드리고 참아 기다려야 합니다. 그러면 모든 것을 역전시키시는 기적의 성령님께서 완벽하게 이루어나가실 것입니다.

저기 예수님이 계셔요

시대마다 하나님께서 사용하신 사람들에게서 공통적으로 두드러지게 나타나는 한 가지 사실이 있는데 그것은 바로 인격이신 그리스도와의 깊은 교제 속에서 생활하며, 전폭적으로 성령님을 의지하고 도움을 구하며 사명을 감당해 나가고 있다는 것입니다.

당신이 전능하신 성령님께 자리를 내어드리고 세상에서 가장 실제적이신 이분을 존중히 모시면 수많은 불가능한 일들은 거뜬히 성취될 것이며 당신 주위의 수많은 사람들이 하나님의 영광스러운 손길을 체험하게 될 것입니다. 성령님께서는 초자연적으로 임재하시고 당신이 하는 사역의 현장에서 친히 역사하실 것입니다.

저는 얼마 전에 서울 성복교회를 담임하고 있는 이태희 목사님의 부흥집회 설교테이프를 들어보았습니다. 예전에 목사님의 집회에 참석해서 설교를 들으면서 '아! 이목사님은 믿음의 은사가 있는 분이구나.'라는 것을 알게 되었고 그 때 저는 저의 첫아기의 이름을 지어달라고 부탁을 했었습니다. 그의 설교 가운데 말씀하기를

"나는 어디를 가든지 항상 가운데 자리는 앉지 않습니다. 그 자리는 예수님께서 앉으시도록 비워놓습니다. 나는 설교하기 전에 전적으로 예수님을 의지하고 도움을 구합니다. 예수님, 제가 이제 설교하러 나갑니다. 도와 주십시오. 나는 할 수 없습니다. 성령님께서 전적으로 역사해 주시옵소서."

어떤 강퍅하기로 소문난 집사님이 집회가운데 이태희 목사님이 설교하실 때 목사님 옆에 서 계신 예수님의 임재하신 모습을 환상 가운데 보고 너무나도 은혜를 받고 설교시간 내내 회개의 눈물을 흘렸다는 간증을 들어보았습니다.

이태희 목사님은 성령님과 동업하면서 전적으로 성령님의 도움을 구했으며, 영으로 오신 예수님을 인격적으로 존중히 모시고 도움을 구한 결과 예수님의 임재하심이 나타나게 되었고 자주 불치의 병자들이 기적적으로 고침을 받았습니다.

이런 은혜는 기적과 신유의 종으로 불리우는 캐트린 쿨만 여사의 집회가운데서도 가끔씩 일어나곤 했습니다. 네 살난 여아인 어멜리나라는 소녀가 팔과 다리에 반점의 발진이 나기 시작해서 한 주간도 채 안되어 온몸으로 번졌는데 약으로는 고칠 수가 없었습니다. 날이 갈수록 그 발진 위에 피부가 벗겨지고, 피가 나기 시작했습니다. 그리고 그의 몸 전체를 붕대로 감아야 했습니다. 머리속 피부에까지 발진이 모두 퍼져서 그의 머리를 빗길 수 없었습니다. 그의 눈썹은 전혀 없었고 그의 눈꺼풀은 모두 벗겨졌습니다. 그의 귀는 썩어 문드러졌고, 한쪽 귀는 거의 떨어지게 되었습니

다. 이렇게 그 병은 이 아이를 먹어가고 있었습니다. 그 때 그의 할머니와 함께 캐트린 쿨만의 집회에 참석해서 강당 뒷편에 자리를 잡고 있었습니다. 그런데 이 집회가 거의 끝나게 되어 마지막 찬송을 부를 때 그 소녀가 한 곳을 손으로 가리키며 "할머니, 보세요. 저기 예수님이 계셔요!"라고 큰 소리로 외쳤습니다.

"어디?"하고 할머니는 조용히 물었습니다.

어멜리나가 말하는 편으로 할머니는 머리를 돌렸습니다.

"저 강대상 위에예요! 쿨만 선생님 옆에 계셔요! 저 위에 계신 예수님을 보세요! 예수님이 손을 들고 계시네요."

그 순간 할머니는 어멜리나를 내려다보고 깜짝 놀라고 말았습니다. 이 아이의 얼굴에 벗겨진 피부의 상처는 전부 말라 붙었고 이제는 피와 고름을 조금도 볼 수 없었습니다. 그의 마음은 감사와 기쁨으로 넘쳤습니다. 어멜리나는 그 순간 완전히 나아버린 것이었습니다.

캐트린 쿨만 목사님은 그 아이를 위해서 손을 얹은 적도 기도를 해 준 적도 없었습니다. 그 아이가 고침받은 것은 "할머니, 저기 보세요. 저기 예수님이 계셔요."라고 갑자기 큰 소리로 외쳤을 때였습니다.(10)

캐트린 쿨만 목사님은 성령님을 그녀의 사역 가운데 존중히 모셨고 성령님과 함께 동역하면서 집회를 인도하였습니다. 그로 인해 수많은 사람들이 집회가 시작되기도 전에 예수 그리스도의 영이신 성령님의 임재하심과 기름부으심으로 인해 밖에서 줄을 서서 기다리는 동안에도 불치의 병들이 고침받기 시작한 것입니다. 어떤 때는 쿨만 목사님이 비행기 안에서 집회장소로 오고 있는 중일 때도 집회가 시작되기를 기다리고 있던 사람들에게 성령님께서 역사하셔서 치유의 역사가 곳곳에서 일어나곤 했습니다. 성령님과 함께 일하는 사람에게 주어지는 하나님의 능력과 권세는 인간의 이성과 지식으로는 상상할 수도 없을 정도인 것입니다.

복음전도자이자 저술가이며 신학교수로 한 시대의 교회부흥에 많은 영향을 끼친 찰스 피니도 그의 생애 말년에 이것을 깨닫게 되었고 성령님의 위대한 기름부으심이 그의 설교 사역에 몇갑절이나 더해지게 되었습니다. 비록 그의 몸은 늙었지만 영광스러운 삶과 활기있는 영적 생활은 줄어들 줄 몰랐습니다. 그의 이러한 신비는 그의 회고록에서 밝혀지고 있는데 그를 그토록 하나의 큰 축복이 되게 하신 것은 바로 '그 안에 함께 거하시는 하나님과의 인격적인 교제'였던 것입니다.

'하나님과 함께 거하는' 이러한 인격적인 체험은 그의 생이 끝날에 가까워지면서 더욱 깊어만 갔습니다.(12)

당신이 자신의 연약함을 인식하고 영혼으로 흐느껴 울며 성령님께 도움을 구할 때 이분은 당신의 영혼을 소생시키시고, 신선한 기름으로 부으셔서 당신의 잔이 넘치게 채워 주시는 것입니다. 당신은 이렇게 부르짖어야 합니다.

"하나님이여,
사슴이 시냇물을 찾기에 갈급함같이
내 영혼이 주를 찾기에 갈급하니이다."(시 42:1)

그 때 자비가 풍성하신 하나님께서는 당신을 만나 주시고 당신에게 기름을 부어 주심으로 새로운 힘을 얻게 하십니다.

"주께서 내 뿔을 들소의 뿔같이 높이셨으며
내게 신선한 기름으로 부으셨나이다."(시 92:10)

부활의 권능이신 성령님

예수 그리스도를 죽음 가운데서 일으키신 분은 성령님이십니다. 당신은 아무런 능력이 없습니다. 오직 당신 안에 계신 성령님이 부활의 권능으로 역사하시는 것입니다.

하나님께서는 당신 안에 계신 성령님의 능력이 얼마나 위대한지를 알게 되기를 원하십니다. 많은 그리스도인들이 엄청난 능력의 근원을 모시고 살면서도 그것을 모르고 있습니다. 바울은 성령에 감동되어 에베소 성도들에게 편지하면서 이것을 강조하고 있습니다.

"그의 힘의 강력으로 역사하심을 따라
믿는 우리에게 베푸신
능력의 지극히 크심이 어떤 것을
너희로 알게 하시기를 구하노라."(엡 1:19)

그렇다면 이 능력은 도대체 무엇일까요?

"그 능력이
그리스도 안에서 역사하사
죽은 자들 가운데서 살리시고"(엡 1:20)

예수님께서 우리 죄로 인하여 십자가에서 고난을 받으시고 아리마대 요셉의 무덤에 뉘어졌습니다. 그분의 온몸은 채찍에 맞아 찢어진 걸레처럼 되어 버렸고 뼈까지도 드러난 바 되었습니다. 양손과 양발의 못박힌 자국과 옆구리의 창에 패인 그분의 몸, 갈대와 주먹에 맞아 얼굴은 그 모양을 알아볼 수도 없을 정도로 일그러졌습니다. 이처럼 만신창이가 된 예수님의 시체가 캄캄하고 습기찬 무덤 속에서 썩어가고 있었습니다. 하루가 지나고 이틀이 지나매 계속해서 더욱 썩어들어갔고 무덤 속은 나사로의 그 때와 같이 썩는 냄새가 진동을 했습니다. 완전히 절망적인 상황이었습니다.

당신의 현실이 혹시 이러한 예수님의 무덤과 같지 않습니까? 동서남북 다 막히고 전혀 희망의 빛이 보이지 않는 완전히 어두운 상태, 당신의 마음은 습기가 차서 칙칙한 무덤의 내부와 같이 우울하고 답답하지 않습니까?

그리스도인의 향기가 샤론의 꽃내음처럼 은은하게 퍼지는 것이 아니라 썩는 냄새가 당신의 생활 속에 진동하지 않습니까? 아무리 돌려 생각해 보아도 이젠 더 이상 희망은 없는 것처럼 느껴지고 '이젠 모든 것이 끝났다.'라고 생각되지 않습니까? 그러나 끝까지 희망을 포기하지 마십시오!

이러한 인류 역사상 최고의 절망적인 사망의 그늘아래 놓여 지옥의 먹구름이 가득한 무덤 속에 사흘이 되매 갑자기 이상한 기운이 일어나기 시작했습니다. 가장 좁다고 생각되는 무덤 속에서 우주적인 전쟁이 벌어진 것입니다. 천지를 창조할 때 운행하셨던 하나님의 신이 무덤 속을 운행하더니 예수님의 몸에 전류처럼 흐르기 시작했습니다. 썩어가던 뼈와 살과 힘줄이 에스겔 골짜기의 마른 뼈들이 살아난 것처럼 생기의 영으로 말미암아 빠르게 소생하고 있었습니다. 예수님은 갑자기 두 눈을 떴습니다. 숨을 '후' 내쉬면서 사망권세를 걷어치워 버리고 그분이 일어나셨습니다. 예수님께서 부활하셨습니다!!!

당신 안에 계신 성령님이 누구십니까? 바로 예수 그리스도를 죽음 가운데서 일으키신 '부활의 권능'이라고 성경은 말씀하고 있습니다. "그 능력이 그리스도 안에서 역사하사 죽은 자들 가운데서 살리시고"(엡 1:20) 지금 당신 안에 운행하고 계십니다.

"예수 그리스도를 죽은 자 가운데서 살리신 이의 영이 너희 안에 거하시면……."(롬 8:11)

　부활의 권능이 당신 안에서 역사하고 있습니다. 하나님께서는 "우리 가운데서 역사하시는 능력대로" 당신의 온갖 구하는 것이나 생각하는 것에 더 넘치도록 능히 하신다고 말씀하셨습니다(엡 4:20). 당신 안에 임한 하나님의 나라는 타락한 세상에서 가장 무서운 힘인 '사망권세'를 깨뜨리신 부활의 권능으로써 '진동치 못할 나라'입니다. 그 어떤 힘도 당신 안에 계신 성령님의 권능보다 강한 것은 없습니다.
　하나님의 나라는 권능으로 임하셨고 당신은 그 나라 안에서 살고 있습니다. 하나님의 나라가 여기 있다, 저기 있다고 하지 마십시오. 당신 안에 부활의 권능으로 임재해 계시는 '성령님의 통치'가 바로 하나님의 나라인 것입니다.
　당신의 영혼에는 예수님의 보혈이 흐르고 있음으로 인해 거듭나서 당신의 신분은 하나님의 자녀가 되었고, 성령님이 내주해 계심으로 인해서 하늘의 통치를 받는 천국시민으로서 살아가고 있는 것입니다.
　당신은 보배롭고 존귀한 자입니다. 당신은 예수 그리스도로 말미암아 은혜와 의의 선물을 넘치게 받았으며 성령님의 부활의 생명안에서 왕노릇하는 자들입니다(롬 5:17). 죄와 사망의 권세가 더 이상 당신을 끌고 다닐 수 없고, 당신은 모든 것을 성령 안에서 다스리게 되었습니다.
　부활의 권능이신 성령님을 모시고 다니는 권세있는 하나님의 자녀인 당신에게 있어 '절대 절망'이란 없습니다. 제가 아내에게 자주 이야기하듯 '성령님은 역전시키시는 하나님'이십니다. 당신이 판단하기에 모든 것이 끝났다고 결론내리고 손을 뗄 때, 그 때부터가 성령님의 출발인 것입니다. 성령님은 썩는 냄새가 진동하는 무덤과 같은 당신의 마음과 가정, 사업, 교회를 살리셔서 축제의 팡파르가 울리게 하시는 부활의 권능이십니다. 당신이 성령님께 모든 것을 항복하고 전폭적으로 맡기고 의지하면 그 때부터 성령님께서 운행하시며 기적적으로 일하시는 것을 보게 될 것입니다.

"그리스도 예수를 죽은 자 가운데서 살리신 이가
너희 안에 거하시는 그의 영으로 말미암아
너희 죽을 몸도 살리시리라."(롬 8:11)

예수 그리스도를 죽음 가운데서 일으키신 부활의 권능이신 성령님은 예수님을 구주로 영접한 사람이면 누구에게나 실제로 함께 계십니다.

어떤 사람들은 성령님은 온데 간데 없고 자기만을 의식하면서 살아가고 있습니다. 이렇게 해서는 성령님이 아무리 큰 권능을 가지고 오셨다 하더라도 그 사람과는 상관이 없습니다. 그러나 당신이 창조와 부활의 권능이신 당신과 우리와 함께 계신 성령님께 이렇게 말씀드리기만 하면 당신의 삶은 완전히 변화될 것입니다.

"성령님, 저를 도와주세요!"

여호와의 신이신 성령님

저는 기도할 때 어떤 날은 기도시간 내내 제 마음에 새겨져 있는 하나님의 이름 14가지를 구체적으로 하나씩 찬양하기도 합니다. 이 때는 제 방에 하나님의 영광이 가득하게 되고 저는 성령에 크게 감동되어 일어서서 걸어다니면서 손을 높이 들고 "거룩하다

거룩하다 주 만군의 여호와여! 아버지의 이름이 거룩히 여김을 받으시옵소서."라고 기쁨으로 외칩니다. 여기 제가 알고 있는 하나님의 이름을 소개하고자 합니다.

엘 엘리온　　　（절대 주권자 하나님）
엘로이　　　　（감찰하시는 하나님）
엘로힘　　　　（창조주 하나님）
엘 샤다이　　　（전능하신 하나님）
여호와 샬롬　　（평강의 하나님）
여호와 로이　　（목자되시는 하나님）
여호와 이레　　（준비하시는 하나님）
여호와 닛시　　（승리의 깃발되시는 하나님）
여호와 삼마　　（거기 계시는 하나님）
여호와 찌드케누　（나의 의가 되시는 하나님）
여호와 마카데쉬　（거룩케 하시는 하나님）
여호와 라파　　（치료하시는 하나님）
여호와 아도나이　（주인되시는 하나님）
여호와 체바오트　（모든 천사를 다스리시는 만군의 하나님）

성령님은 여호와의 신이십니다! 그러므로 여호와의 이름을 기리고 찬양하는 것은 당신과 함께 계신 성령님을 찬양하는 것과 동일한 것이므로 성령님의 임재하심이 충만케 되는 것입니다.

제가 처음에 성령님을 인격적으로 대하고 난 후 과연 저와 함께 계신 성령님이 어떠한 분이신지에 대해서 너무나 궁금해서 다시 성경을 읽고 여러 가지 책을 읽었습니다. 그러는 가운데 성령님께서는 저에게 이전에 모르던 놀라운 깨우침을 주셨는데 그것은 곧 '성령님이 여호와'이시라는 사실이었습니다.

성경 히브리서 9장 12절은 '영원하신 성령님'이라고 소개하고 있는데 이것은 '스스로 계신 여호와 하나님'이라는 말씀입니다. 또한 이사야서 11장 2절에는 성령님의 호칭을 '여호와의 신'이라고 표현하고 있는데 여호와의 신은 곧 여호와 하나님을 가리키는 말이란 것을 저는 깨닫게 되었습니다.

"우리와 함께 계신 영원하신 성령님은 스스로 계신 여호와의 신이시다!"

이 큰 비밀을 알고 난 다음 저에게 새로운 궁금증이 발동했습니다. 그렇다면 여호와 하나님은 어떠한 분이시란 말인가? 그래서 저는 성경 전체에서 말하는 '하나님의 이름'에 대해서 연구하기 시작했습니다. 이러한 노력은 결코 헛되지 않았고 저에게 엄청난 영적 자원이 되었습니다. "여호와의 이름은 견고한 망대라. 의인은 그리로 달려가서 안전함을 얻느니라."(잠 18:10)

여호와의 이름을 통한 성령님에 대한 지식이 하나씩 늘어가면서 저는 그리스도인에게 임한 성령님이 과연 얼마나 대단하신 분이신가에 대해 놀라지 않을 수 없었습니다.

하나님의 이름과 성령님

저의 개인적인 최고의 선생님이신 성령님께서 저에게 가르쳐 주신 '여호와의 신이신 성령님'에 대한 지식을 함께 나누기를 원합니다. 당신과 함께 계신 성령님이 누구신지를 살펴보십시오. 다음에서 말하는 내용이 지금 당신과 함께 계신 성령님과 동일하신 분이라는 것을 기억하시길 바랍니다.

당신과 함께 계신 여호와의 신이신 성령님은 당신의 모든 생사

화복을 주장하시고 만유의 주재와 머리가 되시며 손에 권세와 능력이 있어 모든 자를 크게 하기도 하고 강하게 하기도 하시는 '**절대주권자 엘 엘리온 하나님**'이십니다.

당신과 함께 계신 성령님은 사랑에 빛나는 불꽃같은 눈동자로 24시간 인자하게 당신을 감찰하시며, 당신에게 지극한 관심을 가지신 '**감찰하시는 엘로이 하나님**'이십니다.

당신과 함께 계신 성령님은 당신을 하나님의 사랑의 형상을 따라 만드시고 생기를 불어 넣으시고, 당신을 위해 모든 경이로운 천지만물을 창조하시고, 당신을 구속하시기 위해 그리스도의 피의 언약을 주신 '**창조주 엘로힘 하나님**'이십니다.

당신과 함께 계신 성령님은 죽은 자를 살리시며 바랄 수 없는 중에 바라게 하시며 안되는 것을 되게 하시며 사람이 할 수 없는 것을 능히 하시는 '**전능하신 엘 샤다이 하나님**'이십니다.

당신과 함께 계신 성령님은 모든 것이 흔들려도 내 마음을 굳게 지키시고 불안과 두려움과 공포의 시간 속에서도 넘치는 평강으로 함께 하시는 영원히 흔들리지 않는 '**평강의 왕 여호와 샬롬의 하나님**'이십니다.

당신과 함께계신 성령님은 마른 곳에서도 당신의 영혼을 만족케 하며, 당신의 뼈를 견고케 하시기 위해 당신을 푸른 초장, 맑은 시냇물가로 인도하시며 모든 것에 부족함이 없게 하시며, 당신이 하는 행사가 다 형통하도록 인도하시는 '**나의 목자 여호와 로이 하나님**'이십니다.

당신과 함께 계신 성령님은 앞서 가시며 당신을 위해 하나님이 예비하신 눈으로 보지 못하고 귀로도 듣지 못하고 사람의 마음으로도 생각지 못한 놀라운 은혜를 깨닫게 하시고 이러한 비밀스러운 길로 당신을 인도하십니다. 그리고 친히 당신이 만나야 할 사람을 준비하시고 장소나 물질이나 환경까지도 당신을 위해 '준비하시는 여호와 이레의 하나님'이십니다.

당신과 함께 계신 성령님은 사단에게 패배함으로 그의 종이 되어 그가 세워놓은 눈에 보이지 않는 '패배의 백기'를 십자가의 보혈과 부활의 권능으로 그것을 뽑아 찢어서 태워 버리시고 예수님의 보혈이 흠뻑 젖은 '승리의 붉은 깃발'을 당신 인생의 터전에 세워 놓으시고 "너는 이제 승리의 백성이다. 예수의 승리를 너의 삶속에서 늘 선포하며 담대하게 살아라!"고 말씀하시며 영적전쟁에 앞서 나가 싸우시므로 이기게 하시는 '승리의 깃발되시는 여호와 닛시의 하나님'이십니다.

당신과 계신 성령님은 당신이 있는 곳에는 어디든지 함께 계시는 당신과 친히 동행하시는 가장 좋은 친구되시는 분이십니다. 당신이 산에 있거나 바다에 가거나 도서관이나 집에 있을 때 언제든지 당신과 함께 '거기 계시는 여호와 삼마 하나님'이십니다.

당신과 함께 계신 성령님은 예수의 보혈로 당신의 모든 죄를 씻으시고 당신 안에 계시며 그 누구도 당신을 참소하거나 정죄할 수 없도록 진정한 의를 주신 '나의 의가 되시는 여호와 찌드케누 하나님'이십니다.

당신과 함께 계신 성령님은 당신의 힘으로는 성결한 삶을 살아갈 수 없음을 잘 아시고 당신 속에서 지혜와 능력을 주시며, 세부적으로 당신을 인도하심으로 당신이 죄의 습관과 세속의 유혹을 이기고 거룩한 삶을 살아가게 하시는 '나를 거룩케 하시는 여호와 마카데쉬 하나님'이십니다.

당신과 함께 계신 성령님은 당신을 지으시고 당신의 모든 것을 가장 잘 아시는 최상의 능력있는 위대한 의사로서 당신의 영혼과 범사와 육체를 치료하심으로 전인격적으로 건강한 삶을 살아가도록 도우시고 죄와 저주로 병든 온 인류를 끊임없이 '치료하시는 **여호와 라파 하나님**'이십니다.

당신과 함께 계신 성령님은 당신이 누리고 있는 가정과 교회와 국가와 세계 모든 민족과 우주만물의 주인으로 광대하심과 권능과 영광과 이김과 위엄이 다 그에게 속하였으며 '내 삶의 주가 되시는 **여호와 아도나이 하나님**'이십니다.

당신과 함께 계신 성령님은 하늘의 천천만만 모든 천군천사를 다스리시며 구원얼을 후사인 당신을 돕도록 부르시고 움직이시는 '**만군의 여호와 체바오트 하나님**'이십니다.

이와 같이 크고 위대하신 여호와 하나님께서 성령으로 당신과 함께 계신다는 사실입니다. 그러므로 삶의 모든 힘들고 어려운 상황 속에서 당신은 여호와의 이름을 부르며 성령님의 임재를 사모하십시오. 성령님은 여호와의 신이십니다. 성령님은 여호와의 이름을 가지고 당신에게 오셨습니다. 성령님은 여호와의 이름과 함께 역사하시는 것입니다.

아브라함은 '영생하시는 하나님'의 이름을 불렀습니다. 또한 이삭을 바칠 때는 '여호와 이레'의 하나님을 시인했습니다.

이사야는 성전에서 하나님의 영광을 보면서 '거룩하신 여호와'를 찬양했습니다.

에스겔은 '거기 계시는 여호와'를 말했고, 이삭과 야곱에게는 '전능하신 하나님'으로 나타나셨습니다(출 6:3). 성경에 나오는 모든 인물들은 하나님의 이름과 함께 일했습니다. 전능하신 하나님께서는 이름을 통해서 자신을 나타내셨습니다.

모세가 소명을 받을 때에 하나님께서는 떨기나무 불꽃가운데 나타나셔서 그와 변론하십니다. 모세가 물었습니다.

"내가 이스라엘 자손에게 가서 이르기를 너희 조상의 하나님이 나를 너희에게 보내셨다 하면 그들이 내게 묻기를 그의 이름이 무엇이냐? 하리니 내가 무엇이라고 그들에게 말하리이까?"

하나님이 모세에게 말씀하셨습니다.

"나는 스스로 있는 자니라. 너는 이스라엘 자손에게 이같이 이르기를 스스로 있는 자가 나를 너희에게 보내셨다 하라."(출 3:13, 14)

하나님께서는 "내가 정녕 너와 함께 있으리라."고 약속하시면서 "여호와"의 이름을 말씀해 주셨습니다. 하나님께서는 잊을 수 없는 매우 중요한 계시를 모세에게 주셨습니다.

"이는 나의 영원한 이름이요,
대대로 기억할 나의 표호니라."(출 3:15)

이 여호와의 이름을 가지고 당신에게 오신 분이 바로 지금 당신과 함께 계신 성령님이십니다. 이사야는 이 엄청난 사실에 대해 기록하기를

"여호와의 신,
곧 지혜와 총명의 신이요, 모략과 재능의 신이요,
지식과 여호와를 경외하는 신이 그 위에 강림하시리니"
(사 11:2)

이 여호와의 신이 이새의 줄기에서 나온 한 싹, 곧 예수 그리스도에게 임하실 것이며 또한 그의 피로 정결케 된 모든 하나님의 백성들에게 부어질 것이라고 예언했습니다. 그 때는 물이 바다를 덮음같이 여호와를 아는 지식이 세상에 충만하게 될 것이며 열방

이 높이 들리우신 그리스도에게로 돌아올 것입니다.(사 11:10)

이 여호와의 이름은 그의 신으로 당신 가운데 임하셨습니다. 당신은 여호와의 이름을 기억하고 사모해야 합니다. 여호와의 이름을 어떻게 사모할 수 있습니까?

이사야 선지자는 말합니다. "주의 이름, 곧 주의 기념 **이름을 우리 영혼이 사모하나이다.**"(사 26:8) 그리고 이 위엄하신 이름이 거룩한 인격이심을 선지자는 9절에 계속해서 말합니다. "밤에 내 영혼이 주를 사모하였은즉 내 중심이 주를 간절히 **구하오리니**"(사 26:9) 이 여호와의 이름은 임마누엘 성령님이십니다.

이 세상 모든 문제는 여호와의 이름, 곧 성령님의 강림 앞에 평지가 될 것입니다. 스가랴 선지자는 유대인들이 성전을 재건하는 동안 원수들의 방해가 있을지라도 그 모든 문제의 장벽이 하나님의 신이 강림하시므로 그 앞에 무너질 것을 환상을 통해 보고 큰 희망을 갖게 되었습니다. 여호와께서는 스가랴를 통해 스룹바벨에게 말씀하시므로 성전재건을 격려하셨습니다. "이는 힘으로 되지 아니하며 능으로 되지 아니하고 오직 **나의 신으로 되느니라.** 큰 산아! 네가 무엇이냐? 네가 스룹바벨 앞에서 평지가 되리라."(슥 4:6, 7)

여호와의 이름을 인한 승리를 셀 수 없을 정도로 성경에서 자주 발견하게 됩니다. 시편에서 시인은 노래하기를

"열방이 나를 에워쌌으니
내가 여호와의 이름으로 저희를 끊으리로다!"
저희가 나를 에워싸고, 에워쌌으니
내가 여호와의 이름으로 저희를 끊으리로다!"
저희가 벌과 같이 나를 에워쌌으나
가시덤불의 불같이 소멸되었나니

내가 여호와의 이름으로 저희를 끊으리로다!"
(시 118:10~12)

어떻게 여호와의 이름으로 고통 중에서 빠져나오며 환난 속에서 승리하며 두려움을 이기고 담대해질 수 있겠습니까? 이는 당신이 여호와의 이름을 부를 때에 그의 신이 홍수 위에 좌정하시고 바닷물이 넘침과 같이 밀려오셔서 강한 능력으로 통치하시므로 당신의 모든 문제의 산들을 걷어 치워버리시는 것입니다. "여호와의 오른손이 높이 들렸으며 여호와의 오른손이 권능을 베푸시는도다! 내가 죽지 않고 살아서 여호와의 행사를 선포하리로다!"(시 118:16, 17) 그러므로 여호와의 신이신 성령님과 함께 사는 당신은 인생 최대의 거대한 삶의 자원을 모시고 있으므로 이내 높은 산에 올라서게 될 것입니다.

요셉은 여러번 눈에 보이는 자기 삶의 터전이 바뀌었지만 눈에 보이지 아니하는 하나님과 함께 살므로 젊은 나이에 애굽의 국무총리가 되었습니다. "여호와께서 요셉과 함께하시므로 그가 형통한 자가 되어… 그 주인이 여호와께서 그와 함께하심을 보며 또 여호와께서 그의 범사에 형통케 하심을 보았더라."(창 39:2, 3)

성령님과 함께 사는 사람은 환난이나 핍박이나 칼이나 위험도 하나님의 도구가 되어 정금같은 믿음의 소유자로 다시 태어나게 되는 것입니다. 그 때 그 시대에는 특정한 사람만 꿈이나 계시를 통해 언약을 받고 그에게 여호와의 신이 강림하셨지만 이제는 하나님이 얼마든지 부르시는 모든 육체에게 성령이 임하십니다. "그리하면 성령을 선물로 받으리니 이 약속은 너희와 너희 자녀와 모든 먼 데 사람, 곧 주 우리 하나님이 얼마든지 부르시는 자들에게 하신 것이라."(행 2:39)

주님께서 약속하셨습니다.

"우리가 저에게 와서 거처를 저와 함께하리라."(요 14:23)

당신을 구속하시고 만왕의 왕이신 하나님의 자녀로 삼으신 사랑의 하나님께서는 이런 위대하신 분을 당신을 돕기 위해 당신 곁에 보혜사로 보내셨습니다. 그런데 이분이 바로 당신과 인격적으로 교제하기를 원하시는 인격자 하나님이시라는 사실을 당신은 꼭 기억해야 합니다.

아무리 부요하고 권세와 재능이 많은 사람을 당신이 잘 알고 있다 하더라도 그와의 인격적인 관계가 매끄럽지 못하면 당신은 그에게서 도움을 얻을 길이 없게 됩니다. 마찬가지로 성령님께서 엄청난 권능을 가지고 당신에게 오셨다 하더라도 당신이 이분을 인격적으로 무시해 버리고 나혼자만 잘난 것처럼 설치면 당신은 과부나 고아처럼 버리워진 것같은 메마른 삶을 살아가게 됩니다.

하나님은 그분의 자녀들인 당신이 고아처럼 혼자서 떠돌아다니거나 과부처럼 외로움에 슬퍼하기를 원치 않으십니다. 삼위일체 하나님은 당신과 함께 인생의 동반자가 되기를 원하실 뿐 아니라 당신의 몸을 성전삼고 함께 살기를 원하십니다(요 14:23, 고전 3:16). 이처럼 위대하신 여호와 하나님이 보혜사로 내 안에 오셨습니다. 이로 인하여 당신은 기뻐하고 즐거워해야 하며 인생에게 기이한 일을 행하신 하나님을 찬양해야 합니다.

"여호와가
너의 형벌을 제하였고
너의 원수를 쫓아내었으며
이스라엘 왕 여호와가 너의 중에 있으니
네가 다시는 화를 당할까 두려워하지 아니할 것이라.
그 날에 사람이 예루살렘에게 이르기를 두려워하지 말라.

시온아, 네 손을 늘어뜨리지 말라.
너의 하나님 여호와가 너의 가운데 있으니
그는 구원을 베푸실 전능자시라.
그가 너로 인하여 기쁨을 이기지 못하여 하시며
너를 잠잠히 사랑하시며
너로 인하여 즐거이 부르며 기뻐하시리라 하리라."
(습 3:15~17)

당신은 당신 앞에 계신 성령님을 바라보고 전적으로 의지해야 합니다. 오직 여호와의 신이신 성령님을 앙망하는 자는 날마다 그의 영혼이 새 힘을 얻게 됩니다. 당신이 자신의 완전한 무력(helplessness)을 인식하며, 당신 앞에 임재해 계신 전능하신 성령님의 얼굴을 보면서 전적으로 이분을 모시고 의지하며 살아갈 때 이러한 삶이 바로 하나님의 자녀의 삶입니다.

당신이 여호와의 이름을 부르면서 "성령님, 저를 도와 주세요."라고 말씀드리기만 하면 흑암과 사망의 그늘에서 건지시고 곤고와 쇠사슬에서 자유를 주실 것입니다. 기이한 일을 행하시므로 당신은 예수의 피가 가득 담긴 구원의 잔을 높이 들고 하나님의 영광을 온 세상에 선포하게 될 것입니다.

성령님과 함께 일하려면

광주에서 군복무 시절, 내무반 방문을 매주 신우회 주최로 가졌었는데 저는 이 행사에 몇 번 참석한 후 제의를 했습니다.

"이렇게 해서는 안됩니다. 우리가 간식과 선물을 주고 그들을 즐겁게 하는 것도 중요하지만 부대가 넓어서 1년에 한 번 정도 겨우 만나는 그들에게 기도로 준비하고 '복음'을 전해야 합니다."

하나님께서는 군종장교와 상급자가 있었음에도 일병인 저를 세우셨습니다. 여군들이 나와서 율동을 하면 내무반 전우들은 신이 나서 박수를 치며 흥겨워하였습니다. 제 순서가 되어 10분 정도 메시지를 전하는데 저는 오기 전에 미리 간절히 기도함으로 성령의 충만을 준비했고, 또한 그 순간까지 성령님을 존중히 모셨습니다.

"여러분, 하나님께서는 여러분을 진심으로 사랑하십니다. 예수님께서 여러분의 죄를 담당하시고 십자가에 못박혀 돌아가셨습니다. 하나님께서 지금 여러분을 찾고 계십니다. 누구든지 지금 예수를 믿고 영접하면 죄사함받고 하나님의 자녀가 됩니다. 그러나 불순종하는 자의 머리에는 하나님의 진노의 손이 놓여 있습니다."

장난삼아 흥겹게 노래하던 그들이 갑자기 숙연해지고 예수를 구주로 영접하겠다고 일어서서 "예수님, 저는 죄인입니다." 하고 눈물을 흘리며 제 기도를 따라하기 시작했습니다. 성령님께서 친히 역동적으로 일하신 것이었습니다.

당신이 권능으로 임하신 성령님과 함께 일하려면 하늘 나라 사역의 주동자이신 이분이 친히 모든 일을 하시도록 자리를 내어 드려야 합니다. 제가 사역을 해 나가면서 총 지휘관이신 성령님이 앞장 서도록 저의 자리를 내어 드리자 이내 성령님은 다이나마이트와 같은 강한 능력으로 역사하셨고, 복음은 성령과 능력과 큰 확신 가운데 증거되었습니다. 순식간에 하나님의 나라는 확장되고 만왕의 왕이신 예수 그리스도의 이름이 높이 들리우게 되었습니다.

당신은 성령님의 동역자요(고전 3:9), 하나님과 함께 일하는 자입니다(고후 6:1). 성령님께서는 모든 일을 당신과 함께하기를 원하십니다. 성령님께서는 당신의 의지와 인격을 최대한 존중하십니다. 또한 당신도 이분의 인격을 존중해 드려야 합니다. 당신이 성령님을 존중히 모시고 이분께서 역사하시도록 인정해 드리면 이분은 언제나 강한 능력으로 역사하실 것입니다.

성령님께서 당신이 사역하는 장소에서 눈에 보일 정도로 임재하셔서 마음껏 일하시게 하려면 몇 가지 기본 조건을 갖추어야 한다는 것을 말씀드리고자 합니다.

첫째, 담대해야 합니다.

하나님께서 쓰시는 사람은 담대한 사람입니다. 성경에 나오는 위대한 믿음의 거성들은 대부분 강하고 담대한 사람들이었습니다. 어떤 사람은 성경에 "강하고 담대하라."는 말이 365번 나오므로 모든 성도들이 1년 365일을 담대하게 살아야 한다고 합니다. 당신은 사역할 때 얼굴에 철판을 까십시오! 두려움은 당신의 귀중한 사역과 생명나무의 뿌리를 갉아 먹는 조그마한 벌레와도 같습니다. 바늘구멍만한 두려움을 통해 홍수같은 사단의 세력이 봇물 터지듯 밀려들어옵니다. 두려움이 얼마나 무서운 적인지 욥은 그가 환난을 당하기 전에는 미처 몰랐습니다. "나의 앓는 소리는 물이 쏟아지는 것 같구나! 나의 두려워하는 것이 내게 임하고 나의 무서워하는 그것이 내 몸에 미쳤구나!"(욥 3:24, 25)

어떠한 일이 있더라도 절대 담대함을 잃지 마십시오. 돈이 없어도, 직장에서 쫓겨나와도, 사고가 나고 부도가 나도, 아이가 아프다고 뒹굴어도 두려워하지 마십시오. 하나님은 결코 당신을 버리지 않으시며 떠나지도 않으십니다. 특히 사람의 비난과 핍박하는 말에 두려워 마십시오. 예수 안에서 의롭게 살고자 하는 자는 반드시 그의 등에 핍박의 채찍이 끊이지 않습니다. 모든 것이 다 죽어가고 잃어져도 철판같은 담대함은 '파닥파닥' 살아 움직이게 하십시오. "그러므로 너희 담대함을 버리지 말라!! 이것이 큰 상을 얻느니라."(히 10:35)

엘리야는 혼자서 담대하게 바알과 아세라의 선지자 850명과 결투를 선포하고 하늘에서 불이 떨어지게 하므로 우상을 타파하고 하나님의 이름을 나타내었습니다.

주님의 음성을 들은 베드로는 담대하게 물 위를 '첨벙첨벙' 걸었습니다. 그러나 자신과 환경을 보는 순간 바다 속으로 '쏴악' 빠져들어갔습니다. "주는 그리스도시요, 살아계신 하나님의 아들이시니이다."(마 16:16)고 고백한 후 "내가 죽기까지 주님을 따르겠나이다."고 말한 그가 담대함을 잃어버렸을 때는 하찮은 여종에게 예수님을 모른다고 3번이나 부인하며 저주까지 했습니다. 그러나 오순절 성령강림 후 그는 다시 담대해져서 예수님을 증거하므로 3000명이 회개했고 앉은뱅이를 일으키고 관원과 장로와 여러 핍박자들 앞에서 부활의 주님을 담대히 증거하였고 결국에는 십자가에 거꾸로 못박혀 순교당하는 자리에까지 가게 되었습니다.

그러면 세상이 감당치 못하는 이 '담대함'은 어떻게 가질 수 있을까요?

1. 기도응답과 말씀성취의 받은 '증거'가 자신에게 있어야 합니다.

예수님께서 승천하시면서 성령이 오시면 권세와 능력이 나타남으로 '증거'를 가지고 '증인'이 되라고 말씀하셨습니다. "오직 성령이 너희에게 임하시면 너희가 권능을 받고 내 증인이 되리라."

(행 1:8) 확실한 증거가 없는 사람은 그가 아무리 잘났어도 증인은 될 수가 없습니다.

신앙생활한 지 1년, 2년 지나면 뭔가 보고 들은 것이 있어야 합니다. 찬송가에도 "예수 예수 믿는 것은 받은 증거 많도다."라고 했습니다. 요한은 이렇게 고백했습니다. "태초부터 있는 말씀에 관하여는 우리가 눈으로 본 바요, 주목하고 우리 손으로 만진 바라. 이 영원한 생명을 우리가 보았고 증거하여 너희에게 전한다." (요일 1:1~2)

베드로와 요한이 성령의 권능으로 앉은뱅이를 일으키고 담대히 복음을 전파할 때 핍박자들이 그들을 불러 엄히 경계하며 "도무지 예수의 이름으로 말하지도 말고 가르치지도 말라."고 했지만 "우리는 보고 들은 것을 말하지 않을 수 없다."고 강력히 답변했습니다.(행 4:18~20)

이세상에서 가장 위대한 기적이 병고침이나 태산이 떠나가는 것이 아니라 한 영혼이 거듭나는 것이듯, 가장 크고 중대한 증거는 예수의 피로 말미암아 내 죄가 사함받고 구원받아 하나님의 자녀가 된 것입니다. 이 핵심적인 증거는 절대로 확실히 소유해야 담대해집니다. "또 증거는 이것이니 하나님이 우리에게 영생을 주신 것과 이 생명이 그의 아들 안에 있는 그것이니라."(요일 5:11)

2. 내 앞에 임재해 계신 주님의 얼굴을 바라보아야 합니다.

베드로가 예수님의 얼굴을 바라볼 때는 물 위를 신나게 걸을 수 있었지만 주님에게서 눈을 돌리고 풍랑과 거센 바람을 바라보는 순간 순식간에 물 속으로 빠져들어 갔습니다.

우리가 지금은 예수님을 볼 수가 없습니다. 그럼에도 불구하고 성경은 "믿음의 주요, 또 온전케 하시는 이인 예수를 바라보자!" (히 12:2)라고 말씀하고 있습니다.

어떻게 우리가 예수님을 볼 수 있는지 성전 미문에 앉은뱅이를 일으킨 후 핍박자들 앞에 선 베드로와 요한의 대답을 들어 봅시다. "하나님 앞에서 너희 말 듣는 것이 하나님 말씀 듣는 것보다 옳은가 판단하라!!"(행 4:19)

여기서 '하나님 앞에서'란 말은 그들 앞에 임재해 계신 만왕의 왕이신 성령님을 두고 하는 말입니다. 베드로는 자기에게 임재해 계신 '성령님의 얼굴'을 믿음의 눈으로 생생히 보면서 관원과 장로들과 서기관들 앞에서 그들을 전혀 두려워하지 않고 얼굴에 철판 깔고 그리스도를 외쳤습니다.

당신이 인격이신 성령님을 대면하게 되면 사람을 두려워하지 않게 될 것입니다. 만왕의 왕이신 성령님의 얼굴 앞에서 도대체 당신이 두려워해야 할 사람이 누가 있습니까? 예수님께서는 십자가에 못박히시기 전에 이 사실을 분명히 가르치셨습니다. "조금 있으면 너희가 나를 보지 못하겠고, 또 조금 있으면 나를 보리라. 이것을 너희에게 이름은 너희로 내 안에서 평안을 누리게 하려 함이라. 세상에서는 너희가 환난을 당하나, 담대하라!! 내가 세상을 이기었노라."(요 16:16, 33) 당신과 함께 계신 이분이 하늘과 땅의 모든 권세를 가진 예수 그리스도의 영이시므로 사람이 내게 어찌 하겠느냐는 확신을 가지시길 바랍니다. "몸은 죽여도 영혼은 능히 죽이지 못하는 자들을 두려워하지 말고 오직 몸과 영혼을 능히 지옥에 멸하시는 자를 두려워하라!! 참새 두 마리가 한 앗사리온에 팔리는 것이 아니냐? 그러나 너희 아버지께서 허락지 아니하시면 그 하나라도 땅에 떨어지지 아니하리라. 너희에게는 머리털까지 다 세신 바 되었나니 두려워하지 말라!! 너희는 많은 참새보다 귀하니라."(마 10:28~31)

둘째, 예수님의 이름으로 명령을 내리십시오.

1996년 10월, 2주 동안 계속해서 제가 섬기던 교회에 성령의 바람이 불고 있었습니다. 시도 때도 없이 성도들이 사택으로 와서 함께 기도하기를 원했습니다. 회개의 영이 강하게 역사하셨습니다. 누구든지 기도한 즉시 성령의 강물이 그 배에서 흘러넘쳤고 그들의 영혼이 소생되었습니다.

끊임없이 저와 함께 계신 성령님은 역사하셨고 저는 성령님의 움직이심에 보조를 맞추느라 정신이 없었습니다. 교회 안에 성령님의 파도가 일기 시작하면 우리는 어쩔 수 없이 바빠지게 됩니다. 저는 틈만 나면 무릎꿇고 기도함으로 성령의 신선한 기름부으심을 유지하고 있어야 했었습니다. 한 명, 두 명 끊이지 않고 오던 사람들이 꼬리에 꼬리를 문 소문으로 인해 15명 20명으로 불어나고 있었습니다.

하루는 기도가 끝날 즈음에 저는 성령의 감동하심에 모든 사람을 일으켜 세워놓고 기도했습니다. "사랑하는 주 예수님, 우리를 만져 주옵소서! 우리에게 기름부어 주시옵소서." 그 때 갑자기 한 나이 많은 여집사님이 넘어지면서 발작을 일으키기 시작한 것이었습니다. 나중에 들어보니 친척 장례식으로 절에 갔다가 무당귀신이 들어와 귀신의 세계를 잘 알고 있었다고 합니다. 만약에 예수를 안 믿었더라면 큰 무당이 될 운명이었다는 것입니다.

모인 성도들은 평생 잊어버릴 수 없는 장면을 목격했습니다. 그녀는 온 방을 뒹굴면서 소리를 질러대며 거품을 흘리며 발악하고 있었습니다. 주위에서 놀라서 어쩔 줄 몰랐습니다. 그녀는 무시무시한 눈을 부릅뜨고 저를 쳐다보며 말했습니다.

"나 안 나간다! 안 나가! 아이고……."

순간 저는 사납게 날뛰고 있는 그녀를 잡아서 일으켜 세우고는 아주 엄하고 담대히 명령을 내렸습니다.

"내가 예수 그리스도의 이름으로 명하노니 더럽고 저주받은 귀신아, 나가라! 다시는 들어오지 마라!"

"놔라! 놔라! 으아아악! 아이고 무서워라."

"예수의 피가 너를 저주했어! 예수 이름으로 나가!!!"하고 사자처럼 담대히 명하자 귀신은 큰 소리를 지르며 그녀를 넘어뜨리고 즉시로 나갔습니다. 이 집사님은 잠시 후 일어나서 무릎을 꿇고 눈물로 감사의 기도를 드렸습니다. **위대하신 통치자 예수님을 찬양합니다!**

이와 같이 나와 함께 계신 그리스도의 크신 권능을 나타내려면 우리는 성령님의 감동하심을 따라 담대히 '예수님의 이름으로 명령'을 할 수 있어야 합니다.

예수님의 이름에는 만물이 복종하는 엄청난 권세가 있습니다. 하나님께서는 종의 형체를 가져 죽기까지 복종하신 예수를 지극히 높여 모든 이름 위에 뛰어난 이름을 주사 하늘과 땅과 땅 아래 있는 자들로 모든 무릎을 그의 이름에 꿇게 하셨습니다(빌 2:7~11). 이 예수의 이름은 성령이 오시므로 지금 당신 안에 있습니다. 성령님은 예수의 이름으로 오셨습니다. 예수님께서는 "보혜사 곧 내 이름으로 보내실 성령"(요 14:26)이라고 말씀하셨습니다. 요한은 이 이름이 성도들의 이마에 씌어 있다고 말했습니다. "그 이마에 어린 양의 이름과 그 아버지의 이름을 쓴 것이 있도다!"(계 14:1)

당신은 이 예수의 이름으로 지옥의 세력을 향하여 권위를 가지고 담대히 '명령'해야 합니다. 예수의 이름을 장식이나 폼으로 당신에게 주신 것이 아닙니다. 죽어서 천국들어가는 티켓으로만 주신 것이 아니라 이 땅에서 예수의 이름으로 하나님 나라를 선포하고 누리라고 주신 것입니다.

그리스도시요, 살아계신 하나님의 아들 예수의 이름이 바로 하늘나라가 성령으로 임하게 하는 천국열쇠인 것입니다. 천국은 침노를 당하되 오직 예수의 이름으로만 침노를 당하는 것입니다. 당신은 예수의 보혈을 의지해서 예수 이름으로 담대히 천국을 구해야 합니다. 구원받은 자녀의 말에는 권위가 있고 예수 이름의 권세를 사용할 수 있는 당당한 권리가 주어졌습니다.

당신은 이 땅에서 먼저 그의 나라와 그의 의를 구해야 하며 성령안에서 천국을 누려야 합니다. 왜 수많은 성도들이 사단에 매여 괴로움을 당하며 오랜 세월 동안 고생을 해야 합니까? 그 이유는 이 천국을 침노하는 것을 막는 존재가 있으니 귀신 때문입니다. 하나님 아버지께서는 그 나라를 당신에게 주시기를 기뻐하시지만 사단과 그의 졸개인 귀신이 총동원해서 방해합니다. 그러므로 당신이 사단의 세력을 묶고 귀신을 쫓아내야 하나님의 나라가 임하는 것입니다.

예수님께서 이 비밀을 보여 주셨습니다. 귀신들려 눈 멀고 벙어리 된 자를 고치신 일로 비난하는 바리새인들과 모인 무리에게 "그러나 내가 하나님의 성령을 힘입어 귀신을 쫓아내는 것이면 하나님의 나라가 이미 너희에게 임하였느니라. 사람이 먼저 강한 자를 결박하지 않고야 어떻게 그 강한 자의 집에 들어가 그 세간을 늑탈하겠느냐? 결박한 후에야 그 집을 늑탈하리라."(마 12:28, 29)고 말씀하셨습니다.

그러면 어떻게 해야 당신보다 강한 영적 존재인 사단과 귀신을 결박할 수 있겠습니까? 바로 당신 안에 계신 하늘과 땅의 모든 권세를 가지신 예수님의 이름으로 명령할 때 가능한 것입니다. 예수 그리스도의 이름은 '천국 열쇠'입니다. 예수님께서는 "내가 천국 열쇠를 네게 주리니 네가 땅에서 무엇이든지 매면 하늘에서도 매일 것이요, 네가 땅에서 무엇이든지 풀면 하늘에서도 풀리리라."고 말씀하셨습니다.(마 16:19, 18:18~20)

이 천국 열쇠인 '예수 이름'은 어떻게 사용할 수 있습니까? 당신이 입술의 '말'로 명령하므로 사용하는 것입니다! 인간의 혀는 죽고 사는 권세가 있습니다(잠 18:21). 큰 배의 키와 같습니다(약 3:4). 예수님께서 이 영적원리를 말씀하셨습니다. "내가 진실로 너희에게 이르노니 누구든지 이 산더러 들리어 바다에 던지우라 하며 그 말하는 것이 이룰 줄 믿고 마음에 의심치 아니하면 그대로 되리라."(막 11:23)

영혼이 죄사함받고 구원에 이르는 것도 마음으로 믿고 입으로 시인해야 합니다(롬 10:9, 10). 또한 생활의 구원도 예수 그리스도의 '전인적 대속'을 구체적으로 하나씩 마음으로 믿고 입으로 시인해야 하는 것입니다. 이와 마찬가지로 당신의 원수인 정사와 권세와 이 어두움의 세상 주관자들과 하늘의 악의 영들도 우리의 입술의 말을 가지고 예수의 이름으로 명령을 내릴 때만 굴복하게 되는 것입니다.

초등학교 2학년 아이가 함께 기도하는 중에 눈물을 계속 흘리고 있었습니다. 성령의 역사가 아닌 것 같아 물으니 허리가 너무 아파 운다는 것이었습니다. 부모는 불신자로 술집을 경영하고 있었고 이 아이 혼자서만 주일학교에 출석하다가 같이 기도하면서 성령을 받고 방언으로 기도했습니다. 어느 날 자고 일어나니 허리가 아프더라는 것이었습니다. 허리를 구부려 보라고 하니 앞으로 15도 정도밖에 움직이지 못했고 뒤로 젖힐 수도 없었습니다.

"예수님께서 너를 고쳐 주실 줄 믿니?"

"예!"

저는 아이의 허리에 손을 얹고 명령했습니다.

"예수님의 이름으로 명하노니 귀신은 허리를 놓고 떠나갈지어다! 지금 즉시로 허리의 뼈와 근육과 신경은 강건해질지어다! 깨끗한 피가 흐를지어다!"

"자, 이제 허리를 구부려 보렴!"

그 아이는 앞으로 손끝이 발가락에 닿도록 구부리고 뒤로 넘어질 듯 젖혔지만 하나도 아프지 않다고 했습니다. 그 자리에서 예수님이 깨끗이 고쳐 주신 것이었습니다.

또 한번은 5학년 아이가 기도하다가 눈을 뒤집으면서 발작하기 시작했습니다. 귀신이 정체를 드러냈는데 저에게 온갖 욕을 퍼붓는 것이었습니다.

"네가 뭔데 나를 괴롭히느냐! 놔라 놔! 이 애는 내거야!"

저는 눈을 쳐다보면서 큰 소리로 명령을 내렸습니다.

"예수 그리스도의 이름으로 명하노니 이 더럽고 저주받은 귀신아. 나가라!"

그 귀신은 온갖 잡소리를 쏟아 놓더니만 결국 완전히 쫓겨나고 아이는 자유를 얻어 눈물을 흘리며 "예수님, 사랑합니다."라고 말했습니다. 그리고 기도회가 끝난 후에 "전도사님 눈에서 벌겋게 불이 확 나왔어요."라고 하는 것이었습니다.

당신이 담대히 명령을 내리면 당신 안에 계신 예수님이 친히 역사하시는 것입니다. 당신 안에 만물의 통치자 예수 그리스도의 이름이 있어도 당신이 입술의 말로 명령함으로 사용하지 않으면 소용없습니다. 무엇을 명령해야 할까요?

1) 영적세력을 향한 명령

당신은 가정과 교회, 지역과 나라와 열방을 위한 명령을 해야 합니다. 성령충만을 위한 기도 후 손을 높이 들고 다음과 같이 명령하십시오. 큰 소리로 담대히 영적실체를 향해 말하십시오.

"하늘과 땅의 모든 권세를 가지신 예수 그리스도의 이름으로 명하노니 악한 마귀 사단의 권세, 더럽고 저주받은 귀신과 악의 영들과 미혹의 영들은 묶음을 받고 떠나갈지어다!!!"

"예수님의 이름으로 명하노니 사단아! 하나님의 택한 백성들에게서 네 손을 떼라! 묶음에서 놓을지어다! 주의 백성들을 오게 하라! 구류하지 말라! 전도의 문이 열릴지어다!! 예수의 피로 너를 저주하노라!"

2) 내 영혼을 향한 명령

당신은 머리에 손을 얹고 이와 같이 명령하십시오. 저도 수없이 실천해 왔습니다. 큰소리로 말하십시오.

"하늘과 땅의 모든 권세를 가지신 예수 그리스도의 이름으로 명하노니 내 영혼아, 깨어라! 내 영혼아, 깰지어다! 너는 여호와를 바랄지어다. 강하고 담대할지어다!"

시편기자도 이와같은 명령을 했습니다.

"내 영혼아! 네가 어찌하여 낙망하며 어찌하여 내 속에서 불안하여 하는고?
너는 하나님을 바라라!!
나는 내 얼굴을 도우시는 내 하나님을
오히려 찬송하리로다!"(시 43:5)
"내 영광아! 깰지어다!!
비파야, 수금아, 깰지어다!!
내가 새벽을 깨우리로다!"(시 57:8)

그리고 기도하고 말씀을 섭취하십시오. 감사와 찬양이 끊이지 않게 하십시오. 정규예배에 참석하십시오.

3) 내 몸을 향한 명령
당신의 가슴에 손을 얹고 오장 육부를 향해 명령을 내리십시오. 당신이 건강할지라도 당신의 몸에 병이 발을 못 붙이도록 믿음의 고백을 하십시오.

"만물을 복종케 하는 예수님의 이름으로 명하노니 모든 병은 떠나가고 오장 육부는 강건할지어다! 피곤은 사라지고 새힘이 넘칠지어다! 혈관에는 깨끗한 피가 흐르고 뼈와 근육은 강건해질지어다! 나는 건강하고 행복한 사람입니다."

"내 몸 속에 있는 각종 병균과 바이러스는 즉시 죽고, 암세포는 사라질지어다! 온 몸의 세포는 살아날지어다!"

그리고 하나님의 성전인 당신의 몸을 잘 관리하도록 노력하십시오. 적당한 운동과 영양있는 음식과 충분한 잠을 통해 휴식을 취하므로 최상의 컨디션을 유지하십시오.

4) 뇌세포를 향한 명령

당신이 공부하는 학생이라면 머리를 향해 명령함으로 지혜를 얻을 수 있습니다. 그냥 시험적으로 한 번, 두 번 해보고 그만두지 말고 믿음으로 꾸준히 실천해 보십시오. 의학적으로 밝혀진 결과, 당신의 뇌 속에는 140~150억 개 정도의 뇌세포가 있습니다. 아담과 하와는 엄청난 지혜와 총명이 있었습니다. 그들은 40만 종 이상의 동물들의 이름을 짓는 일에 헷갈리거나 번복하지 않고 잘 처리해 낼 수 있었습니다. 그러나 죄로 말미암아 뇌세포는 많이 어두워지고 잠들게 되었습니다. 그들은 이 지혜를 술과 담배, 마약 등을 만드는 등 엉뚱한 데 쓰기 시작했습니다. 그러나 예수의 피가 흐름으로 말미암아 성도들은 진정 다시 그 지혜를 회복할 수 있습니다. 당신은 특정분야에 천재가 될 수 있습니다. "너는 돌머리야, 너 같은 게 무슨 일을 하겠어."라는 사단의 거짓말에 속지 마십시오. "아니야, 나는 천재야! 나는 거듭났고 지식의 근본이신 성령님을 모시고 있어."라고 고백한 다음 당신의 머리에 손을 얹고 이렇게 명령하십시오. 권위를 가지고 담대하게 실천하십시오!

"내 정신은 맑아지고 잡생각은 사라질지어다! 150억개 이상의 뇌세포는 하나님의 영광을 위하여 최대한의 기능을 발휘하며 돌아갈지어다!! 기억력과 집중력이 생겨나고 지혜와 총명이 넘쳐날지어다! 지혜와 총명의 신이신 성령님, 저를 도와 주세요. 모략과 재능의 신이신 성령님, 저에게 놀라운 아이디어와 어학의 문을 열어 주세요."

게으른 자는 별볼일 없습니다. 당신은 자신에게 주어진 일에 집중해서 최선을 다하고 성실히 행해야 합니다.

5) 재정을 향한 명령

당신은 재정문제에 대해서 사단에게 자리를 내어 주어서는 안

됩니다. 이렇게 명령하고 믿음의 고백으로 재정권을 차지하십시오.

"예수님의 이름으로 명하노니 재정문제는 해결되고 돈은 들어올지어다! 빚은 청산될지어다! 모든 것에 모든 것이 넉넉하게 될지어다. 예수님, 감사합니다. 나의 하나님이 그리스도 예수 안에서 그 풍성한 대로 나의 모든 쓸 것을 채우실 줄로 믿습니다."

그 다음에는 재정관리를 잘 할 수 있도록 성령님께 도움을 구하고 저축하고 남에게 베풀고 헌금하므로 믿음의 씨앗을 심으십시오. 빚을 조금씩 갚아나가십시오. 꾸고 갚지 않는 자에 대해 성경은 악인이라고 말씀합니다(시 37:21). 악인이 복을 받을 수 있습니까?

당신은 적극 이 하나님의 자녀로서 권세를 사용하므로 뱀과 전갈을 밟으며 원수의 모든 능력을 제어하고, 당신의 생활 속에 성령 안에서 의와 평강과 희락인 하나님의 나라를 누리며 살아야 하는 것입니다.

셋째, 성령님께 순종하십시오.

성령님과 함께 일하려면 이분이 시키시는 대로 행동으로 옮겨야 합니다. 당신은 성령님의 동역자이자 이분의 종입니다. 성령님은 당신의 남편과도 같습니다. 당신이 앞장서서 설치고 날뛰면 안 됩니다. 당신은 아내의 입장에서 내조를 잘 해야 합니다. 예수의 영이신 성령님이 시키면 시키는 대로만 순종하면 거기에는 반드시 상이 있습니다.(히 11:6)

성령님께서 환경과 상황에 따라서 당신에게 어떻게 지시하실지는 아무도 모릅니다. 모든 것은 전지하신 하나님만이 다 아십니다. 그러나 성령님께서는 어떻게 해야 할 것을 그분의 종들에게 알려 주십니다. 그러면 우리는 듣고 무조건 순종해야 합니다. 성령님께서 안수하라고 인도하시면 당신은 그대로 순종하십시오! 말하라면 말하고 뛰라면 뛰십시오! 이분은 당신에게 모든 것을 한꺼번에 알려 주시지는 않지만 그때 그때 꼭 필요한 것을 말씀하십니다.

"너희에게 무슨 말씀을 하시든지 그대로 하라!!"(요 2:5)

성령님께서 빌립에게 "일어나서 남으로 향하여 예루살렘에서 가사로 내려가는 길까지 가라!"고 하셨습니다. 빌립은 그것이 무엇을 의미하는지 몰랐지만 일단 순종했습니다. 그 광야길을 따라 내려가는데 에디오피아 간다게 여왕의 재상이 마차를 타고 오고 있었습니다. 그는 예루살렘에 예배하러 왔다가 돌아가는 길이었으며 이사야의 글을 읽고 있었습니다. 그 때 갑자기 함께 계신 성령님께서는 또 다시 빌립에게 "이 병거로 가까이 나아가라!"고 말씀하셨고 그는 즉시 순종했습니다. 빌립은 입을 열어 그가 읽고 있던 이사야서 53장에서부터 예수가 누구시라는 것을 보여 주었습니다. 성령님은 지시하셨고 빌립은 순종하므로 에디오피아에 놀라운 전도의 문이 열리게 되었습니다.

예수님은 성령님의 음성에 민감했으므로 수만 명의 사람들을 만나며 그들에게 사역하는 가운데 있어서 각각 다른 방법으로 임했습니다. 제자들은 물론 수많은 군중들은 그가 어떻게 인도해 나갈지 알 수 없었습니다. 어떤 병자는 기름을 발랐고, 어떤 이는 그냥 안수만 해 주었으며 다른 이들에겐 그냥 말씀으로 명령을 내렸습니다.

성령님께서 당신에게 무엇인가 말씀하실 때 이성적으로 합당치 못한 이상한 일을 시키실 때도 있다는 것을 잊지 마십시오. 예수님은 침을 뱉어 진흙을 이겨 발라 소경의 눈을 뜨게 했습니다. 만약 성령님께서 오늘 우리에게 침을 뱉어 진흙을 만들어 환자를 치료하라고 하신다면 당신은 순종해야 합니다.

하늘나라로 들어가셨지만 현신애 권사님에게 하나님께서는 밀가루를 개어 환처에 붙이므로 병자를 치료하도록 감동시키셨고 이에 순종하므로 수많은 사람들이 불치의 병에서 고침받았습니다.

하나님께서는 아브라함에게 "아들을 바치라!"고 하셨고 이에 순종하여 시퍼런 칼을 높이 쳐든 그에게 "네 손을 멈추어라!"는 정반대의 명령을 내리셨습니다. 그는 도저히 이해할 수 없었지만 분명 둘 다 하나님의 음성이었고 그는 순종했습니다.(창 22)

당신이 큰 믿음을 소유하는 것은 단번에 되지 않습니다. 예수님께서 말씀셨습니다. "처음에는 싹이요, 다음에는 이삭이요, 그 다음에는 이삭에 충실한 곡식이라."(막 4:28)

성령님께서 당신에게 처음에는 작은 일을 시키시며 순종하는 것을 지켜보십니다. 그 다음에는 조금 더 큰 것을 명령하시며 나중에는 완전히 인간의 자아를 죽게 하는 엄청난 것들을 보여 주며 순종을 요구하십니다. 이 때 주위에서 당신을 보고 미쳤다고 하거나 이상한 눈빛으로 구경하기도 하고 심한 비난을 퍼붓기도 합니다. 그러나 사람들이 어떻게 생각하든 상관하지 마십시오. 바로 이 때가 당신이 진정으로 하나님의 사람인지 드러납니다. 순종하면 상을 받습니다. 하나님께 인정을 받게 됩니다. "사람보다 하나님을 순종하는 것이 마땅하니라."(행 5:29)

교회에 성령이 임하여 기도회가 한창 진행되고 있는 중에, 저는 열심히 기도하고 있는 분에게 부탁하여 어떤 집사님에게 전화를 하여 지금 당장 오라고 말했습니다. 저는 기도하다가 그 집사님이 선명하게 떠오르면서 하나님이 지금 찾고 계시다는 성령의 인도를 받아 즉시로 연락을 취했던 것입니다.

그녀는 전화를 받는 순간 전류에 감전되듯 강한 성령의 감동과 함께 눈에서 눈물이 쏟아져 내렸다고 나중에 고백했습니다. 달려오다시피 와서 문을 열고 들어오면서 바닥에 고꾸라져 땅을 치며 회개하기 시작했고 자신이 전혀 알지 못하던 언어가 입에서 흘러 나왔습니다. 그 집사님은 "그 날 이후로 저는 며칠 동안 성령의 감동에 사로잡혀 생활했어요."라고 말했습니다.

하나님은 자기를 순종하는 자에게 가장 좋은 은사인 성령님을 보내 주십니다(행 5:32). 성령님은 자기를 순종하는 자에게 자신을 완전히 드러내십니다. 당신과 함께 계신 성령님에게 부끄러움을 무릅쓰고 전폭적으로 순종하십시오. 반드시 강력한 능력이 나타날 것입니다.

넷째, 결과는 하나님께 맡기십시오.

성령님의 인도하심을 따라 일하면서 당신이 할 일을 끝냈으면 그 다음은 온전히 하나님께 맡겨야 합니다. 순종했으면 결과는 맡기라는 말이지요. 당신은 당신이 할 일만 하면 됩니다. 성령님께서 시키시는 일을 순종했으면 주위에서 사람들이 무엇이라 말하든 상관말고, 당신은 모든 것을 하나님께 맡기고 이분이 다 알아서 처리하신다는 믿음으로 계속 나아가야 합니다. 성령님과 함께 일하는 사람은 다른 사람들로부터 비난과 핍박을 각오해야 합니다. 그 때 변명하지 말고 잠잠해야 합니다. "그가 곤욕을 당하여 괴로울 때에도 그 입을 열지 아니하였음이여! 마치 도수장으로 끌려가는 어린 양과 털 깎는 자 앞에 잠잠한 양같이 그 입을 열지 아니하였도다!"(사 53:6)

성령을 따라 사는 자들에게는 틀림없이 '비난과 핍박의 채찍'이 가해진다는 사실을 명심해야 합니다. 당신의 벗기워진 등에 예수의 흔적을 각오해야 합니다. 성령의 급하고 강한 바람이 교회와 지역을 휩쓸고 지나가면 당신을 통해 죽은 자가 살아나고, 불치의 병은 고침받으며, 강한 성령의 세례가 임하며, 수많은 죄인들이 회개하고 돌아올 것입니다. 우상의 전이 무너지고, 귀신들은 떼를 지어 쫓겨 나갑니다. 이 때 지옥의 기둥이 뒤흔들리므로 흑암의 권세가 가만히 있을 리가 만무합니다. 가장 가까이 있는 사람들을 통해 당신에게 거센 핍박이 일어나기 시작할 것입니다.

성령의 역사를 비판하는 목소리는 어느 시대나 동일하게 있었습니다. 사람마다 한 마디씩 비판의 소리를 가할 때 당신은 참기 힘들 것입니다. 그들은 당신이 성령님과 함께 일해 나가는 과정을 잘 모릅니다. 그렇다고 당신이 일일이 한 사람씩 붙잡고 다 설명할 수도 없습니다. 그러므로 성령님과 함께 한 모든 일의 뒷문제에 대해서는 전적으로 하나님께 맡겨야 합니다. 당신이 그것을 처리하려고 하면 시끄러워집니다. 때가 되면 하나님이 다 신원해 주십니다. "네 짐을 여호와께 맡겨 버리라! 너를 붙드시고 의인의 요동함을 영영히 허락지 아니하시리로다."(시 55:22)

사나 죽으나 우리는 주의 것입니다. 나와 함께 계신 절대 주권자 되시는 성령님께 모든 마음의 상처와 고통을 털어 놓고 이분의 위로와 통치를 기다리십시오. 그리고 당신의 싸움대상은 혈과 육을 가진 사람이 아니라 정사와 권세와 이 어두움의 세상 주관자들과의 눈에 보이지 않는 영적전쟁임을 기억하고 절대로 사람을 미워하거나 적대시하지 않도록 조심해야 합니다. 겸손히 사람들을 대하고 오직 마귀를 대적해야 합니다. 모든 것을 하나님께 맡기고 인내로 참고 기다리면 당신을 대적하던 모든 것은 다 시들어 버리고 영광의 면류관을 얻게 될 것입니다.

"그러므로 하나님의 능하신 손 아래서 겸손하라!!
때가 되면 너희를 높이시리라.
너희 염려를 다 주께 맡겨 버리라!!
이는 저가 너희를 권고하심이니라.
근신하라!! 깨어라!! 너희 대적 마귀가 우는 사자같이
두루 다니며 삼킬 자를 찾나니
너희는 믿음을 굳게 하여, 저를 대적하라!!
이는 세상에 있는 너희 형제들도
동일한 고난을 당하는 줄을 앎이니라.
모든 은혜의 하나님, 곧 그리스도 안에서 너희를 부르사
자기의 영광에 들어가게 하신 이가
잠깐 받는 고난을 받은 너희를
친히 온전하게 하시며 굳게 하시며,
강하게 하시며 터를 견고케 하시리라."(벧전 5:6~10)

성령님과 함께 열방을 꿈꾸라

몇 년 전부터 기도 생활을 하는 가운데 저는 전세계 열방을 위해 기도하는 것에 눈을 뜨게 되었습니다. 그리고 신학교에서 저의 단짝인 어느 전도사님으로부터 제가 정말 갖고 싶었던 지구본 하나를 선물로 받게 되었습니다. 너무나도 기뻤습니다.

저는 골방에서 그 지구본을 제 무릎 앞에 놓고 성령님과 함께 환상의 날개를 달고 세계 여러 나라들의 구원을 위해 기도하기 시

작했습니다. 볼리비아, 페루, 베네수엘라 등등…….

어디를 갈 때에는 세계지도가 그려진 기도일지를 펴놓고 열방을 위해서 기도합니다. 제 기도일지에는 매일 한 나라씩 이름이 기록됩니다.

저는 어떻게 기도해야 하는지를 알고 있으며 계속해서 새로운 것을 배우고 있습니다. 각 나라의 형편을 자세히 모르는 저로서는 주기도문의 기도패턴 속에 나라 이름을 넣고 기도하는 것이 가장 훌륭한 방법이었습니다.

제가 그렇게 기도한 지 몇 년이 지난 지금은 전세계를 여러 바퀴 돌았습니다. 매일 한 나라씩 기도할 경우 대략 일 년에 지구를 두 바퀴를 돌 수 있습니다. 그리고 수년이 지난 지금까지도 저는 매일 하나 내지 두 나라를 위해 주기도문의 기도 패턴을 적용해서 기도하고 있습니다. 지금도 제 방에는 커다란 세계지도가 붙어 있습니다. 저는 이것을 매우 소중하게 여기고 있습니다.

제가 왜 이렇게 나라들을 위해서 기도하겠습니까? 그 이유는 우주 만물의 주인이신 하나님 아버지께서 반드시 응답해 주실 것을 믿기 때문입니다. 만왕의 왕이신 하나님 아버지께서는 저에게 이렇게 말씀하셨고 이 말씀은 영원토록 제 가슴에 새겨져 있습니다.

"내가 영을 전하노라.
여호와께서 내게 이르시되
너는 내 아들이라.
오늘날 내가 너를 낳았도다.
내게 구하라.
내가 열방을 유업으로 주리니
네 소유가 땅끝까지 이르리로다."(시 2:7, 8)

얼마 전에 저는 목회자 기도집회에 참석했는데 그 날 남아프리카의 예언사역을 하시는 마크(Mark Visser)목사님이 오셔서 저에게 예언을 해 주었습니다. "나는 지금 당신이 남아메리카에서 복음을 전하는 모습을 보고 있습니다. 하나님께서 언젠가 당신을 남아메리카로 보내실 것입니다." 저는 성령의 강한 기름부으심으로 인해 그 자리에서 넘어졌는데 온몸에 힘이 하나도 남지 않았고 성령 안에서 누워 쉬고 있었습니다. 그 목사님은 제가 이미 오래 전에 만난 친구처럼 가깝게 느껴진다고 하면서 자기 나라에 오면 반드시 자기 집에 들리라고 했습니다.

저는 남아메리카에서만 복음을 전하게 될 것이라고 생각지 않습니다. 왜냐하면 제가 수년에 걸쳐 전세계의 모든 나라들의 이름을 불러가며 "하나님, 저를 이 곳에서도 영혼을 구원하고 일꾼을 세우는 데 사용해 주십시오!"라고 기도해 왔기 때문입니다. 저에 대한 남아메리카에서의 사역 예언은 부분적인 예언입니다. "우리가 다 부분적으로 알고 부분적으로 예언하나"(고전 13:9) 성경이 완성된 이후로의 예언은 다 부분적인 예언입니다.

저는 완전한 계시인 '성경말씀 그 자체'에 제 인생을 받친 사람입니다. 성령님께서는 저에게 92년부터 지금까지 성경에 나오는 중요한 언약들을 약 1000절 가까이 완벽하게 암송하게 하셨습니다. 저는 그 어떤 말보다도 **하나님의 말씀 그 자체**를 중요시 여기며 제 가슴판에 새겨진 '그말씀'은 능치 못할 것이 없고 '그 언약'은 반드시 이루어질 것입니다. "그말씀"은 제 힘으로 고칠 수 없는 부족하고 연약한 부분을 바꾸어 놓았습니다. 그러므로 하나님께서 특별히 저에게 어느 한 특정나라에 가서 선교하라고 말씀하신다면 순종하겠지만 아직 그런 명령이 없었기 때문에 제 자신을 제한할 수 없습니다. 오직 제 가슴에 새겨진 "**너희는 온 천하에**

다니며 만민에게 복음을 전파하라"(막 16:15)와 "오직 성령이 너희에게 임하시면 너희가 권능을 받고 예루살렘과 온 유다와 사마리아와 땅끝까지 이르러 내 증인이 되리라"(행 1:8)는 이 놀라운 예수님의 언약이 제 생애에 반드시 이루어질 것을 확실히 믿기 때문입니다.

저는 제 생애에 기필코 하나님께서 저를 사용하셔서 예수 그리스도의 대속의 복음을 온 세상에 전하게 하시므로 그들을 살리게 하실 줄로 믿습니다. 그것은 제가 재능이 많고 똑똑하기 때문이 아니라 예수님의 이름으로 아버지께 기도의 씨앗을 뿌렸기 때문에 하나님께서는 때가 되면 반드시 거두게 하실 것입니다.

당신이 젊을 때 부지런히 심지 않는다면 나중에 거둘 것이 없게 될 것입니다. 인생의 추수기에 거둘 것이 없는 자는 저주가 있다고 성경은 말합니다. 농부가 봄에 씨앗을 뿌리는 것처럼 당신도 인생이 봄과 같이 젊을 때 눈물과 땀으로 기도의 씨앗을 뿌려야 합니다. 당신이 골방에서 땀으로 옷을 얼룩지게 하며 목에서 피가 나듯 간절히 눈물을 흘리며 하나님께 기도로 씨를 심으면 하나님께서는 당신의 인생 추수기에 기쁨으로 단을 거두게 하실 것입니다. 가장 값진 것은 영혼의 추수를 하는 것입니다. 사람을 살리는 것입니다. 이렇게 기도하십시오!

"오, 하나님 저에게 영혼을 주시옵소서."

책을 닫으면서

저는 요즈음 세 살 된 사랑스러운 아들 성은이에게 성령님과 함께 살아가는 것을 가르치고 있습니다.

아침에 일어나면 "성령님, 안녕하세요?" "오늘도 저를 도와 주세요." "성령님과 함께 살고 싶어요."라고 따라서 말합니다.

함께 집을 나가면서 제가 큰 소리로 "성령님, 함께 가시지요."라고 말하면 이제 한창 말을 익히고 있는 이 아이가 "성령님, 함께 가시지요."하고 따라합니다. 신기할 정도로 "성령님, 감사합니다. 사랑합니다."하고 한 마디씩 또박또박 따라하며 언어를 배워 갑니다. 놀라움을 금할 수 없습니다.

이 책을 마무리하면서 저는 '참된 성공'이 무엇인가를 다시 생각하게 되었습니다. 눈에 보이는 것이 모든 것을 지배하는 것처럼 느껴지는 이 시대의 힘든 현실을 보면서 저는 생의 진정한 아름다움이 무엇인지를 말하므로 흔들리는 가치관을 든든히 세워 주고 싶었습니다.

참된 성공이 무엇입니까? 그것은 눈에 보이는 것으로만 모든 가치를 측정하는 사람들의 생각과는 달리 눈에 보이지 않는 믿음, 소망, 사랑에 있습니다. 나를 위해 피 흘리신 예수님을 믿고, 나를 지으신 하나님께 소망을 두고, 나와 함께 계신 성령님과 사랑을 나누며 살아가는 사람은 성공의 길을 걷고 있는 것입니다. 즉 진정한 성공은 많은 소유가 아니라 삶의 내용입니다. 위대한 업적을 남기는 것이 아니라 위대하신 하나님과 함께 사는 삶입니다. 에녹이 300년을 하나님과 동행했는데 하나님께서는 그가 너무 좋아서 자기 집으로 바로 데려가셨습니다.

'뿌리깊은 나무'는 거센 바람이 불어와도 넘어지지 않습니다. 저는 여러 번 인생의 고비에서 제 인생이 뿌리째 뽑혀 버릴 위험에 처했지만 자비로우신 하나님께서는 저와 함께 계신 그리스도에게 인격적인 애정의 교제가운데 삶의 뿌리를 깊이 내리게 하셨습니다. "믿음으로 말미암아 그리스도께서 너희 마음에 계시게 하옵시고 너희가 사랑 가운데서 뿌리가 박히고 터가 굳어져서"(엡 4:17)

처음 걸음마를 배우는 어린아이와 같이 시작하였지만 서서히 뿌리가 박히고 이제는 터가 굳어져가고 있음을 인식하고 있습니다. 그러나 잠시도 방심할 수 없습니다. 가장 평범하고 연약한 저는 끊임없이 내 앞에 계신 성령님을 바라보며, 이분과 대화를 나누고 존중히 모시고 다니며 순간 순간 도움을 구하고 있습니다.

〈성령님과의 실제적인 교제법〉은 저만의 전매특허가 아닙니다. 저는 이것을 저의 친절한 선생님이신 성령님께 배웠습니다. 나와 함께 계신 성령님께서는 보통 사람이었지만 위대하신 하나님과 가장 친밀한 교제를 나눈 우리 신앙의 선배인 아브라함, 모세, 요셉을 통해서 조금씩 가르쳐 주셨습니다.

특히 다윗을 통해 이것을 정립하게 하셨고 제 생활에 배이게 만드셨습니다. 다윗의 놀라운 고백은 저를 크게 감동시켰고, 삶의 방식을 완전히 변화시키기에 부족함이 없을 정도였습니다.

"내가 여호와를 항상 내 앞에 모심이여!
그가 내 우편에 계시므로 내가 요동치 아니하리로다!
주께서 생명의 길로 내게 보이시리니

주의 앞에는 기쁨이 충만하고
주의 우편에는 영원한 즐거움이 있나이다."(시 16:8, 11)

이 사실을 베드로는 완전한 성령의 감동을 받아 "내가 항상 내 앞에 계신 주를 뵈었음이여! 나로 요동치 않게 하기 위하여 그가 내 우편에 계시도다!"라고 다윗의 고백을 인용해 오순절에 예루살렘에서 외쳤습니다(행 2:25). 이 감동적인 생애를 저는 가슴에 새긴 후 날마다 적용했고, 이제는 생활습관으로 완전히 배여 제 삶의 방식이 되어버렸습니다.

다시 말씀드리지만 이것은 이론이 아니라 실재입니다. 저는 이 매우 중요하고 핵심적인 영적 원리를 크게 네 가지로 말씀드렸습니다.

제1원리: 성령님의 얼굴을 보라.
제2원리: 성령님과 대화를 나누라.
제3원리: 성령님을 모시고 다니라.
제4원리: 성령님께 도움을 구하라.

제가 말씀드린 이 쉽고 단순한 원리를 받아들여 성실하고 정직하게 실천한다면 영원히 주님과 함께 행복한 인생길을 걷게 될 것입니다. 이 새롭고 산 길은 예수님의 뿌리워진 피가 가능케 했습니다. 예수의 피를 찬양합니다!

이 책을 쓰는 동안 함께 해 주신 성령님, 수고하셨습니다!

이 책의 교정을 위해 밤새워 힘써 주고 중요한 충고들을 아끼지 않은 사랑하는 아내에게 감사의 말을 전하고 싶습니다.

모쪼록 저는 이 책을 통해 '성령님과 실제적인 교제법'을 배우므로 여러분이 전세계에서 성령님과 가장 친한 사람이 되시기를 바랍니다.

감사의 글

레오 톨스토이는 말하기를 "나는 하나님을 믿는다. 나는 그를 영혼의 주로서 사랑으로서 또 모든 것의 원천으로서 이해한다. 나는 그가 내 속에 있으며 내가 그 속에 있음을 믿는다."라고 했습니다.

'나를 키우시는 성령님'께 진심으로 감사드립니다. 제 삶에 이분이 안계셨더라면 이 책도 나오지 않았을 것입니다. 이분은 연약한 저의 강함이십니다. 저 혼자서 한 것은 아무것도 없습니다. 모든 것은 하나님의 은혜요, 성령님의 역사입니다.

제가 찾아 뵐 때마다 인자한 얼굴로 반가이 맞아 주시고 머리에 손 얹어 뜨거운 믿음의 기도로 길러 주신 모교회 성당제일교회 김승광 목사님과 격려와 충고를 아끼지 않고 넓은 도량으로 키워주신 감삼교회 이종근 목사님께 감사의 마음을 전합니다.

"성도들에게 힘을 주라!"고 정직한 충고를 아낌없이 심어주신 아버님 김재오 장로님의 일평생 성실함이 소리없이 제 몸에 배였습니다. 80연세에도 밤낮 눈물로 제 이름을 불러가며 기도하시는 외할머니 김순금 권사님과 어머니 오미진자 권사님에게 깃들어 있는 신앙의 혈맥을 이어받았습니다. 기본에 충실하도록 빈틈없는 애정으로 저를 돌봐주는 형님 김병호 목사님 덕분에 부족한 제가 탄력있게 되었습니다. 이분들께 깊은 감사를 드립니다.

미지의 분야에서 냉혹한 비평으로 제 한계의 뚜껑을 열어준 학원문화연구소 우성기 소장님께 감사드립니다. 종합운동장 교회가 잠실에 든든히 설 수 있도록 무한한 인내를 가지고 기도와 물질로 뜨거운 지지를 해주신 후원자 여러분의 은혜를 잊지 않을 것입니다. 보이지 않는 영웅들의 이름은 천국에서 빛날 것입니다.

열린 마음으로 찬사와 비평, 정신적인 지원을 아끼지 않으시고 이 책이 빛을 발할 수 있도록 큰 도움을 주신 보이스사의 대표 권명달 박사님께 감사드립니다. 제 글을 정성껏 어루만지며 수고해주신 보이스사 직원 여러분께도 감사드립니다.

참고도서

1) 이남종,『신앙의 금메달리스트83인』(서울 : 도서출판 만나, 1996) p.13
2) 브라더 로렌스. 프랭크 루백, 편집부 역,『하나님의 임재 체험하기』(서울 : 생명의 말씀사, 1996) p.28-29.
3) 피종진,『세계 신앙의 거성』(서울 : 한국문서선교회, 1988) p.398
4) 재미 버킹함, 김의자 역,『기적과 신유의 종 캐트린 쿨만』(서울 : 보이스사, 1988) p.231
5) 오랄 로버츠, 서울서적출판부 역,『고통의 풍랑 위를 걸을 때』(서울 : 서울서적, 1990) p.182
6) 이남종,『신앙의 금메달리스트83인』(서울 : 도서출판 만나, 1996) p.83
7) 로버트. H. 슐러, 권명달 역,『강인한 자가 승리한다』(서울 : 보이스사, 1990) p.71-72
8) 서울서적 출판부,『내가 체험한 실질적인 교회성장』(서울 : 서울서적, 1987) p.146-148
9) 로버트. H. 슐러, 정헌애 역,『절망을 버려라』(서울 : 자유문화사, 1983) p.128
10) 캐트린 쿨만, 전덕실 역,『나는 기적을 믿는다』(서울 : 기독교문서선교회, 1983) p.147
11) 봅 포스트, 네비게이토 출판사 역,『불타는 세계비전』(서울 : 네비게이토 출판사, 1992) p.30-31.
12) 베실 밀러, 유양숙 역,『찰스 피니의 생애』(서울 : 생명의 말씀사, 1991) p.163-164

<21C 성령시대>
성령님과의 실제적인 교제법

저자 · 김 열 방

1999년 2월 10일 초판 발행
2006년 2월 25일 11판 발행

발행인 · 권 명 달
발행처 · 보이스사

출판등록 · 1966년 2월 23일 · 제 2-160호
우편번호 157-016
서울특별시 강서구 화곡6동 1120-13 한소빌딩
전화 (02)2697-1122 · 팩스 (02)2605-2433
E-mail : voice68@hitel.net

값 10,000원

ISBN 89-504-0155-X

ⓒ 판권 본사 소유

※ 이 책은 일부분이라도 발행인의 허락없이는
무단복제할 수 없습니다.

Printed in Korea